STADT UND LEUTE

STADTSPAZIERGÄNGE

WEIMAR-INFORMATIONEN

AUSFLÜGE IN DIE UMGEBUNG

ANHANG

Tourist-Informa

## ANHANG



## EXTRAS

*Neptunbrunnen auf dem Markt in Weimar*

# Einladung in die Kulturstadt Weimar

Die Stadt im Herzen Thüringens hat Flair! Wir mögen die kleinstädtische Atmosphäre, die sich mit einem Hauch Weltoffenheit verbindet. Die bringen die etwa 5000 Studenten der Bauhaus-Universität und der Hochschule für Musik »Franz Liszt« nach Weimar, vor allem aber die rund 3,5 Millionen Touristen, die jedes Jahr aus der ganzen Welt kommen.

Uns zieht es immer wieder nach Weimar, weil einem buchstäblich an jeder Ecke Kunst und Kultur begegnet. Weimar ist Treff von Prominenz, Johann Wolfgang von Goethe und Friedrich Schiller sind selbstverständlich da. Ob Sie zu denen möchten oder nicht, an den beiden Dichterfürsten kommt keiner vorbei. Die Liste der Prominenten ist lang, darauf stehen noch die beiden anderen Klassiker Johann Gottfried Herder und Christoph Martin Wieland sowie Lucas Cranach der Ältere., Johann Sebastian Bach, Franz Liszt, Lyonel Feiniger, Walter Gropius und, und, und … Alle haben so einiges hinterlassen, und deshalb kann sich Weimar mit einer Dichte an Museen und Gedenkstätten schmücken wie keine andere europäische Stadt dieser Größe. Die UNESCO hat die Klassikerstätten und die Gründungsbauten des legendären Bauhauses geadelt: Sie stehen auf der Welterbeliste.

Doch Weimar ist mehr, vielfältig sind die Highlights. Eines ist das Deutsche Nationaltheater, das zu den namhaftesten Bühnen Deutschlands zählt. In der Stadt ist viel los, in den Theatern, Museen, Kneipen. Konzerte und Lesungen finden statt, Kleinkunst sowie Ausstellungen. Und Feste werden veranstaltet, das berühmteste ist der Zwiebelmarkt im Herbst, zu dem man aus Nah und Fern strömt.

Wenn uns die viele Kunst und Kultur pflastermüde gemacht hat, dann gehen wir meist zum Marktplatz, über dem der Duft der berühmten Bratwürste vom Holzkohlegrill schwebt. Wenn Sie sich am Stand nicht als Tourist zu erkennen geben möchten, dann greifen Sie wie die Einheimischen zum Senf und nicht zu dem extra für die Besucher hingestellten Ketchup. Gern setzen wir uns, wenn es das Wetter zulässt, zum Picknick in den Ilmpark. Das ist eine der prachtvollen Parkanlagen, die sich als grünes Band von Belvedere bis nach Tiefurt ziehen.

Zu Weimar gehört aber auch ein Ort der Barbarei und Unmenschlichkeit: Am Stadtrand errichteten die Nationalsozialisten das Konzentrationslager Buchenwald, in dem sie 56 000 Menschen grausam folterten und umbrachten. Heute ist es ein Ort des Gedenkens, des Mahnens.

Weimar möchte seinen Gästen in Zukunft noch mehr bieten, deshalb ist viel in Bewegung. So bleibt das Stadtschloss noch einige Jahre geschlossen, es wird gründlich saniert und nach der Wiedereröffnung das Herzstück der Klassik Stiftung und somit des Weimarer Tourismus bilden. Worte des Fürsten von Pückler-Muskau, vor fast 200 Jahren geäußert, könnten auch von heute sein: »Weimar ist nur eine kleine Stadt und doch eine Weltstadt.« Auf Ihrer Entdeckungsreise durch diese moderne und lebendige Kulturstadt möchten wir Sie gern begleiten.

*Kerstin Sucher, Bernd Wurlitzer*

# Herausragende Sehenswürdigkeiten

### 1 Herzogin-Anna-Amalia-Bibliothek

Der historische Rokokosaal mit seinen alten Bücherschätzen zieht viele Besucher in seinen Bann. Nach einem verheerenden Brand 2004 ist er in neuer alter Schönheit wiedererstanden, mit internationaler Unterstützung konnten viele Bücher gerettet werden. → S. 72

### 2 Goethe-Nationalmuseum ▲

Weimars »heilige Hallen« atmen noch heute die Aura des in der Stadt allgegenwärtigen großen Dichters und Denkers Johann Wolfgang von Goethe. Die privaten Wohnräume blieben nach seinem Tod unverändert, eine moderne Goethe-Ausstellung im Anbau informiert über das Leben und Wirken des Universalgenies bis in unsere Zeit. → S. 76

### 3 Schillers Wohnhaus

Fast unscheinbar gegenüber dem noblen Goethehaus erscheint das Haus an der Schillerstraße, in dem Friedrich Schiller seine letzten Lebensjahre verbrachte. Es gibt Einblick in die Lebensweise der Familie und zeigt im Mansardengeschoss die drei weitgehend original eingerichteten Zimmer, in denen Schiller arbeitete. Im Schiller-Museum sind wechselnde Ausstellungen zu sehen. → S. 83

### 4 Deutsches Nationaltheater

Das traditionsreiche Theater, vor dem das Goethe-Schiller-Denkmal steht, hat schon viele Berühmtheiten gesehen. Unter Goethes Leitung kamen zahlreiche seiner Dramen und die von Schiller auf die Bühne. 1919 wurde hier Geschichte geschrieben, als die Nationalversammlung die Weimarer Verfassung proklamierte, die erste demokratische Verfassung auf deutschem Boden. → S. 87

### 5 Stadtkirche St. Peter und Paul

Als Herderkirche bezeichnen die Einheimischen ihre Stadtkirche, da Johann Gottfried Herder als Superintendent in der klassischen Zeit hier predigte und auch in der Kirche begraben ist. Sie birgt mit dem dreiflügeligen Altarbild von Lucas Cranach dem Älteren einen wahren Schatz. → S. 101

### 6 Bauhaus-Museum und Museum Neues Weimar ▲

Als Quartier der Moderne faszinieren beide in Rufweite liegenden Museen Kunstliebhaber aus aller Welt. Das 2019 eröffnete Bauhaus-Museum zeigt Exponate aus den Anfangsjahren der berühmten, in Weimar gegründeten Design- und Kunstschule, das mit ihm inhaltlich verbundene Museum Neues Weimar Werke aus Kunst und Design des Realismus, Impressionismus und Jugendstils. → S. 117, S. 118

### 7 Park an der Ilm ▲

Angelegt unter Goethes Anleitung, ist der zentrumsnahe Park auch heute noch Refugium und grüne Oase für Einheimische und Besucher. Mittendrin steht Goethes Gartenhaus, das zeit seines Lebens einen Rückzugsort für den Dichter bildete. Alte Gehölze und jede Menge Monumente und Denkmäler sind sozusagen im Vorbeigehen zu bewundern. → S. 138

### 8 Gedenkstätte Buchenwald

Auch das ist Weimar: Die Nationalsozialisten errichteten auf dem Ettersberg nahe Weimar das Konzentrationslager Buchenwald, in dem zehntausende Menschen gequält und umgebracht wurden. An dieses dunkle Kapitel deutscher Geschichte und die des späteren Internierungslagers erinnern eindrückliche Ausstellungen und Führungen. → S. 133

### 9 Schloss und Park Belvedere ▼

Die in die Natur übergehende idyllische Parkanlage südlich der Innenstadt bezaubert mit Orangerie, Russischem Garten, Irrgarten und Heckentheater, Schmuckplätzen und Gartenarchitekturen. Im barocken Sommerschloss der Weimarer Herzöge sind Porzellane aus den berühmten Thüringer Manufakturen zu besichtigen. → S. 162

### 10 Dornburger Schlösser ◄

Hoch über dem reizvollen Saaletal erheben sich drei Schlösser, umgeben von Weinbergen und terrassierten Gartenanlagen. Goethe weilte oft hier und ließ sich zu stimmungsvollen Gedichten inspirieren. Das Renaissance- und das Rokokoschloss sowie die Gärten stehen zur Besichtigung offen. → S. 202

### 11 Schloss Kochberg

Oft lief oder ritt Goethe nach Kochberg, um seine langjährige Vertraute Charlotte von Stein zu besuchen. Die musealen Schlossräume sind mit Möbeln und Kunstgegenständen aus ihrem Besitz ausgestattet, es schließt sich ein hübscher Landschaftspark an. In den Sommermonaten kommen in dem kleinen Liebhabertheater Theaterstücke und Opern zur Aufführung. → S. 217

**Die vorangestellten Nummern beziehen sich auf die Verweise in den Umschlagkarten.**

# Das Wichtigste in Kürze

## Anreise

**Bahn**: Aus allen Richtungen Deutschlands mit Umsteigen über den Knotenpunkt Erfurt, von dort in ca. 15 Minuten mit der Regionalbahn bis zum Hauptbahnhof.

**Bus**: Fernbusse fahren von zahlreichen Städten Deutschlands mit Ausstieg am Hauptbahnhof.

**Pkw**: Aus Westen/Osten über die Autobahn 4, aus Süden/Norden die Autobahn 9 bis Hermsdorfer Kreuz, danach die A4 bis Abfahrt Weimar (5 km bis in die Innenstadt). Die Bundesstraßen 7 und 85 kreuzen Weimar. Parkplätze sind durch ein Parkleitsystem zu erreichen, kostenfrei ist der P+R-Parkplatz an der Marcel-Paul-Straße im Weimarer Norden.

**Fahrrad**: Die Radwege Thüringer Städtekette und Ilmtal-Radweg führen durch Weimar. Für die Stadterkundung gibt es Gepäck-Schließfächer und Steckdosen für E-Bike-Akkus in der Schwanseestraße.

## Auskunft

In der Tourist-Information gibt es Auskünfte zur Stadt, Stadtführungen, die Weimarcard und Souvenirs, außerdem Tickets für die Museen der Stiftung Weimarer Klassik, das Deutsche Nationaltheater sowie Veranstaltungen in Weimar und ganz Thüringen, Hotelbuchungen, Radverleih. Freies WLAN (Passwort bei den Mitarbeitern erhältlich).

**Tourist-Information Weimar**, Markt 10, Tel. 7450; Mo–Sa 9.30–18, So 9.30–14 Uhr. www.weimar.de

## Internet

Kostenloses Surfen über das Stadtwerke-Netz »Energie-Hotspots« ist auf dem Goetheplatz, dem Bahnhofsvorplatz, Theaterplatz, Frauenplan und im Bauhaus-Museum möglich. Auch in Hotels, Restaurants und Cafés ist WLAN vielfach Standard.

## Preisniveau

Die Preise in Weimar bewegen sich im mittleren Segment, sind aber wie überall in der letzten Zeit gestiegen. Mit der Kulturförderabgabe (→ S. 175) ist eine zusätzliche Abgabe auf den Übernachtungspreis zu zahlen. Preiswerter sind Übernachtungen im Weimarer Umland.

Mit Pauschalarrangements der Hotels, der WeimarCard sowie Kombi- und Familientickets für den Eintritt in Museen lässt sich ebenfalls Geld sparen (→ S. 170). Die WeimarCard kostet für 48 Stunden 32,50 Euro, sie ist online, in der Tourist-Information, in den Stätten der Klassik Stiftung und in vielen Hotels erhältlich.

## Unterkünfte

Vorhanden ist eine breite Vielfalt an Übernachtungsmöglichkeiten, vom Fünf-Sterne-Hotel bis zur Jugendherberge, zu buchen direkt beim Hotel, in der Tourist-Information zum tagesaktuellen Preis oder über die Hotelbuchungsportale.

## Unterwegs in Weimar

Die meisten Sehenswürdigkeiten befinden sich im Stadtzentrum, das gerade mal 500 mal 500 Meter misst, deshalb am besten das Auto stehenlassen und die Stadt zu Fuß erkunden. Zu den außerhalb des Zentrums liegenden Schlössern und Parks Belvedere (Linie 1), Tiefurt (Linie 3), Ettersburg (Linie 4) und zur Gedenkstätte Buchenwald (Linie 6) fahren Stadtbusse.

Ein Einzelfahrschein kostet zurzeit 2,30 Euro (Kinder 1,50 Euro) und ist eine Stunde gültig. Für Vielfahrer lohnt eine Tageskarte zu 5,80 Euro.

## Wichtige Telefonnummern

**Vorwahl Weimar**: +49/(0)3643
**Polizei**: 110
**Feuerwehr/Rettungsdienst**: 112
**Kartensperr-Notruf**: 116 116
**Ärztlicher Bereitschaftsdienst**: 116 117

**Weitere Tipps und Informationen im Kapitel Weimar-Informationen → S. 170**

*Geleitbrunnen und Fachwerkhaus in der Scherfgasse*

Wo finden Sie auf einem so engen Fleck noch so viel Gutes! (...) Es gehen von dort die Tore und Straßen nach allen Enden der Welt. (...) Ich bin seit fünfzig Jahren dort, und wo bin ich nicht überall gewesen! Aber ich bin immer gerne nach Weimar zurückgekehrt.

*Goethe zu Eckermann, 1823*

***Auf dem Marktplatz von Weimar***

# STADT UND LEUTE

# Weimar im Überblick

**Bundesland**: Thüringen
**Status**: Kreisfreie Stadt mit Oberbürgermeister an der Spitze der Verwaltung
**Fläche**: 84,5 $km^2$
**Höchste Erhebung**: Ettersberg mit 481,6 m über NN
**Tiefster Punkt**: Kirche in Tiefurt mit 201,2 m über NN
**Stadtmitte** (Kegelplatz): 208,6 m über NN
**Lage**: 50 Grad, 58 Min., 51 Sek. nördliche Breite, 11 Grad, 19 Min., 11 Sek. östliche Länge, die Koordinaten beziehen sich auf das Rathaus Weimar
**Flüsse im Stadtgebiet**: Die Ilm durchfließt das Stadtgebiet auf 14,6 km Länge, der Asbach auf 4 km, der Lottenbach auf 1,8 km und der Papierbach auf 1,6 km.
**Stadtgliederung**: Weimar besteht aus dem Stadtzentrum und den Stadtteilen Weimar-Nord und Weimar-West sowie den eingemeindeten Ortschaften Schöndorf im Norden, Tiefurt/Dürrenbacher Hütte, Süßenborn, Oberweimar/Ehringsdorf und Taubach im Osten, Possendorf, Legefeld/Holzdorf, Gelmeroda im Süden sowie Niedergrunstedt, Tröbsdorf und Gaberndorf im Westen.
**Einwohner**: 65 500, davon 31 600 männlich und 33900 weiblich
**Bevölkerungsdichte**: 775 Einwohner pro $km^2$
**Durchschnittsalter**: 44,4 Jahre
**Sozialversicherungspflichtige Erwerbstätige**: 24 200, davon arbeiten 11,2 Prozent im produzierenden Gewerbe und 87,7 Prozent im Dienstleistungssektor
**Religion**: 72 Prozent konfessionslos, 20 Prozent evangelisch, 8 Prozent katholisch
**Politik**: Der Oberbürgermeister wird für sechs Jahre gewählt, seit 2018 ist Peter Kleine (parteilos) Stadtoberhaupt. Nach den letzten Wahlen 2019 verteilen sich die 42 Sitze im Stadtrat wie folgt: Weimarwerk Bürgerbündnis 7, CDU 7, SPD 6, Die Linke 7, Grüne 8, FDP 1, Piraten 1, AfD 5.
**Partnerstädte**: Hämeenlinna (Finnland, seit 1970), Trier (Deutschland, seit 1987), Siena (Italien, seit 1994), Blois (Frankreich, seit 1995), Zamość (Polen, seit 2012)

*Das Stadtwappen Weimars*

**Bildung**: In Weimar gibt es acht Grundschulen, vier Regelschulen und vier Gymnasien, darunter das Musikgymnasium Schloss Belvedere, das junge talentierte Musiker und Musikerinnen ausbildet. Weiterhin existieren fünf Förderzentren, zwei Staatliche berufsbildende Schulen, sechs nichtstaatliche Schulen und zwei Hochschulen: die Bauhaus-Universität mit rund 4000 Studierenden und die Hochschule für Musik »Franz Liszt« mit knapp 1000 Studierenden aus aller Welt.
**Öffentliche Einrichtungen**: Das Thüringer Oberverwaltungsgericht und der Thüringer Verfassungsgerichtshof haben ihren Sitz in Weimar. In der Stadt sind außerdem ein Amts- und ein Verwaltungsgericht ansässig.
**Telefonvorwahl**: 03643
**Postleitzahlen**: 99423 (Zentrum), 99425 (Süden), 99427 (Norden)
**Kfz-Kennzeichen**: WE
**Internetpräsenz**: www.weimar.de
**ÖPNV**: 9 Buslinien mit einer Streckenlänge von 108,5 km

# Lage und Natur

Weimar liegt in der Mitte von Thüringen auf einer Höhe von etwas über 200 Meter. Durch die Stadt fließt die Ilm, ein linker Nebenfluss der Saale, der im Thüringer Wald bei Ilmenau entspringt und an der Landesgrenze zu Sachsen-Anhalt in die Saale mündet. Das Stadtgebiet misst in der Nord-Süd-Richtung 13,5 Kilometer und in der West-Ost-Richtung 11,5 Kilometer. Weimar liegt auf demselben Breitengrad wie Brüssel, Köln, Dresden und Kiew und auf demselben Längengrad wie Lübeck, Magdeburg, München und Florenz.

## Klima

Das Klima von Weimar ist etwas wärmer und trockener als das im übrigen Mittelthüringen, weil der 482 Meter hohe Ettersberg die Stadt nach Norden und Nordwesten abschirmt. Die Jahresmitteltemperatur beträgt 9,3 Grad Celsius. Mit 18,6 Grad Celsius Durchschnittstemperatur ist der Juli der wärmste Monat des Jahres, der Januar mit 0,5 Grad Celsius der kälteste. Die höchste Temperatur wurde im Juli 1984 mit 35,7 Grad Celsius gemessen, die tiefste im Dezember 1969 mit minus 26,1 Grad Celsius. Im Juli gibt es pro Tag durchschnittlich 10,69 Sonnenstunden, im Januar dagegen nur 2,92 Stunden. Im Februar regnet es statistisch nur an 9,7 Tagen im Durchschnitt, der Dezember zählt mit 12,67 Tagen die meisten Regentage.

*Die Ilm durchfließt Weimar*

## Bäume

Auf dem Stadtgebiet Weimars stehen etwa 27 000 Bäume, an Straßen, in Grünanlagen, auf Friedhöfen und vor Schulen. Es sind vor allem Kastanien, Linden, Buchen und Ahorn. Eine Baumart fällt jedoch auf, weil sie nicht typisch für Deutschland ist: der Ginkgo. Um 1730 soll der sommergrüne Baum aus China nach Europa gekommen sein. Weimars schönster und berühmtester Ginkgo steht hinter dem Fürstenhaus, 1813 soll er gepflanzt worden sein. In der Humboldtstraße und im Garten des Goethe-und-Schiller-Archivs sind zwei besonders schöne Exemplare zu sehen, an der Bonhoefferstraße/Ecke Marcel-Paul-Straße in Weimar-Nord entstand sogar ein kleiner Ginkgohain. Im Ilmpark, hinter dem Alexander-Puschkin-Denkmal sowie gegenüber der Katholischen Kirche wachsen jeweils drei Ginkgobäume. Für ihre Gäste halten die Weimarer reichlich kleine Ginkgobäumchen als Souvenir bereit.

*Ginkgobaum hinter dem Fürstenhaus*

## Weinbau

Bis vor rund 400 Jahren wuchsen in dieser Gegend nahezu an jedem Hang Reben, die Winzertradition soll fast 1000 Jahre zurückreichen. Goethe liebte diesen Wein, es wird erzählt, er soll rund 20 Prozent seiner Einnahmen für den Weinkauf ausgegeben haben. Jedes Jahr zu seinem Geburtstag wird deshalb zu einem Weinfest direkt vor seinem Haus am Frauenplan geladen. Nach 1990 erinnerte man sich der Tradition des Weinbaus. Als erstes begann im Jahr 2008 die Aufrebung am Poetenweg, 2010 erfolgte die Jungfernernte. Die Hänge bei Weimar wurden mit 15 verschiedenen Rebsorten bepflanzt, sie gehören zum Weinanbaugebiet Saale-Unstrut. Leidenschaftliche Weimarer Weintrinker überlegen bereits, es ein klein wenig umzubenennen, nämlich den Namen Ilm anzuhängen.

## Landschaftsparks und Naturschutzgebiete

Zum Schönsten, das Weimar besitzt, gehören drei große Landschaftsparks, die zusammen mit dem Stadtwald Webicht einen sieben Kilometer langen Grünzug ergeben. Die Größe der Parks – der Park an der Ilm sowie die Parks von Belvedere, Tiefurt und Ettersburg – entspricht der von 210 Fußballfeldern. Der Park an der Ilm ist Teil des UNESCO-Welterbe-Ensembles »Klassisches Weimar«. Am Rand von Weimar befinden sich drei Naturschutzgebiete: die Prinzenschneise westlich der B85 und nördlich der B7, der Rautenschlag in einem Waldgebiet am Nordhang des Großen Ettersberges und der Südhang Ettersberg.

## Gefahren durch Klimawandel

Im Freistaat Thüringen ist durch die Klimaveränderungen jeder zweite Baum »in seiner Vitalität stark eingeschränkt«, wie es im Waldzustandsbericht heißt. Richtig gesund seien nur rund 15 Prozent aller Waldbäume! Trockenheit und Hitze haben zugenommen, es gibt weniger Tage mit Minustemperaturen. Die Bäume werfen ihr Laub früher ab, weil sie die Hitze und der Wassermangel stresst und auslaugt. Die Natur leidet unter zunehmenden Stürmen, die schwache Bäume umstürzen lässt, vor allem aber unter der Trockenheit. Bislang unbekannte Schädlinge aus wärmeren Gegenden befallen zudem die Bäume und Sträucher. Dazu zählt die Miniermotte, die vor mehr als zwei Jahrzehnten aus der Balkanregion auch nach Weimar einwanderte. Die von ihr befallenen Bäume sind daran zu erkennen, dass sich die Blätter kräuseln und absterben.

Schwere Schäden richten stets die zunehmenden starken Stürme an, so etwa Ylenia, Zeynep und Antonia im Februar 2022. Die Klassik Stiftung Weimar warnt vor solchen Situationen stets eindringlich davor, die Parks zu betreten.

Weimars Landschaftsgärtner bemühen sich um jeden Baum, dennoch sind die Verluste groß. Bis ein Ersatz herangewachsen ist, vergehen Jahre. Mancher meint, der immer öfter vorkommende Starkregen sei für die Natur gut, doch die Experten sehen das anders: Der ausgetrocknete Boden kann das Wasser nicht aufnehmen, es dringt nicht in die Erde, sondern fließt ab und kommt so den Bäumen und Sträuchern nicht zugute. Die Experten wünschen sich sanften Landregen. Nachpflanzungen werden bewässert, doch das mit allen Bäumen zu machen, ist unmöglich.

*Das Thüringer Weintor in Bad Sulza markiert den Beginn der Weinstraße Saale-Unstrut*

*Auch der Park an der Ilm ist vom Klimawandel bedroht*

Inzwischen beschäftigen sich Wissenschaftler mit diesen Problemen, so wollen sie unter anderem ermitteln, welche Baumarten am besten die neuen Klimabedingungen meistern. Ein willkürliches Auswechseln der Bäume möchte man weitgehend vermeiden, es würde die vor Jahrhunderten geschaffenen Park-Kunstwerke verändern.

Dem Klimawechsel angepasst wurde das Mähen der Wiesen, das nun nicht vor dem 15. Juni erfolgt, damit die Pflanzen ausblühen können. Schwere Technik kommt nicht mehr zum Einsatz, im Ilmpark erscheint nach der Mahd der lebende Rasenmäher – eine Schafherde.

## Grüne Hausnummern und Baumpatenschaften

In Weimar arbeitet seit 2020 eine »Stabsstelle für Klimaschutz, Nachhaltigkeit und Energie«. Jährlich wird ein Umweltpreis für Ideen im Bereich Nachhaltigkeit verliehen. Seit 2009 wird jedes Jahr die »Grüne Hausnummer« als Qualitätssiegel verliehen. Jeder erkennt so auf Anhieb jene Häuser, die sich durch eine gute Energieeffizienz auszeichnen, die regenerative Energiequellen nutzen und in denen man mit Wasser umweltbewusst umgeht.

Jeder Bürger kann Baumpate werden, denn Bäume verbessern die Luftqualität, bilden Sauerstoff und binden Schadstoffe. Ein Straßenbaum kostet einschließlich der Planung etwa 1000 Euro, ein Parkbaum rund 700 Euro, die Aufwendungen für die ersten zwei bis drei Jahre der Anwuchspflege nicht mitgerechnet. Weimar, die grüne Stadt, hat besonders viele Bäume. Mit einer Spende kann jeder Weimarer mithelfen, das vorhandene Stadtgrün zu erhalten und zu erweitern.

## Die Parkanlagen

Auch die Bäume in den Parkanlagen sind vom Klimawandel betroffen, die vielen Besucher bekommen davon kaum etwas mit. Mehr als 3000 Bäume wachsen allein im Park an der Ilm, darunter solche seltenen wie die Kaukasische Flügelnuss. Die Landschaftsgärtner stehen vor großen Herausforderungen, unternehmen jedoch viel, um Schäden zu vermeiden. Einiges darüber ist in der Ausstellung im Gärtnerwohnhaus im Park Belvedere zu erfahren. Um auf die Klimaprobleme aufmerksam zu machen, startete die Klassik Stiftung 2021 das Themenjahr »Neue Natur«. An der Ruine des Tempelherrenhauses im Park an der Ilm entstand das »Grüne Labor«, ein temporärer Pavillon, in dem Workshops und Diskussionen stattfanden und der Ausgangspunkt für Parkerkundungen war.

Wer häufiger den Park an der Ilm besucht, dem wird dieses und jenes auffallen, beispielsweise: Drei aus der Goethezeit stammende Rotbuchen in der Nähe des Gartenhauses sind verschwunden. Sie mussten gefällt werden, da sie vom Brandkrustenpilz befallen waren. Dessen schwarzweißer Belag überzieht die Bäume, die langsam eingehen. Die nachgepflanzten Linden sind wegen Wassermangel kleiner als gewünscht, Äste teilweise komplett zurückgetrocknet. Sorgen bereitet auch die 1775 gepflanzte Eiche hinter Goethes Gartenhaus, ihr machen Astabbrüche, Fäulnis und ein Pilz zu schaffen. Damit die Eiche weiterhin stehen bleiben kann, brachte man Seile an, um starke Äste gegen Sturm zu schützen.

Der historische Baumbestand in den Parks zählt oft mehr als 200 Jahre, er ist also »altersschwach«. Die Stiftung dazu: »Gerade diese alten Bäume prägen das Bild der Parkanlagen, aber sie weisen aufgrund ihres fortgeschrittenen Alters oft Schädigungen auf, die regelmäßig kontrolliert werden.« Doch nicht alle Schäden sind äußerlich erkennbar, deshalb kommt es bei Orkanen immer wieder zu umgestürzten Bäumen und abgebrochenen Ästen, die für Besucher lebensgefährlich werden können. Bei den drei Stürmen Anfang 2022 stürzten allein im Park von Belvedere rund 20 Bäume um, etliche auch auf dem Hauptfriedhof mit seinem geschützten historischen Teil, einige schlugen Lücken in die Friedhofsmauer. Die Friedhofsverwaltung teilte mit, mindestens zehn Prozent aller Bäume seien beschädigt worden.

*Die Sternbrücke im Park an der Ilm*

# Geschichte

Im Südosten von Weimar, im Travertin-Steinbruch im Stadtteil Ehringsdorf, wurden ab 1908 Knochen von Neandertalern – »Ehringsdorfer Altmenschen« nennt sie die Wissenschaft – und ihrer Werkzeuge gefunden. Das Alter der Funde wird auf etwa 23 000 Jahre geschätzt. 1925 stieß man in 18 Metern Tiefe auf die Schädelreste einer jungen Frau, und im Jahr 2020 fand man nahe dem Schloss Belvedere die Überreste einer Siedlung, die Wissenschaftler auf die erste Hälfte des 5. Jahrtausends vor Christus datieren. Damit ist belegt, dass in der Weimarer Region bereits in der Altsteinzeit Menschen siedelten.

Im Königreich der Thüringer, das wohl Ende des 3. bis Anfang des 4. Jahrhunderts nach Christus entstanden war, bildete das spätere Weimar einen zentralen Ort. Als das Thüringerreich im Jahr 531 durch die Franken zerschlagen wurde, bestand dort, wo sich heute das Jakobsviertel befindet, eine Siedlung.

## Von der Gründung bis zum Mittelalter

In einer am 3. Juni 975 für das Kloster Fulda ausgestellten Urkunde erwähnte Kaiser Otto II. erstmals eine Siedlung Burg Weimar. Die Stadt feierte daraufhin 1975 ein Jahr lang ihr 1000-jähriges Bestehen, doch wenig später stellte sich heraus, dass die Ersterwähnung bereits 899 in einer Urkunde von Kaiser Arnolf von Kärnten als »Vvigmara« erfolgt war. Die Schreibweisen waren verschieden, erst ab 1556 dann so wie heute: Weimar. 1249 wurde die Siedlung erstmals als Civitas (Stadt) bezeichnet, offizielles Stadtrecht erhielt Weimar aber erst 1410 durch die Wettiner. An den wettinischen Markgrafen von Meißen und Landgraf von Thüringen war Weimar gefallen, nachdem 1372 das Geschlecht der Grafen von Weimar und Orlamünde ausgestorben war. 1485 teilte sich das Haus Wettin in zwei Linien, Weimar fiel mit Thüringen an die ernestinische Linie, die Weimar zu einer Nebenresidenz machte.

*Der Kasseturm gehörte einst zur Stadtmauer, heute ist hier ein Studentenclub*

1424 wurde mit dem Bau der Stadtbefestigung begonnen. Die Stadtmauer zog sich entlang der Straßen Graben, Goetheplatz, Wielandstraße, Schillerstraße und Puschkinstraße. Von den einst vier Türmen blieben zwei erhalten: der Kasseturm, heute ein Studentenclub, und der Bibliotheksturm, heute zur Herzogin-Anna-Amalia-Bibliothek gehörend. 1498 wurde mit dem Bau der heutigen Stadtkirche St. Peter und Paul begonnen, über die Vorgängerbauten, die den Stadtbränden 1299 und 1424 zum Opfer gefallen waren, ist wenig bekannt.

## Vorklassische Zeit

Kurfürst Johann Friedrich I. von Sachsen (der Großmütige, 1503–1554) wählte 1552 Weimar zu seiner Residenz. Mit ihm kam der Maler Lucas Cranach der Ältere (1472–1553) in die Stadt. Er wohnte am Markt im Haus des herzoglichen Kanzlers Christian Brück, der mit Cranachs Tochter Barbara verheiratet war. Wenig bekannt ist, dass Lucas Cranach ein Vorfahre mütterlicherseits von Goethe war. Dessen Mutter Catharina Elisabeth stammte aus der Linie Barbara Cranach/Christian Brück. Cranachs Grabstätte befindet sich auf dem Jakobsfriedhof (→ S. 112), der originale Grabstein in der Stadtkirche links neben dem Altar (→ S. 101).

*Bachbüste am Markt*

Im Weimarer Schloss erfolgte 1617 die Gründung der »Fruchtbringenden Gesellschaft«, der ersten Gesellschaft für deutsche Sprache. Sie setzte sich die Pflege und Reinerhaltung der deutschen Sprache zum Ziel. Den heutigen Zwiebelmarkt, der sich von einem »Viehe- und Zippelmarkt« zu einem weithin beliebten Volksfest entwickelte, nannte eine herzogliche Verordnung erstmals im Jahr 1653. Das Hotel Elephant am Markt wurde 1696 erstmals erwähnt, somit ist es die älteste noch bestehende Unterkunftsstätte der Stadt (→ S. 70).

Im Jahr 1708 traf ein weiterer Prominenter in Weimar ein, der bis 1717 blieb: Johann Sebastian Bach kam als Hoforganist aus Mühlhausen, später wurde er zum Konzertmeister der Hofkappelle berufen. Das heute weltbekannte Wohnhaus Goethes am Frauenplan (→ S. 76) wurde 1709 nach zweijähriger Bauzeit fertiggestellt. Erbaut wurde das barocke Bürgerhaus ursprünglich für den herzoglichen Kammerrat Georg Caspar Helmershausen.

Nachdem das Fürstentum Eisenach an Sachsen-Weimar gefallen war, wurde Weimar 1741 Residenzstadt des vereinten Herzogtums Sachsen-Weimar-Eisenach, dem größten und bedeutendsten unter den thüringischen Ländern. Es bestand aus zwei größeren getrennten Gebieten um Weimar und Eisenach und einem Flickenteppich kleinerer Gebiete.

## Die klassische Zeit

Herzogin Anna Amalia (1739–1807) übernahm 1759 nach dem frühen Tod ihres Gemahls Ernst August II. als gerade einmal Zwanzigjährige die vormundschaftliche Regentschaft für ihren minderjährigen Sohn Carl August, 1772 holte sie Christoph Martin Wieland als Erzieher der Prinzen Carl August und Constantin nach Weimar. In den folgenden Jahren begann ein kultureller Aufschwung. Bei einem großen Stadtbrand im Jahr 1774 wurde das Residenzschloss vernichtet, die herzogliche Familie bezog daraufhin das Fürstenhaus am heutigen Platz der Demokratie (→ S. 71).

Mit Erlangung der Volljährigkeit übernahm 1775 Herzog Carl August (1757–1828) die Regentschaft von seiner Mutter. Er lud den jungen Dichter Johann Wolfgang Goethe nach Weimar ein, der am 7. November eintraf. Der Herzog berief ihn als Geheimen Legationsrat in das Geheime Consilium, das oberste beratende Gremium des Landesherrn.

Der junge Carl August gründete 1776 die von ihm finanzierte »Fürstliche freye Zeichenschule«, die noch bis 1930 als Freie Zeichenschule bestand.

Am 1. Oktober 1776 traf Johann Gottfried Herder mit seiner Familie in Weimar ein, er folgte dem Ruf von Goethe. Herder wurde Superintendent der Stadtkirche, heute meist nur Herderkirche genannt (→ S. 101). 1782 mietete Goethe die westliche Hälfte des Hauses am Frauenplan, zwölf Jahre später schenkte Herzog Carl August es ihm. Das Haus bildet heute den Kern des Goethe-Nationalmuseums (→ S. 76). Das Weimarer Hoftheater, das Goethe bis 1817 leitete, wurde 1791 gegründet (→ S. 87).

Als letzter des Klassik-Viergestirns wählte Friedrich Schiller Weimar 1799 als ständigen Wohnsitz; 1802 zog er mit seiner Familie in das heute als Schillerhaus bekannte Gebäude (→ S. 83). Friedrich Schiller starb am 9. Mai 1805 und wurde im Kassengewölbe des Jakobsfriedhofs beigesetzt.

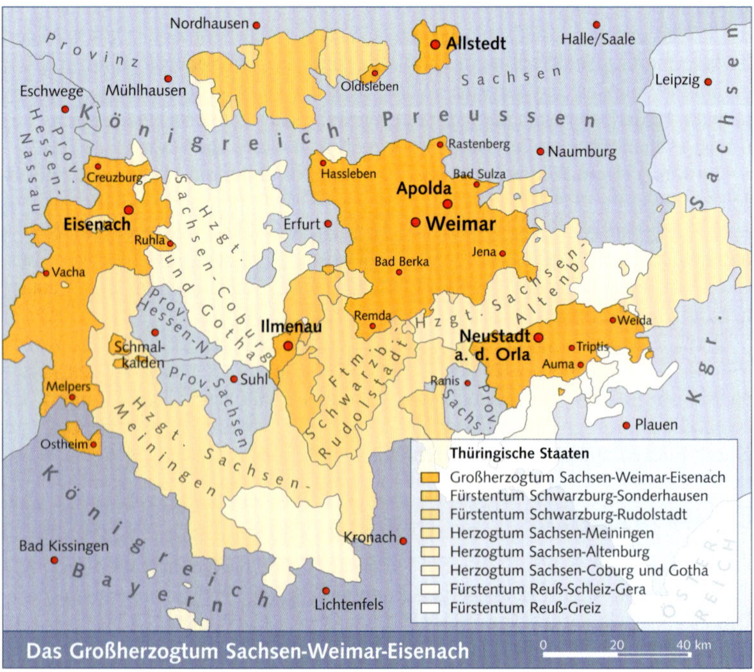

Das Großherzogtum Sachsen-Weimar-Eisenach

*Der Herderplatz Anfang des 19. Jahrhunderts*

Am 9. November 1804 erreichte die russische Großherzogin Maria Pawlowna Romanowa (1786–1859) Weimar, sie hatte in St. Petersburg den Erbprinzen Carl Friedrich von Sachsen-Weimar-Eisenach geheiratet. 34 Tage war das junge Paar in einem eigens dafür gefertigten Hochzeitsreisewagen mit eingebauter Toilette unterwegs, dazu kamen fünf Ruhetage. Für das Nachtlager wurde das eigene Bettzeug mitgeführt (→ auch S. 52).

Nach der Schlacht bei Auerstedt und Jena 1806 zog die französische Armee unter Napoleon am 14. Oktober in Weimar ein, der Kaiser nahm bis zum 17. Oktober im Schloss Quartier. Napoleon lud 1808 nach Erfurt zum Fürstenkongress ein. Am 2. Oktober 1808 fand dort eine denkwürdige Begegnung statt: Napoleon, der mächtigste Mann Europas,traf sich mit Goethe, dem größten Dichter seiner Zeit, zum Frühstück. Vier Tage später kam er mit dem von ihm verehrten Christoph Martin Wieland im Festsaal des Residenzschlosses Weimar zusammen. Am selben Tag veranstaltete Napoleon auf dem Weimarer Ettersberg die sogenannte Kaiserjagd, an der neben dem russischen Zaren Alexander I. auch die Könige von Bayern, Württemberg und Sachsen sowie fast alle deutschen Fürsten teilnahmen. Nach der Niederlage Napoleons in den Koalitionskriegen wurde auf dem Wiener Kongress 1815 Europa neu geordnet, das Herzogtum Weimar wurde zum Großherzogtum erhoben. Im Folgejahr gab Carl August mit dem »Grundgesetz des Großherzogtums Sachsen-Weimar-Eisenach« als erster deutscher Fürst seinem Land eine Verfassung.

1825 wurde in Weimar im Jägerhaus erstmals eine Kunstausstellung der Öffentlichkeit zugänglich gemacht, oft als »Museum« bezeichnet. Herzog Carl August und Goethe präsentierten bei freiem Eintritt Kunstwerke, die sich heute fast alle im Besitz der Weimarer Klassik Stiftung befinden. Der Großherzog starb am 14. Juni 1828 auf einer Reise in der Nähe von Torgau, bestattet wurde er in der Fürstengruft auf dem Historischen Friedhof (→ S. 153). Dort erfolgte am 26. März 1832, vier Tage nach seinem Tod, die Beisetzung Goethes. Der Sarg wurde in der Fürstengruft auf den Teppich gestellt, auf dem bereits Goethes Eltern und er mit Christiane getraut sowie seine Enkel getauft wurden. Die Trauerrede hielt Superintendent Johann Friedrich Röhrs, der Nachfolger Herders als oberster kirchlicher Vertreter Weimars. Der Literaturwissenschaftler und Goethe-Biograph Albert Bielschowsky meinte dazu: »Die entsprach unserem Empfinden der Bedeutung dieser Stunde nicht.« Goethes Sarg konnte nicht maschinell in die Gruft gelassen werden, weil es einen Defekt gibt, deshalb trugen ihn acht Personen die Treppe hinunter. Begleitend dazu spielte die Großherzogliche Kapelle.

## Das Silberne Zeitalter

Ein neuer kultureller Aufschwung erfolgte unter Großherzog Carl Alexander, der 1842 die niederländische Prinzessin, seine Cousine Sophie, heiratete. Im selben Jahr wurde Franz Liszt zum Hofkapellmeister ernannt, und 1846 bekam Weimar Eisenbahnanschluss nach Halle und Erfurt.

Ab 1854 entstand in der Wilhelmstraße, heute Leibnizstraße, nach einem Entwurf von Carl Heinrich Ferdinand Streichhan eine Kaserne, die von 1945 bis 1993 die östliche Siegemacht des Zweiten Weltkrieges nutzte. Heute ist sie eine Zweigstelle der Hochschule für Musik »Franz Liszt«. 1857 wurde das Goethe-Schiller-Denkmal vor dem Theater enthüllt (→ S. 87), und 1860 eröffnete Großherzog Carl Alexander die Großherzoglich-Sächsische Kunstschule, ab 1910 Großherzoglich Sächsische Hochschule für bildende Kunst in Weimar, die im Staatlichen Bauhaus aufging. Anlässlich des 300. Geburtstages des englischen Dramatikers gründete sich 1864 die Deutsche Shakespeare-Gesellschaft. Die heute noch in Weimar ansässige Gesellschaft gilt als die älteste literarische Gesellschaft Europas, wenn nicht sogar der Welt. Als einer der ersten Museumsbauten in Deutschland öffnete 1869 das Großherzogliche Museum, nach der

*Von 1899 bis 1937 fuhr die Straßenbahn durch Weimar*

Beschädigung im Zweiten Weltkrieg verkam das Bauwerk zu DDR-Zeiten zur Ruine, 1999 erfolgte die Wiedereröffnung als Neues Museum (→ S. 118). Die Weimarer Orchesterschule wurde 1872 gegründet, ab 1902 hieß sie Großherzogliche Musikschule und seit 1930 Hochschule für Musik. Seit 1956 trägt sie den Namen ihres Initiators Franz Liszt. 1884 ging die neuzeitliche Wasserleitung in Betrieb, die Brunnen, bis dahin eine Lebensnotwendigkeit, blieben fast alle zur Zierde der Stadt erhalten.

1885 vermachte Goethes letzter Erbe, sein Enkel Walther Wolfgang von Goethe, in seinem Testament die umfangreichen Sammlungen seines Großvaters dem Großherzogtum Sachsen-Weimar-Eisenach, den handschriftlichen Nachlass bekam Großherzogin Sophie. Im selben Jahr überschritt Weimar bei der Einwohnerzahl erstmals die 20 000-er Marke, rund 100 Jahre zuvor waren noch 6041 Einwohner gezählt worden, gegenwärtig sind es rund 65 000. Anstelle des abgerissenen Hoftheaters wurde am 11. Januar 1908 ein Neubau als eines der modernsten Theater seiner Art eröffnet. An der Einweihung nahmen Kaiser Wilhelm II. und mehr als 70 Intendanten anderer Theater teil. Seit dem 19. Januar 1919, anlässlich der Wahlen zur verfassungsgebenden Nationalversammlung, lautete der Name: Deutsches Nationaltheater in Weimar (→ S. 87).

Die Gründung der Großherzoglich-Sächsischen Kunstgewerbeschule Weimar erfolgte 1908, die Initiative dazu ging vom belgischen Architekten Henry van de Velde aus. Die Schule bestand bis 1915. Die Gründerzeitvilla Silberblick wurde zur Gedenkstätte, heute ist sie das Museum Nietzsche-Archiv (→ S. 159). In dem Bauwerk verbrachte der Philosoph Friedrich Nietzsche seine letzten Lebensjahre.

Die Novemberrevolution 1918 zwang am 9. November den letzten Großherzog von Sachsen-Weimar-Eisenach, Wilhelm Ernst, zur Abdankung.

## Weimarer Republik und Zweiter Weltkrieg

1919 zogen sich die Politiker aus dem turbulenten Berlin in das ruhige Weimar zurück, vom Februar bis zum September wurde Weimar vorübergehend Regierungssitz. Im Deutschen Nationaltheater tagte die erste frei gewählte Nationalversammlung und nahm die Weimarer Verfassung an. Im selben Jahr gründete Walter Gropius das Staatliche Bauhaus, das 1925 nach Dessau übersiedelte. 1920 wurde Weimar Landeshauptstadt des aus acht Kleinstaaten gegründeten Landes Thüringen. Die Einwohnerzahl betrug rund 40 000. 1922 wurden Oberweimar, Ehringsdorf und Tiefurt eingemeindet, so dass sich die Einwohnerzahl auf 46 000 erhöhte.

Bei den Thüringer Landtagswahlen 1932 wurde die NSDAP mit 42,5 Prozent stärkste Partei und bildete mit dem Thüringer Landbund die erste nationalsozialistische Regierung in Deutschland. Hitler hielt sich in den Folgejahren oft in Weimar auf. 1937 begannen die Nationalsozialisten auf dem Ettersberg vor den Toren Weimars das Konzentrationslager Buchenwald zu errichten (→ S. 133). Schwere Luftangriffe der Alliierten, vor allem am 9. Februar und am 31. März 1945 zerstörten rund 1300 Wohnungen, Goethes und Schillers Wohnhäuser wurden schwer beschädigt, das Nationaltheater brannte aus. Insgesamt erlebte Weimar während des Zweiten Weltkrieges 442 Fliegeralarme. Am 11. April 1945 befreiten US-amerikanische Truppen das Konzentrationslager Buchenwald.

# Für ein halbes Jahr Hauptstadt

Anfang Januar 1919 ging es in Weimar so turbulent zu wie seitdem nie wieder: Die Stadt war zur Hauptstadt Deutschlands geworden – für etwa ein halbes Jahr. Nach dem Ersten Weltkrieg, dem Ende des Kaiserreichs und den Wahlen am 19. Januar 1919 zur Nationalversammlung standen Beratungen und Beschlüsse für ein demokratisch-republikanisches Deutschland auf der Tagesordnung. Die Politik suchte nach einer kleinen Stadt, in der man alles in Ruhe angehen kann. Die Wahl fiel auf Weimar. »Es wird von der ganzen Welt angenehm empfunden werden, wenn man den Geist von Weimar mit dem Aufbau des neuen Deutschen Reiches verbindet«, erklärte Friedrich Ebert, Vorsitzender der SPD und späterer Reichspräsident.

Das Hoftheater, wenige Tage zuvor in Deutsches Nationaltheater umbenannt, wurde zum Parlamentssitz. Den Zuschauerraum und die Bühne im Nationaltheater baute man zum Plenarsaal um, das Mobiliar kam aus dem Berliner Reichstagsgebäude. Die Regierung zog in das Residenzschloss. In der Aula des Sophiengymnasiums, der heutigen Parkschule, entstand ein Fernsprechamt, in dem rund 200 Telefonistinnen tätig waren. Zwischen Berlin und Weimar – mit einer Zwischenlandung in Leipzig – wurde die erste zivile Fluglinie Deutschlands eingerichtet. Täglich landeten Kurierflugzeuge und brachten Post und Zeitungen aus der Hauptstadt. Jeden Tag pendelte ein Parlamentszug zwischen Berlin und Weimar, rund viereinhalb Stunden benötigte er.

Zu den Politikern gehörte ein riesiger Begleittross, dazu reisten Journalisten und Interessierte aus ganz Deutschland an. Mehr als 2000 Gäste strömten in die Stadt. Den 423 Abgeordneten wurden Hotels vorgeschlagen, doch ein Großteil entschied sich aus Kostengründen für private Unterkünfte, meist in Mehrfamilienhäusern. Mancher Weimarer zog in den Keller oder auf den Dachboden seines Hauses, denn Wohn- und Schlafzimmer zu vermieten, lohnte sich: Der Vermieter konnte horrende Preise verlangen und erhielt zusätzliche Kohlekarten. Probleme bereitete – der Erste Weltkrieg war erst vor wenigen Wochen zu Ende gegangen – die Versorgung der vielen Gäste. Überliefert ist folgende Begebenheit: Als der am 11. Februar zum Reichspräsidenten gewählte Friedrich Ebert zu einer »zwanglosen Zusammenkunft« in den Weißen Saal des Residenzschlosses lud, bat er die Eingeladenen, Brotmarken mitzubringen.

Die Nationalversammlung trat erstmals am 6. Februar 1919 zusammen. Weimar glich einer Festung, ein militärischer Sperrgürtel umgab die Stadt. Reichswehrminister Noske hatte fast 5000 Soldaten nach Weimar abkommandiert. Für Interessierte standen 40 Besucherkarten bereit, die heiß begehrt waren. Wer keine ergatterte, konnte sich trösten, Politiker traf man in dem kleinen Weimar fast an jeder Ecke. Die Einwohner hatten Meldepflichten zu erfüllen und mussten strenge Kontrollen über sich ergehen lassen. Weiträumig abgeriegelt war das Schloss, in dem alle Räume belegt waren, lediglich in die Suite des abgedankten Großherzogs Wilhelm Ernst und in die Dichterzimmer durfte niemand einziehen. Im Schloss amtierten und wohnten Reichspräsident Friedrich Ebert und Reichsministerpräsident Philipp Scheidemann mit Ministern seines Kabinetts.

Am 16. Juni forderten die Alliierten die deutsche Regierung auf, innerhalb einer Woche den Versailler Vertrag anzunehmen. Scheidemann lehnte die Unterzeichnung ab und trat am 21. Juni mit seinem Kabinett zurück. Die Regierungsgeschäfte übernahm Gustav Bauer. Der Vertrag von Versailles, der Friedensvertrag, bestimmte in Weimar die Gespräche. Mit dessen Unterzeichnung endete der Erste Weltkrieg offiziell. Deutschland musste ein Siebtel seines Territoriums mit einem Zehntel seiner Bevölkerung abtreten, bekam Reparationszahlungen auferlegt und musste auf alle Kolonien verzichten. Die aus Berlin bei den Abgeordneten und Ministern eintreffenden Nachrichten waren auch alles andere als erfreulich. Berichtet wird von Generalstreiks, Straßenkämpfen sowie Massendemonstrationen von Linken und von Rechten.

Am 23. Juni stimmte die Nationalversammlung dem Versailler Vertrag zu, am 31. Juli nahm sie mit großer Mehrheit die Verfassung Deutschlands an. Die Arbeit war erledigt, ab dem 21. August kehrten Parlament und Regierung nach Berlin zurück. In der kleinen Thüringer Stadt zog wieder Geruhsamkeit ein. Der Bevölkerung war das recht, sie empfand die Sicherheitskontrollen als belastend, zum anderen zogen die Preise für Dinge des täglichen Lebens gewaltig an. Traurig über den Rückzug der Politik waren aber Gastronomen, Hoteliers, Händler, Kleinkünstler und die beiden Kinos, die in diesem halben Jahr die besten Umsätze ihres Lebens gemacht hatten.

Der Zeitraum zwischen 9. November 1918, dem Ende der Monarchie, bis zum 30. Januar 1933, dem Beginn der nationalsozialistischen Diktatur, wird inoffiziell »Weimarer Republik« genannt, die erste demokratische Verfassung Deutschlands heißt bis heute »Weimarer Verfassung«.

*Die Nationalversammlung 1919 im Weimarer Nationaltheater*

## Neubeginn und DDR-Zeit

Die Amerikaner, die die Stadt am 12. April 1945 kampflos eingenommen hatten, zogen, wie im Potsdamer Abkommen vereinbart, am 2. Juli ab. Die Sowjets übernahmen das Land Thüringen. Am 7. Oktober 1949 feierte auch Weimar die Gründung der DDR.

1948 eröffnete das im Krieg schwer beschädigte Deutsche Nationaltheater mit Goethes *Faust* wieder. Zum 200. Goethe-Geburtstag hielt Thomas Mann 1949 im Nationaltheater eine Dankesrede für die Verleihung der Ehrenbürgerschaft. Der Schriftsteller kam 1955 aus Anlass des 150. Todestages von Friedrich Schiller ein weiteres Mal nach Weimar und sprach erneut im Deutschen Nationaltheater. Goethes Wohnhaus wurde nach den Kriegszerstörungen 1949 wieder eröffnet.

Das Land Thüringen wurde 1952 in die drei Bezirke Erfurt, Suhl und Gera aufgeteilt, 1953 erfolgte die Gründung der Nationalen Forschungs- und Gedenkstätten der klassischen deutschen Literatur in Weimar, die man 1991 in die neue Stiftung Weimarer Klassik überführte.

Die Einweihung der Nationalen Mahn- und Gedenkstätte Buchenwald fand 1958 statt. 1963 erlebte der Buchenwaldfilm *Nackt unter Wölfen* gedreht nach der gleichnamigen Romanvorlage im Beisein des Autors, Bruno Apitz, seine Welturaufführung. Apitz war selbst acht Jahre Häftling im KZ Buchenwald, 1961 verlieh ihm die Stadt Weimar die Ehrenbürgerwürde.

Im Kirschbachtal begann 1959 der Bau des ersten Wohngebietes nach dem Zweiten Weltkrieg, dem die Gebiete Weimar-Nord und Dichterweg folgten, ebenfalls in industrieller Montagebauweise.

Auf Grund eines Irrtums beging Weimar 1975 die Tausendjahrfeier der Stadtgründung. Weimar war nicht 975, sondern schon 899 zum ersten Mal urkundlich erwähnt worden. Hinter Schillers Wohnhaus öffnete 1988 das Schiller-Museum, einer der wenigen Museumsneubauten zu DDR-Zeiten (→ S. 84). Der Wiederaufbau der im Zweiten Weltkrieg zerstörten Häuser der Markt-Nordseite begann.

*Die wiederaufgebaute Nordseite des Marktes*

### Demonstrationen und Wiedervereinigung

1989 fanden in der Stadtkirche Friedensgebete statt, am 5. Oktober wurde ein »Offener Brief« verabschiedet, in dem die Teilnehmer einen »breiten gesellschaftlichen Dialog« durch die DDR-Oberen verlangten. Ab dem 24. Oktober fanden jeden Dienstag vom Platz der Demokratie ausgehende Demonstrationen statt. Gefordert wurde Demokratie in der DDR und die Öffnung der Stasi-Archive, später die Wiedervereinigung Deutschlands. 1990, nach mehr als vier Jahrzehnten, fanden am 18. März die ersten freien Wahlen statt; sie gelten als das Ende der SED-Herrschaft. Im Frühjahr wurde Weimar eine von fünf Modellstädten für städtebauliche Erneuerung im Osten Deutschlands. Am 3. Oktober feierten auch viele Weimarer den Beitritt der DDR zur Bundesrepublik. Das Bundesland Thüringen, seit 1993 Freistaat, entstand wieder, Weimar wurde kreisfreie Stadt, Erfurt die Landeshauptstadt. Der neue Landtag konstituierte sich am 25. Oktober in Weimar im Deutschen Nationaltheater.



## Nach der Wiedervereinigung

Erstmals im Herbst 1990 fand das Kunstfest statt, das zunächst einer Weimarer Persönlichkeit gewidmet war. Heute gilt es als Mitteldeutschlands größtes Festival für zeitgenössische Künste, das Musik, Theater, Tanz, bildende Kunst sowie Literatur im öffentlichen Raum verbindet. Die UNESCO erklärte 1996 die Gründungsstätten des Bauhauses und das Haus Am Horn zum Weltkulturerbe. 1998 kamen elf Objekte des Ensembles »Klassisches Weimar« hinzu.

Im Kulturstadtjahr 1999 bot Weimar rund 1000 Veranstaltungen an, sieben Millionen Gäste kamen. Goethes 250. Geburtstag am 28. August feierten in der Altstadt rund 50 000 Menschen. Die UNESCO nahm 2002 Goethes handschriftlichen Nachlass in das Register des Gedächtnisses der Menschheit auf, in das »Memory of the World«. Im selben Jahr verhinderte Weimar durch die aktive Teilnahme der Bevölkerung die Fusion des Nationaltheaters Weimar mit der Oper Erfurt. Die Vereinigung war von der Thüringer Landesregierung im Rahmen von Sparmaßnahmen angestrebt worden.

Am 1. Januar 2003 begann die Klassik Stiftung Weimar ihre Arbeit, sie war aus dem Zusammenschluss der Stiftung Weimarer Klassik mit den Kunstsammlungen zu Weimar hervorgegangen. Mit ihren mehr als 27 Museen, Schlössern, historischen Häusern und Parks sowie den Sammlungen von Literatur und Kunst bildet sie ein einzigartiges Ensemble von Kulturdenkmalen und zählt zu den größten und bedeutendsten Kultureinrichtungen Deutschlands.

Ein Feuer in der historischen Herzogin-Anna-Amalia Bibliothek vernichtete 2004 etwa 50 000 alte Bücher. 2005 wurde anlässlich des 200. Todestag Friedrich Schillers zum Schiller-Jahr ausgerufen. Ein wissenschaftliches Projekt ergab im Jahr 2008, dass im Sarg Schillers nicht die Gebeine des Dichters liegen, deshalb ist sein in der Fürstengruft stehender Sarg seitdem leer (→ S. 54).

»Kosmos Weimar« heißt der von der Klassik Stiftung 2008 beschlossene Masterplan, mit dem die Stiftung ein Konzept verfolgt, das die Museumslandschaft in und um Weimar für den Besucher neu erschließen wird. Das Jahr 2008 feierte Weimar als Bachjahr, weil Johann Sebastian Bach vor 300 Jahren nach Wei-

*Schillers Wohnhaus, eines der vielen Kulturdenkmale in der Stadt*

mar gekommen war und am Weimarer Hof zahlreiche bedeutende Orgelwerke, Kantaten und Cembalowerke geschaffen hatte. Seit 2008 nennt sich Weimar offiziell »Kultur- und Universitätsstadt«. Höhepunkt des Jahres war jedoch die Wiedereröffnung der durch den Brand 2004 stark zerstörten Herzogin-Anna-Amalia-Bibliothek im Beisein des Bundespräsidenten Horst Köhler. Das Studienzentrum der Bibliothek mit dem Bücherkubus wurde eingeweiht. Das Bibliotheksquartier mit zwei Tiefmagazinen verbindet die alte und neue Bibliothek unterirdisch miteinander.

Der Präsident der Vereinigten Staaten von Amerika, Barack Obama, besuchte 2009 die Mahn- und Gedenkstätte Buchenwald und trug sich ins Goldene Buch der Stadt ein. Weimar feierte dieses Jahr als Bauhausjahr, weil das Staatliche Bauhaus vor 90 Jahren gegründet worden war. Zehn Jahre später, anlässlich der 100-jährigen Gründung der bedeutendsten Design- und Kunstschule des 20. Jahrhunderts, öffnete das neue Bauhaus-Museum.

Ein »Integriertes Stadtentwicklungskonzept« wurde 2011 von der Stadt beschlossen, das bis zum Jahr 2030 reicht. 2013 begingen die Bundesländer Sachsen und Thüringen ein van-de-Velde-Jahr.

## Politische und wirtschaftliche Entwicklungen

Bei den Kommunalwahlen 2016 lag die Wahlbeteiligung bei nur 49,6 Prozent, das ist das zweitschlechteste Ergebnis in Weimar seit 1990. Am 1. Juli 2018 trat der parteilose Peter Kleine als 27. Oberbürgermeister sein Amt an. Zum ersten Oberbürgermeister in der Geschichte Weimars, damals noch ein unbesoldetes Ehrenamt, war 1793 Johann Heinrich Siegmund Rentsch berufen worden. Bei der Kommunalwahl am 26. Mai 2019 gab es folgende Sitzverteilung im Stadtrat: Bündnis 90/Die Grünen 8 Sitze, CDU, Die Linke und das Bürgerbündnis Weimar Werk jeweils 7 Sitze, die SPD bekam 6 Sitze, die AfD 5 und die Piraten sowie die FDP je einen Sitz.

Am 11. März 2020 verzeichnete Weimar den ersten Corona-Fall. Die Pandemie legte wenig später in ganz Deutschland den Tourismus lahm, Hotels, Gaststätten und Museen mussten schließen, Veranstaltungen wurden abgesagt. Hotels, Gaststätten und touristische Unternehmen schickten ihre Mitarbeiter in Kurzarbeit. Weil die Touristen fehlten, glich Weimar vor allem an den Abenden einer Geisterstadt, und das setzte sich teilweise 2021 fort.

Bei der Bundestagswahl am 26. September 2021 kam die SPD in Weimar mit 23,9 Prozent auf Platz 1, gefolgt von der AfD mit 16,2, CDU mit 14,3 und den Linken mit 14 Prozent. Im Wahlkreis Erfurt-Weimar-Weimarer Land II holte sich Carsten Schneider von der SPD mit 24,4 Prozent der Erststimmen das Direktmandat. In Berlin wurde er im Kabinett der Ampelkoalition im Dezember 2021 Beauftragter der Bundesregierung für Ostdeutschland. Das Jahr 2022 begann in Weimar unerfreulich, viele Hotels und Restaurants blieben wegen der Coronaauflagen geschlossen, die ersten Einrichtungen schlossen für immer.

Der im Februar 2022 von Russland begonnene Angriffskrieg gegen die Ukraine bewegte auch die Weimarer. Die Stadtverwaltung richtete eine Ukraine-Hotline ein sowie ein eigenes Spendenkonto, sie rief zur Unterstützung bei der Aufnahme von Geflüchteten aus der Ukraine auf. Den ersten Hilfstransport begleitete Oberbürgermeister Peter Kleine. Vorbei an Panzersperren, zerstörten Häusern und Männern mit Maschinenpistolen fuhren sie mit dem Lastkraftwagen in den gewünschten Ort der Ukraine und entluden ihn in anderthalb Stunden per Hand.

*Kultur- und Universitätsstadt Weimar: Siebdruckwerkstatt der Bauhaus-Universität*

# Wirtschaft und Politik

Die im 19. Jahrhundert einsetzende industrielle Entwicklung ging an Weimar vorüber. Die Bedeutung eines Großbetriebes erlangten nur die Waggonfabrik auf dem Industriegelände hinter dem Hauptbahnhof und das 1856 in Betrieb genommene Gaswerk an der Ettersburger Straße; 1908 wurde es durch ein neues in der Schwanseestraße abgelöst. 1964 stellte man die Produktion ein, der Gasometer wurde 1987 abgebrochen. Heute wird das einstige Gaswerk als kulturelle Einrichtung genutzt. In der Nähe des ersten Gaswerkes stand seit 1926 die Viehauktionshalle. Nach dem Abzug der letzten Truppen der östlichen Siegermacht 1992 fanden in ihr bedeutende Kulturveranstaltungen statt. Vorsätzliche Brandstiftung durch drei Jugendliche zerstörte die Halle im Jahr 2015.

Zu DDR-Zeiten war der VEB Weimar-Werk bekannt, der etwa 6000 Mitarbeiter zählte und Landmaschinen produzierte. Überregional kannte man noch den VEB Uhrenwerk Weimar mit rund 2000 Arbeitnehmern. Heute ist die Bayer Weimar GmbH und Co. KG, eine 100-prozentige Tochtergesellschaft des Bayer Konzern, das größte Unternehmen. Rund 500 Arbeitnehmer stellen hormonhaltige, feste Arzneiformen für den nationalen und internationalen Markt her.

Der Dienstleistungssektor ist in Weimar besonders stark ausgeprägt, es sind fast ausschließlich kleine und mittelständische Unternehmen, die vielfach weniger als zehn Mitarbeiter haben. Die Stadt zeichnet sich durch zahlreiche Architektur- und Ingenieurbüros aus. Als Exportschlager aus dem Weimarer Land gelten die Thüringer Bratwurst und Spezialitäten rund um die Kartoffel wie Kloßmasse. Die Arbeitslosenquote in Weimar betrug vor der Corona-Pandemie 5,6 Prozent.

*Sommerliches Flair am Frauenplan*

# Bürgermeister und Stadtrat

Seit 1948 gehörten alle Oberbürgermeister der CDU an, das war beispiellos in der DDR und geschicktes Agieren der alles bestimmenden SED gegenüber der Öffentlichkeit. Auch der 22. und letzte Bürgermeister vor dem DDR-Ende, Prof. Dr. Gerhard Baumgärtel, der am 17. November 1989 zurücktrat, war Mitglied der DDR-CDU. Der letzte SED-Ministerpräsident Hans Modrow hatte ihn als Minister für Bauwesen in sein Kabinett berufen. Damit die SED auch in Weimar alles im Griff hatte, war der Stellvertreter des Oberbürgermeisters stets Mitglied der herrschenden Partei.

Als Vertreter der Bürger agiert der Stadtrat. Der trifft sich im großen Saal des Verwaltungsgebäudes in der Schwanenseestraße, der den Namen »Marie Juchacz« trägt. Mit der Namensverleihung würdigte der Stadtrat die Politikerin Juchacz, die am 19. Februar 1919 als erste deutsche Parlamentarierin in der Weimarer Nationalversammlung eine Rede hielt. Die letzte Wahl zum Stadtrat fand am 26. Mai 2019 statt, das Mandat der Gewählten geht bis 2024. Bündnis 90/Die Grünen bekamen mit 18,5 Prozent die meisten Wählerstimmen, gefolgt vom Weimarwerk Bürgerbündnis mit 17,9 Prozent. Die CDU erzielt 17,5 und Die Linke 16,2 Prozent der Stimmen, gefolgt von der SPD mit 13,2 und der AFD mit 11 Prozent. Die FDP kam auf 3,6 Prozent und die Piraten auf 2 Prozent.

Anders als bei der Kommunalwahl sah es wenige Monate später, am 28. Oktober 2019, bei den Thüringer Landtagswahlen aus: Die Linke ließ in Weimar mit 35,2 Prozent der Wählerstimmen alle anderen Parteien deutlich hinter sich. Mit 17,4 Prozent erreichte die CDU Platz 2, gefolgt von der AfD mit 14,8 Prozent.

Der Oberbürgermeister wird für sechs Jahre gewählt, seit dem 1. Juli 2018 ist es der parteilose Peter Kleine. Er ist Thüringer, wurde 1972 in Sömmerda geboren und studierte Rechtswissenschaft an der Uni Jena. Bereits im ersten Wahlgang setzt sich Kleine mit 60,3 Prozent der Stimmen gegen den bisherigen Amtsinhaber Stefan Wolf (SPD) durch. Seine Amtsräume hat der Oberbürgermeister im Rathaus am Marktplatz.

# Menschenrechtspreis

Zu den viel besuchten Stätten Weimars gehört die Gedenkstätte Buchenwald. Die Menschen kommen hierher, um sich vor denen zu verneigen, die im Konzentrationslager Buchenwald von Nationalsozialisten gequält, misshandelt, ermordet wurden. Weimar sieht eine geschichtliche Verantwortung für Folter und Tod und verleiht deshalb seit 1995 jährlich am 10. Dezember, dem Internationalen Tag der Menschenrechte, den Menschenrechtspreis. Vergeben wird er an Menschen, die sich unter Einsatz ihres Lebens gegen Unterdrückung und Gewalt zur Wehr setzen. Im Jahr 2021 erhielt der kurdische Menschenrechtsanwalt und -verteidiger Selahattin Demirtaş den Preis in Abwesenheit. Vorgeschlagen hatte ihn die internationale Menschenrechtsorganisation »Gesellschaft für bedrohte Völker«. Den Preis nahm im Beisein der Staatsministerin für Kultur und Medien Claudia Roth stellvertretend für den seit 2016 Inhaftierten sein jüngerer Bruder Süleyman entgegen.

*Ein beliebtes Fotomotiv sind die Kutschen*

## Tourismus

Der Tourismus ist der größte Wirtschaftsfaktor in der Stadt an der Ilm. Museen, Hotels und Gaststätten sowie Kongresse und Tagungen bringen das Geld in die Stadtkasse. Jeder Tourist gibt im Durchschnitt 45 Euro am Tag aus, der Übernachtungsgast etwa 150 Euro und der Tagesbesucher 27 Euro. Rund 3,5 Millionen Touristen kommen jährlich nach Weimar, da sind auch alle Schulklassen mitgezählt, die die Gedenkstätte Buchenwald besuchen und auch jeder, der von irgendwo aus Thüringen lediglich für eine Theateraufführung am Abend anreist. Bedeutung messen Touristiker den »Ankünften« bei; in dieser Rubrik sind all jene erfasst, die mindestens eine Nacht bleiben. Im Jahr 2000 zählte Weimar 257 000 Ankünfte, gebucht wurden 465 000 Übernachtungen. 2019, also im letzten Jahr vor der Corona-Pandemie, sind es doppelt so viele, beachtliche 465 000 Ankünfte und 886 000 Übernachtungen. Im Durchschnitt bleiben die Gäste 1,9 Tage. Bei den ausländischen Besuchern rangieren die Niederländer an erster Stelle, gefolgt von den Schweizern, Polen und Österreichern. 27 Hotels, Pensionen und Jugendherbergen stehen für Übernachtungsgäste bereit.

Im Herbst 2019 wurde in Weimar eine Tourismuskonzeption verabschiedet, die die Stadt in die Zukunft führen soll. Doch die Corona-Pandemie funkte dazwischen, mit zeitweise geschlossenen Hotels, Gaststätten und Museen oder mit starken Besuchseinschränkungen sind die Ziele schwerlich zu realisieren. Ein interessantes Ergebnis erbringt Ende 2021 eine Umfrage der Weimarer Touristiker: Neun von zehn befragten Gästen wollen die Stadt in den nächsten fünf Jahren »auf jeden Fall« wieder besuchen.

# Kunst und Kultur

In Weimar befinden sich bedeutende Kunstschätze und das Erbe von berühmten Persönlichkeiten, die Gäste aus der ganzen Welt anziehen. In der Stadt begegnet einem Kunst und Kultur fast an jeder Ecke. Die UNESCO adelte 1996 die Weimarer Bauhausbauten zum Welterbe und zwei Jahre später das Ensemble »Klassisches Weimar« mit elf Bauten und Parkanlagen, darunter die Herzogin-Anna-Amalia-Bibliothek, das Pantheon der deutschen Klassik. Im dreigeschossigen Rokokosaal, einem der schönsten Bibliothekssäle Europas, versammelten sich die »Götter« der Klassik zum Gelehrtengespräch.

Weimar besitzt mit der Klassik Stiftung die zweitgrößte Kulturstiftung Deutschlands mit 27 Museen, Schlössern, historischen Häusern und Parks sowie den Sammlungen der Literatur und Kunst. Die Sammlungen umfassen rund 250 000 Objekte. Geleitet wird die Stiftung von der Stiftungspräsidentin, derzeit Dr. Ulrike Lorenz, oberstes Entscheidungsgremium ist der Stiftungsrat. Der beschloss 2008 mit dem Masterplan »Kosmos Weimar«, bei dem es um 150 Millionen Euro geht, ein zukunftsweisendes Konzept, das die Museumslandschaft in und um Weimar für den Besucher neu erschließen soll. Für Touristen sichtbar ist das seit geraumer Zeit am Stadtschloss, das noch einige Jahre Baustelle sein wird und danach das Goethe-Nationalmuseum als Zentrum der Klassik Stiftung ablösen soll. Die Klassik Stiftung spricht von einer »strategischen Neuausrichtung«. Goethe und Schiller werden etwas in den Hintergrund rücken, und somit den Blick frei machen auf Weimar als Stadt der Musik, als Gründungsort des Bauhauses, als Geburtsstätte der Weimarer Republik und als Studentenstadt. Weimar wirkt manchmal noch etwas verstaubt, weil die alten Herren der Klassik noch zu sehr im Blickpunkt stehen. Die Weimarer Klassik um 1800 bildet selbstverständlich weiterhin einen Schwerpunkt, aber eben nur einen. Nach vorn gerückt ist die Weimarer Moderne um und nach 1900. Mit dem »Quartier Weimarer Moderne«, mit dem neuen Bauhaus-Museum, wird ein Anfang gemacht. Das Stadtschloss folgt, in den Prachträumen und den anderen Zimmern wird sich der Besucher nach der Wiedereröffnung über die Kulturgeschichte Weimars von der Reformation bis ins 20. Jahrhundert informieren können. Alles in allem: Weimar wird sich als lebendige, moderne Stadt präsentieren.

*Der prachtvolle Rokokosaal der Herzogin-Anna-Amalia-Bibliothek*

Der Masterplan sah als erstes den Bau eines Zentralen Museumsdepots in der Ettersburger Straße vor. Das wurde von 2009 bis 2014 errichtet. Die Stiftung konnte dadurch ihre musealen Bestände aus 14 über der Stadt verstreuten Depots zusammenführen, die oftmals bestandsgefährdende Bedingungen hatten. Etwa 2500 Gemälde und Möbel, 2000 Plastiken und 15 000 kunsthandwerkliche Objekte haben eine neue Heimstatt gefunden. Das Zentrale Museumsdepot ist aber auch für die Arbeit der Restauratoren, Kustoden und Kunsthistoriker von entscheidender Bedeutung.

Seit 1990 verleiht die Kulturstadt im zweijährigen Rhythmus den Weimar-Preis. Die Auszeichnung erhält, wer sich um das »kulturelle Ansehen verdient gemacht« hat, wie es im Statut heißt. Gewürdigt wird vornehmlich eine Lebensleistung oder eine herausragende, mit Weimar verbundene Einzelleistung. Preisträgerin 2020 ist die Schriftstellerin Sigrid Damm, die, so hieß es bei der Preisverleihung, mit ihren literarischen Arbeiten den Namen der Stadt Weimar in alle Welt trägt. Von Damm stammen unter anderem *Christiane und Goethe* und *Das Leben des Friedrich Schiller*.

## Literatur

Weimar ist Literaturstadt, die Stadt der deutschen Klassik. Vor dem Nationaltheater stehen Deutschlands bekannteste Dichter vereint: Goethe und Schiller. Diese Harmonie gab es zunächst nicht. Die erste Begegnung der beiden verlief kühl, so ist es überliefert. In den Folgejahren gingen sich die beiden Männer, die sich in Herkunft, Bildungsweg und gesellschaftlicher Stellung sehr unterschieden, aus dem Weg. Das erste Mal begegneten sie sich im September 1788 im Haus von Schillers künftiger Frau in Rudolstadt. Zusammenkünfte in den Folgejahren blieben unverbindlich. Näher kamen sich Goethe und Schiller bei einer Begegnung 1794 in Jena. Friedrich Schiller war 1789 zum außerordentlichen Professor für Geschichte an der Universität Jena ernannt worden. 1015 Briefe, so viele sind erhalten geblieben, wechselten die beiden Dichterfürsten von 1794 bis 1805 – geduzt haben sie sich übrigens nie. Nach Schillers Tod schrieb Goethe an seinen Freund, den Berliner Musiker und Komponisten Carl Friedrich Zelter: »Ich verliere einen Freund und in demselben die Hälfte meines Daseins.« Die literarischen Nachlässe des Weimarer Viergestirns Johann Wolfgang von Goethe, Friedrich Schiller, Johann Gottfried Herder und Christian Martin Wieland werden im Goethe-Schiller-Archiv, dem größten Literaturarchiv

*So könnte ihre erste Begegnung ausgesehen haben: Schiller und Goethe in Rudolstadt*

Deutschlands, aufbewahrt. Zu den wertvollsten Archivstücken zählen die Original-Handschriften von Goethes *Faust* und Schillers *Demetrius*. Etwa 15 000 von Goethe geschriebene und 20 000 an ihn gerichtete Briefe sind erhalten.

Die Epoche der Weimarer Klassik beginnt mit Goethes Italienreise 1786 und endet 1832 mit seinem Tod. Heinrich Heine sprach vom »Ende der Kunstperiode«.

*Das ehemalige Lesemuseum am Goetheplatz*

Weimars Literaturgeschichte reicht jedoch weiter zurück. 1617 gründete sich in Weimar die »Fruchtbringende Gesellschaft«, die erste Gesellschaft für deutsche Sprache. Johann Carl August Musäus (1735–1787) sammelte bereits vor den Brüdern Grimm Volksmärchen, Herzogin Anna Amalia ernannte ihn zum Professor der Sprache und Geschichte am Weimarer Gymnasium. Hier unterrichtete er auch seinen Neffen August von Kotzebue, der später als Schriftsteller bekannt wurde. Wieland gab nach Musäus' Tod dessen *Volksmärchen der Deutschen* in fünf Bänden neu heraus, die mehrere Auflagen erlebten.

Weithin unbekannt ist, dass Johannes Daniel Falk 1816 die erste Strophe des berühmten Weihnachtsliedes *O du fröhliche* in Weimar textete.

Zur Weimarer Literaturgeschichte gehört natürlich die Herzogin-Anna-Amalia-Bibliothek, eine kulturgeschichtliche Forschungsstätte von internationalem Rang, die Goethe 35 Jahre lang leitete und deren Schwerpunkt auf den Jahren 1750 bis 1850 liegt (→ S. 72).

## Musik

Eine Chronik von 1482 erwähnt sechs Trompeter, zwei Pauker und zwei »Trompeterknechte« in Weimar. Doch als Beginn der Musikgeschichte Weimars wird meist das Jahr 1602 bezeichnet, als Teile der Hofkapelle aus der Nebenresidenz Altenburg nach Weimar übersiedelten und die Stadt eine ortsfeste Kapelle bekam, die mehrmals aufgelöst, aber auch immer wieder neu gegründet wurde.

Der erste Höhepunkt im Musikschaffen ist Anfang des 18. Jahrhunderts, als Johann Sebastian Bach in Weimar weilt. Das »Silberne Zeitalter der Tonkunst« begann unter Maria Pawlowna, der Gemahlin von Großherzog Carl Friedrich von Sachsen-Weimar-Eisenach, die sich sehr für das Musikleben in Weimar einsetzte. Sie holte den europaweit berühmten Mozartschüler und Klaviervirtuosen Johann Nepomuk Hummel als Kapellmeister nach Weimar, zu dessen Höhepunkten im Hoftheater 1829 ein Konzert mit dem berühmten italienischen Geigenvirtuosen Nicolo Paganini gehörte. Hummel gilt als Wegbereiter für das »Silberne Zeitalter« in Weimar.

*Orchester der Musikhochschule »Franz Liszt«*

Den Ruhm Weimars als Musikstadt begründete jedoch Franz Liszt, der 1842 Kapellmeister in außerordentlichen Diensten wurde und sechs Jahr später das Amt des Hofkapellmeisters übernahm. 1849 floh Richard Wagner, der wegen seiner Teilnahme am Dresdner Aufstand steckbrieflich gesucht wurde, zu seinem Freund und späteren Schwiegervater Franz Liszt nach Weimar, bevor er sich in die Schweiz absetzte. Liszt leitete 1850 die Uraufführung von Wagners *Lohengrin* am Weimarer Theater. Bereits im Jahr zuvor hat er den *Tannhäuser* in Weimar zur Aufführung gebracht. 1889 kam Richard Strauss als Kapellmeister nach Weimar, zu dessen größten Erfolgen 1893 die Uraufführung von Engelbert Humperdincks Märchenoper *Hänsel und Gretel* gehörte.

Aus der Weimarer Hofkapelle wurde 1919 die Weimarische Staatskapelle, die heute zu den traditionsreichsten und ältesten Klangkörpern Deutschlands gehört. In der ersten Hälfte des 20. Jahrhunderts erwarb sich Generalmusikdirektor Ernst Praetorius (1880–1946) durch experimentelles Gegenwartsschaffen einen Namen. Praetorius' Vertrag wurde 1933 nach der Machtübernahme der Nationalsozialisten aufgelöst, weil er sich nicht von seiner jüdischen Frau trennte.

Nach dem Zweiten Weltkrieg führte der berühmte Beethoven-, Brahms- und Bruckner-Dirigent Hermann Abendroth (1883–1956) das Orchester wieder in den Kreis der führenden deutschen Orchester, nun unter dem Namen Staatskapelle Weimar. Zu Gastspielen reisen die Musiker, gegenwärtig sind es fast 100 aus 14 Nationen, unter anderem nach Israel, Japan, Spanien und in die USA. Regelmäßig spielt die Staatskapelle auch in Deutschlands großen Konzertsälen und auf bedeutenden Festivals.

Zu Weimars Musikleben gehört auch die Hochschule für Musik »Franz Liszt«, die aus der 1872 gegründeten ersten Orchesterschule Deutschlands hervorging, die später zur Staatlichen Hochschule wurde und 1956 ihren heutigen

Namen bekommt. Hauptgebäude der Hochschule, die jährlich mehr als 300 Konzerte und Aufführungen veranstaltet, ist das Fürstenhaus am Platz der Demokratie (→ S. 71).

Weimars Musikleben war bis in die jüngste Zeit mit einem kleinen Makel behaftet, denn ausgerechnet der Lebenslauf des berühmten Johann Sebastian Bach gereichte der Stadt nicht zur Ehre. 1717 hatte man ihn für vier Wochen bei Wasser und Brot eingesperrt. Bach hatte einen Vertrag als Hofkapellmeister beim Herzog von Anhalt-Köthen unterschrieben, ohne seinen Herzog vorher über den geplanten Weggang zu informieren. 2008 wurde Bach auf einem Festakt im Stadtschloss symbolisch von Michael Benedikt Prinz von Sachsen-Weimar-Eisenach rehabilitiert. Zugegen war auch Eduard Prinz von Anhalt, ein Nachfahre des Köthener Herzogs.



## Theater

Weimar besitzt mit dem Deutschen Nationaltheater eine der renommiertesten Bühnen Deutschlands (→ S. 87). Die Geschichte des Theater ist lang: Bereits 1696 ließ Herzog Wilhelm Ernst im Schloss einen Theatersaal errichten, der 1774 einem Brand zum Opfer fiel. Daraufhin gründete die kunstliebende Herzogin Anna Amalia ein Liebhabertheater, das an verschiedenen Orten spielte. 1779 bekam die Stadt gegenüber dem Wittumspalais ein Komödiantenhaus, in dem Herzog Carl August 1791 ein Hoftheater gründete und Goethe mit der Leitung beauftragte. Der brachte fast alle Dramen Friedrich Schillers zur Uraufführung, die Schiller selbst inszenierte. Der gesamte *Faust* kam erstmals 1876 in Weimar auf die Bühne, 44 Jahre nach Goethes Tod. Das heutige Nationaltheater ist jedoch nicht mehr das von Goethe, sondern das dritte an dieser Stelle, 1907 wurde es als das modernste in Deutschland eingeweiht.

*Konzert in der Herderkirche*

*Renommierte Bühne und historischer Ort: das Deutsche Nationaltheater*

Zu den unrühmlichen Eintragungen in der Chronik gehört der erste Reichsparteitag der NSDAP 1926 in dem Theater. Bei Bombenangriffen im Februar 1945 brannte das Theater aus, wurde aber bereits 1948 zu Goethes Geburtstag mit dem *Faust* wiedereröffnet. Während der DDR-Zeit machte das Theater wiederholt wegen bedeutsamer Klassiker-Inszenierungen auf sich aufmerksam. Es präsentiert sich heute wie in den Jahren nach der aufwändigen Sanierung 1973 bis 1975. Damals war es eines der technisch modernsten Theater im Osten Deutschlands.

Die Weimarer sind stolz auf ihr Theater. Dass das keine Floskel ist, bewiesen sie 2002, als die Landesregierung aus Kostengründen die Fusion mit Erfurt anstrebte. Ihre traditionsreiche Bühne mit dem namenlosen Theater der Landeshauptstadt! Die Weimarer gingen im wahrsten Sinne des Wortes auf die Barrikaden: Mahnwachen wurden abgehalten, Demonstrationen fanden statt, Unterschriften wurden gesammelt. Der Weimarer Stadtrat lehnte sich gegen die Landesregierung auf und verweigerte die Fusion. Die Proteste waren erfolgreich, das Weimarer Nationaltheater wird unverändert als Dreispartentheater weitergeführt.

## Bildende Kunst

Lucas Cranach der Ältere kam 1552 als Hofmaler nach Weimar, in dem nach ihm benannten Haus am Markt soll er sich im dritten Stock ein Atelier eingerichtet haben, im Jahr darauf starb er. Seine letzte Ruhestätte befindet sich auf dem Jakobfriedhof. Den Grabstein entwarf sein Freund Nikolaus Gromann, ebenso wie Jahre zuvor das heute Cranachhaus genannte Gebäude am Markt. Das ließ sich der herzogliche Kanzler Brück erbauen, der mit Barbara Cranach verheiratet und damit der Schwiegersohn von Lucas Cranach dem Älteren war. Die Grabplatte auf dem Friedhof ist eine Kopie, das Original brachte man schon 1859 aus konservatorischen Gründen in die Stadtkirche St. Peter und Paul. Als Cranachs letztes Werk wird das Altarbild für die Stadtkirche bezeichnet, vermutlich hatte er 1552 damit begonnen und sein Sohn Lucas Cranach der Jüngere vollendete es 1555.

Zur Bedeutung Weimars auf dem Gebiet der bildenden Kunst trägt die 1860 gegründete Großherzogliche Kunstschule zu Weimar bei, die als »Weimarer Malerschule« in die Kunstgeschichte eingeht. Sie beteiligt sich seit 1866 an nationalen und internationalen Ausstellungen. Als bekanntester Schüler gilt Max Liebermann, der große Maler des Impressionismus, der in seiner Autobiografie schreibt: »1872 malte ich mein erstes Bild ›Die Gänserupferinnen‹, das in dem kleinen Weimar ein bedeutendes Aufsehen machte.« Das war der Fall, weil solche realistischen Bilder seinerzeit noch nicht üblich waren. Das imposante Gebäude für die Kunstschule, die 1910 zur Hochschule wurde, entstand von 1904 bis 1911 nach einem Entwurf von Henry van de Velde. Der von ihm errichtete Winkelbau mit starken Jugendstil-Zügen heißt heute Van-de-Velde-Bau und gehört zur Bauhaus-Universität. Die besaß damals Fachklassen für Malerei, Graphik, Bildhauerei und Industrielle Formgebung. Die Kunstschule darf nicht verwechselt werden mit der erst 1908 auf Initiative von Henry van de Velde gegründeten Großherzoglich-Sächsischen Kunstgewerbeschule, die bis 1915 bestand.

Als legendärer Kunstmäzen ging Harry Graf Kessler in die Geschichte Weimar ein. Die Stadt war von 1903 bis 1935 der Wohnort des Diplomaten, Schriftstellers und Buchkünstlers. Kessler leitete ehrenamtlich als Direktor das Museum für Kunst und Kunstgewerbe, er war Gründer und Leiter der Cranach-Presse, eines bibliophilen Verlags. Als der Graf 1906 in seinem Museum einen Akt-

*Cranachs letztes Werk war das Altarbild in der Stadtkirche*

zyklus des französischen Bildhauers Auguste Rodin ausstellte, richtete sich das konservative Weimar gegen ihn, von der Presse wurde er beschimpft. Die *Weimarische Landeszeitung* veröffentlichte am 11. April 1906 einen Leserbrief, in dem es heißt: Wir »rufen Pfui und tausendmal Pfui über den Urheber und seine Helfershelfer, die solche Abscheulichkeiten vor Augen stellen«. Kessler sprach von »kleinen Spießbürgern« und musste einsehen, dass sein Versuch, Weimar zu einem europäischen Zentrum der künstlerischen Avantgarde zu machen, sich nicht realisieren ließ. In diese Reihe passt das Verhalten von Paul Schultze-Naumburg, dem Direktor der Nachfolgeinstitution des Bauhauses. Der war ein entschiedener Gegner der Moderne und ließ die1923 geschaffenen modernen Wandgestaltungen von Oskar Schlemmer im Van-de-Velde-Bau entfernen.

In Weimar werden bedeutende Gemälde aufbewahrt, so ist die altdeutsche Malerei vertreten durch Albrecht Dürer. Zahlreich sind die Werke der Weimarer Hofmaler und deren Porträts von Mitgliedern des Herzoghauses. Zur Goethezeit entwickelt sich die deutsche Malerei des 18. und 19. Jahrhunderts sowie die niederländische Malerei des 17. Jahrhunderts zum Sammlungsschwerpunkt. Umfangreich ist die im Stadtschloss vorhandene Sammlung von Werken Lucas Cranach des Älteren und Lucas Cranach des Jüngeren. Zu den bekanntesten Werken des Schlossmuseums gehören Rubens *Die Heilige Dreieinigkeit*, Dürers Bildnisse *Hans und Felicitas Tucher*, *Martin Luther als Junker Jörg* von Lucas Cranach dem Älteren und *Die Stickerin*, das bekannteste Bild von Georg Friedrich Kersting. Goethe veranlasste, dass es Herzog Carl August 1811 erwarb. Modell saß in Dresden die spätere Hofmalerin Louise Seidler. Goethe hatte deren Talent entdeckt und ermöglichte ihr einen Studienaufenthalt in Dresden, wo sie den Maler Georg Friedrich Kersting kennenlernte.

## Architektur

Ein Streifzug durch Weimar lohnt auch für Architekturfreunde. So gehört das Cranachhaus am Markt zu den schönsten Renaissancehäusern Thüringens, erbaut hat es einer der bedeutendsten Meister der Renaissancebaukunst, Nikolaus Gromann (1500–1566). Von 1816 bis zu seinem Tod 1845 war Clemens Wenzeslaus Coudray Großherzoglicher Oberbaudirektor, der sich gut mit Goethe verstand. Im Stadtbild hinterließ er den Goethe- und den Herderbrunnen, die Fürstengruft und das Gebäude der heutigen Musikschule »Johann Nepomuk Hummel«.

Das Palais Dürckheim in der Cranachstraße 47 sowie das Palais Henneberg in der Gutenbergstraße 1a entstanden nach Entwürfen von Henry van de Velde. Als einer der anerkanntesten Architekten Weimars gilt Rudolf Zapfe (1860–1934). »Der Name Rudolf Zapfe ist aus der Baugeschichte Weimars nicht mehr wegzudenken«, schrieb die »Mitteldeutsche Weimarische Zeitung« in ihrem Nachruf für den Architekten. Zapfe hat vor allem wunderschöne Jugendstilbauten hinterlassen wie die Häuser Cranachstraße 9 und 10. Sein Privathaus Humboldtstraße 21 dagegen, in dem sich im Erdgeschoss sein Büro befand, weist neobarocke Formen auf.

Steinerne Erblast der nationalsozialistischen Zeit ist das monumentale Gauforum, das so gar nicht in das Architekturgesicht der Stadt passt. Mit dem Bau und der »grundlegenden Neugestaltung der Stadt« hatte Thüringens NSDAP-Gauleiter

*Details am Cranachhaus*



Fritz Sauckel den jungen Architekten Hermann Giesler beauftragt. Hitler reiste mehrfach nach Weimar, um Einfluss auf das Projekt zu nehmen, er übernachtete stets am Markt im Hotel Elephant. Der Weimarer Komplex war der Prototyp für ähnliche Gauforen in anderen Stätten, wozu es aber nicht kam. Giesler lieferte auch den Entwurf für die Villa an der Windmühle in der Windmühlenstraße für Reichsstatthalter Sauckel, der 1945 in Nürnberg hingerichtet wurde. US-Chefankläger Robert H. Jackson bezeichnete ihn als den »größten und grausamsten Sklavenhalter seit den ägyptischen Pharaonen«. Von Giesler stammt auch der Entwurf des am 5. November 1938 eröffneten neuen Hotels Elephant. Vom Balkon winkte Hitler den Weimarern zu, die, so die Überlieferung, begeistert gerufen haben: »Lieber Führer, sei so nett, komm doch mal ans Fensterbrett.« Das neuerbaute Haus, das als ein Mix aus Art Déco, eleganter Moderne und Bauhauseinflüssen bezeichnet wird, galt seinerzeit als eines der modernsten Hotels Europas.

## Bauhaus

Das Bauhaus gilt als die Wiege der Design-Revolution: Die einflussreichste und wegweisendste Gestalterschule des 20. Jahrhunderts wurde in Weimar gegründet. Das Neue am Bauhaus war der Leitsatz »Die Funktion bestimmt das Aussehen«. Architektur, Design und Kunst bilden eine Einheit. In den 1924 formulierten Grundsätzen heißt es: »Das Bauhaus will der zeitgemäßen Entwicklung der Behausung dienen, vom einfachen Hausgerät bis zum fertigen Wohnhaus.« Die UNESCO erklärte 1996 die Weimarer Bauhausstätten zum Weltkulturerbe. Dazu gehört das von Henry van de Velde zwischen 1904 und 1911 entworfene Hauptgebäude der Bauhaus-Universität, das im Inneren mit der ellipsenförmigen, sich dynamisch aufschwingenden Haupttreppe beeindruckt. Weltkulturerbe ist auch das Gebäude der ehemaligen Großherzoglich-Sächsischen Kunstgewerbeschule, die ebenfalls nach Plänen von van de Velde entstand und von diesem auch geleitet wurde. Diese Schule ging 1915 in der Großherzoglich-Sächsischen Hochschule für bildende Kunst auf.

Der noch vom letzten Großherzog Wilhelm Ernst eingesetzte Walter Gropius gründet nach dem Ende der Monarchie das Staatliche Bauhaus. Er holt avantgardistische Künstler nach Weimar wie Lyonel Feininger, Wassily Kandinsky, Gerhard Marcks, Oskar Schlemmer und Paul Klee. Die Ausbildung ging völlig neue Wege, Künstler und Handwerker wurden gemeinsam ausgebildet, der akademische Dünkel verschwand, Lehrende und Studierende bildeten ein Teamwork, die Studenten waren am Verkauf ihrer Werkstattarbeiten beteiligt. Für die erste große Bauhaus-Ausstellung 1923 entstand das Haus am Horn, die einzige in Weimar realisierte Bauhausarchitektur und heute ebenfalls Welterbestätte.

Die 1924 neugewählte rechtsgerichteten Landesregierung drehte dem Bauhaus den Geldhahn zu, die Finanzen wurden um 50 Prozent gekürzt, nationalistischen Kräften war ein Dorn im Auge, dass die Hälfte der Lehrkräfte der »bolschewistischen« Lehranstalt« Ausländer sind. Das Bauhaus schloss und siedelte in das sozialdemokratisch geführte Dessau und später nach Berlin um. Nach der endgültigen Schließung des Bauhauses 1933 verjagten die Nationalsozialisten Lehrer und Schüler aus Deutschland; die trugen ihre Ideen in die Welt.

In guter Bauhaus-Tradition wurde nach der Einheit Deutschlands das Stadtviertel »Neues Bauen am Horn« errichtet, das hohen ästhetischen Ansprüchen gerecht wird. Die Bauhaus-Universität gestaltete es auf dem ausgedienten Kasernengelände an der Leibnizstraße, nachdem nach 47 Jahren Präsenz der Sowjetarmee 1992 der letzte russische Armeeangehörige Weimar verlassen hatte. Das Stadtviertel gehört, wie auch Weimar-Nord, zu den Außenprojekten der Expo 2000. Weimar-Nord war eins der gesichtslosen Neubaugebiete, wie sie in der DDR aus vorgefertigten Teilen zwischen Rügen und dem Thüringer Wald entstanden waren. Nach der Einheit wurden die Häuser modernisiert, sie bekamen farbenfrohe Fassaden und sind heute eine begehrte Wohnadresse.

*Die frei schwingende Haupttreppe im Hauptgebäude der Bauhaus-Universität*

# Berühmte Weimarer

In Weimar sind etliche Menschen zu Ruhm gelangt, weil sie hier Herausragendes schufen und so die kleine Stadt Thüringens in der Welt bekannt machten. Die wenigsten von ihnen wurden hier geboren. Sie ließen sich in Weimar nieder, weil sie hier für ihr Wirken gute Bedingungen vorfinden oder es waren familiäre Gründe, die sie in die Stadt führten.
Von allen lassen sich Spuren verfolgen, bei einigen ist es besonders einfach: Ihre Wohn- und Wirkungsstätten wurden Museen. Einige dieser berühmten Menschen werden hier vorgestellt.

## Johann Sebastian Bach – das Musikgenie

»Nicht Bach, sondern Meer sollte er heißen wegen seines unendlichen, unerschöpflichen Reichtums von Tonkombinationen und Harmonien!«, äußerte Ludwig van Beethoven über Johann Sebastian Bach (1685–1750). Der kam 1704 erstmals nach Weimar, weil er am Hof für ein halbes Jahr als Violinist in der Privatkapelle von Herzogs Johann Ernst III. spielen durfte. Nach Aufenthalten in Arnstadt und Mühlhausen kehrte Bach 1708 nach Weimar zurück. Er zog in das Haus Nr. 16 an der Süd-Ost-Ecke des Marktplatzes, das im Zweiten Weltkrieg zerstört wurde. Zu seiner Hauptwirkungsstätte wurde die Schlosskirche. Johann Sebastian Bach wirkte als Hoforganist, Violinist und ab 1714 durfte er sich Konzertmeister nennen. Zum ersten Mal im Leben standen ihm ein professionelles Orchester und ausgebildete Sänger zur Verfügung. Er komponierte fleißig, rund 30 Kantaten entstanden in Weimar.

Nach dem Tod des alten Kapellmeisters hoffte Bach auf dessen Stelle. Doch Herzog Wilhelm Ernst ging nicht darauf ein, antwortete nicht, gewährte auch keine Audienz, im Gegenteil, er kürzte Bach Notenpapierlieferungen. Als Fürst Leopold von Köthen von all dem erfuhr, bot er Bach die Stelle des Hofkapellmeisters an, mit einer ansehnlichen Bezahlung und dem Rang eines Hofoffiziers. Bach unterzeichnete den Vertrag, ohne vorher um seine Entlassung zu ersuchen. Das erzürnte den Herzog, und er ließ den heute auf der Welt meistgespielten Komponisten für vier Wochen bei Wasser und Brot einsperren. Es half nichts – im Dezember 1717 verließ Bach mit seiner Frau und den vier Kindern Weimar in Richtung Köthen.

► Stadtschloss, Ausstellung in der Bastille, → S. 94

*Johann Sebastian Bach*

## Christoph Martin Wieland – Bestsellerautor seiner Zeit

*Christoph Martin Wieland*

Die verwitwete Herzogin Anna Amalia las den Roman *Der Goldne Spiegel* mit Interesse, denn die aufgeklärten Ideen des Autors Wieland (1733–1803) gefielen ihr. Aufmerksam geworden war sie auf ihn durch den ersten deutschen Bildungsroman *Geschichte der Agathon*. Der brachte Christian Martin Wieland Ruhm ein, bald galt er als der meistgelesene und bestbezahlte Autor seiner Zeit, seine Werke wurden bereits zu Lebzeiten in 13 Sprachen übersetzt. Wieland erhielt 1769 eine Professur der Philosophie an der Universität des nahen Erfurt, von dort holte ihn Herzogin Anna Amalia an den Weimarer Hof, vornehmlich, um den Thronfolger Carl August zu unterrichten. Wieland kam, und ihm folgten Goethe, Schiller und Herder. Die vier Schriftsteller bilden das Viergestirn der Weimarer Klassik. Wieland gab in Weimar den *Teutschen Merkur* heraus, die langlebigste und auflagenstärkte deutsche Zeitschrift des 18. Jahrhunderts. Von der Stadt zog es den Dichter und Übersetzer hinaus aufs Land. 1797 bot sich die Gelegenheit, Gut Oßmannstedt vor den Toren von Weimar zu kaufen. »Im ganzen Lande habe ich kein Gut finden können, das in allen Stücken wesentlich so ganz für mich getaugt hätte wie Oßmannstedt«, schreibt er an seinen Verleger Georg Joachim Göschen. In den sechs Jahren, in denen Wieland hier seinen Worten nach als »poetischer Landjunker« lebte, schrieb er *Aristipp und einige seiner Zeitgenossen*, den ersten bedeutenden deutschen Roman über die griechische Antike. Seine letzte Ruhestätte fand der Dichter und Übersetzer unweit des Gutes neben seiner Frau am Ufer der Ilm.

► Wielandgut Oßmannstedt, → S. 131

## Herzogin Anna Amalia – Förderin von Kunst und Wissenschaft

»Die verwitwete Herzogin ist eine Dame von Sinn und Geist, in deren Gesellschaft man nicht gedrückt ist«, schrieb Friedrich Schiller. Herzogin Anna Amalia (1739–1807) musste nach dem Tod ihres Gemahls die Vormundschaft über ihren erstgeborenen Sohn Carl August übernehmen und das Land regieren. Sie vermerkte dazu: »Tag und Nacht studierte ich, mich selbst zu bilden und mich zu den Geschäften tüchtig zu machen.« Übereinstimmend war zu vernehmen, sie regiere das kleine Herzogtum mit Geschick und Sachverstand. Anna Amalia war als 16-jährige Welfenprinzessin mit dem 19-jährigen Erbprinzen Ernst August von Sachsen-Weimar-Eisenach vermählt worden. Von ihrer Mutter hatte sie die Einstellung übernommen, dass Kunst und Literatur, Musik und Theater zum Leben eines gebildeten Menschen gehören. Die komponierende und dichtende Herzogin förderte Kunst und Wissenschaft, sie führte im Wittumspalais die sogenannte Tafelrunde ein, zu der sich Adlige und Bürgerliche trafen, um sich in ungezwungener Atmosphäre über Aktuelles in der Kunst, der Musik und den Naturwissenschaften auszutauschen. Goethe meinte dazu: »Sie gefiel sich im Umgang geistreicher Personen und freute sich, Verhältnisse dieser Art anzuknüpfen, zu erhalten und nützlich zu machen.« Vielfach wird Anna Amalia als Begründerin des klassischen Weimar bezeichnet, den Boden dafür hatte sie auf jeden Fall bereitet, indem sie mit Wieland den ersten der berühmten Vier in die Residenzstadt holte. ► Wittumspalais; Schloss Tiefurt, → S. 86, 126



## Johann Gottfried Herder – Dichter, Theologe und Philosoph

Dem jungen Goethe war Herder (1744–1803) in Straßburg begegnet. Er musste großen Eindruck auf den späteren Dichterfürsten gemacht haben, denn der veranlasste, dass ihn Herzog Carl August von Sachsen-Weimar-Eisenach für die Residenzstadt gewinnen konnte. Herder folgte 1776 dem Ruf aus Weimar. Er bekam den Titel »Generalsuperintendant«, wurde Präsident des Oberkonsistoriums und erster Prediger der Stadtkirche St. Peter und Paul. Die wird heute fast nur noch Herderkirche genannt, und der Platz vor ihr trägt ebenfalls Herders Namen. Vor dem Gotteshaus steht der Dichter, Theologe und Philosoph, der höchste Geistliche und führende Bildungsbeauftragte des Herzogtums, überlebensgroß, 1850 in Bronze gegossen. Viele Jahre war Herder ein Vertrauter Goethes, doch es gab Spannungen, weil sie unterschiedliche Ansichten zu den gesellschaftlichen

*Herzogin Anna Amalia*

*Johann Gottfried Herder*

Veränderungen in Europa hatten. Verheiratet war er mit Maria Karoline Flachsland, mit der er sieben Kinder hatte. Seine Frau unterstützte ihn vielseitig, sie lektorierte seine Schriften, gab seine Werke heraus und ordnete seinen Nachlass. Gewohnt hatte Herder 27 Jahre unmittelbar neben der Stadtkirche. Hinter dem Wohnhaus befindet sich ein Garten, der einst bis zur Stadtmauer reichte. Garten und Wohnhaus gehören wie die Stadtkirche zum UNESCO-Weltkulturerbe »Klassisches Weimar«. Der Garten war für Herder ein Ort der Ruhe und Erholung, er war aber auch wichtig für die Versorgung seiner Familie. Herder: »Was der Frühling nicht säte, kann der Sommer nicht reifen, der Herbst nicht ernten, der Winter nicht nützen.«

► Stadtkirche St. Peter und Paul, Herderplatz, → S. 101

## Johann Wolfgang von Goethe – der Dichterfürst

Mit Werken wie *Faust*, *Die Leiden des jungen Werther*, *Götz von Berlichingen* und *Egmont* wurde Goethe (1749–1832) weltbekannt. Doch er war nicht nur Dichter, sondern auch Staatsmann, Naturwissenschaftler, Philosoph und bildender Künstler, er gilt als Universalgenie. 1775 war Goethe auf Einladung von Herzog Carl August von Sachsen-Weimar-Eisenach in die kleine Residenzstadt gekommen. Christoph Wilhelm Hufeland, der berühmte Hofmedicus, schrieb in seiner Autobiografie dazu: »Dieser junge 27-jährige feurige Herr Doktor brachte eine wunderbare Revolution in diesem Ort hervor … die seltene Vereinigung geistiger und körperlicher Vollkommenheit …« Der Herzog und Goethe verstanden sich, sie wurden Freunde. Carl August gab ihm Ämter, Titel und Einkommen; Goethe wird Geheimrat, Kammerpräsident und Minister. 1782 wurde er vom Kaiser in den Adelsstand erhoben. Kluge Leute haben errechnet, dass Goethe allein in seiner engeren Heimat Thüringen mehr als 150 Orte durchstreift habe. In seinem Testament hatte er verfügt, seine Kunst- und naturwissenschaftlichen Sammlungen sollen »konserviert« bleiben, er wünschte sich, sie »an eine öffentliche Anstalt zu veräußern«. So ist es gekommen, alles wird in Weimar aufbewahrt, sein Nachlass gilt als eine der größten Privatsammlungen in Deutschland. In den letzten Lebensjahren schrieb Goethe kaum noch selbst, er diktierte, denn nur so konnte er seine literarischen Projekte und den umfangreichen Briefwechsel bewältigen. Vier Tage nach seinem Tod wurde er in der Weimarer Fürstengruft beigesetzt.

*Johann Wolfgang von Goethe*

► Goethe-Nationalmuseum, Frauenplan 1, → S. 76

## Herzog Carl August – kunstsinniger Herrscher

*Herzog Carl August*

Das Bronzedenkmal auf dem Platz der Demokratie zeigt den berühmtesten Fürsten von Weimar: Großherzog Carl August von Sachsen-Weimar-Eisenach (1757–1828). Zu sehen ist er in der Uniform eines preußischen Generals, das deshalb, weil er sich keine eigene Armee leisten konnte. Mit seiner Mutter, Herzogin Anna Amalia, begründet er die Weimarer Klassik. Im Jahr 1774 begegneten sich der Herzog und Goethe zum ersten Mal, der war durch *Götz von Berlichingen* und *Die Leiden des jungen Werther* schon zur Berühmtheit geworden. Ein Jahr später holte der 18-jährige Carl August den damals 26-jährigen Dichter nach Weimar und machte ihn zu seinem engsten Berater. Carl August, der die Kunst, aber auch die Jagd liebte und die Bildung unterstützte, war ein Freund und Förderer Goethes. Der Wiener Kongress verlieh Carl August 1815 den Titel eines Großherzogs. Aus seiner Ehe mit Luise von Hessen-Darmstadt gingen drei Kinder hervor, Carl Friedrich war der Thronfolger. Wie damals üblich, besaß Carl August eine Mätresse: die Schauspielerin Karoline Jagemann, die er zur Freifrau von Heygendorff ernannte. Mit seiner Geliebten hatte er den Sohn Carl. Gemunkelt wird, Carl August soll Vater von mindestens 38 unehelichen Kindern sein. Er verstarb unerwartet auf dem preußischen Gestüt Graditz in den Armen seines Adjutanten. Die Freundschaft zwischen ihm und Goethe hielt 53 Jahre lang, trotz der unterschiedlichen Charaktere. Goethe meinte nach dem Tod des Großherzogs: »Ich bin ihm so unendlich viel schuldig, indem ich ihm eine Existenz verdanke, ganz nach meinen Wünschen.«

► Römisches Haus, Park an der Ilm, → S. 143

## Friedrich von Schiller – Dichter und Rebell

»Ich weiß wirklich nicht«, bekannte Goethe einmal, »was ohne die Schillerschen Anregungen aus mir geworden wäre«. Dem Freund selbst teilte er mit: »Sie haben mir eine zweite Jugend verschafft und mich wieder zum Dichter gemacht, welches zu sein ich so gut als aufgehört hatte.« Der Dichter, Historiker, Philosoph und promovierte Mediziner Schiller (1759–1805) ist einer der namhaftesten deutschen Dichter und gilt als Rebell. In Weimar lebte und wirkte Schiller von 1787 bis 1789 und von 1799 bis zu seinem Tod. Viele Theaterstücke von Schiller wie *Die Räuber*, *Maria Stuart* und *Wilhelm Tell* gehören zum Standardrepertoire der deutschsprachigen Theater, seine Balladen wie *Die Bürgschaft* und

*Friedrich von Schiller*

*Der Taucher* zu den bekanntesten. Schiller stand spät auf und arbeitete bis tief in die Nacht. Von Goethe wissen wir mehr über seine Arbeitsweise: »Überfiel ihn die Müdigkeit, so legte er den Kopf auf den Arm und schlief. Sobald er wieder erwachte, ließ er sich nicht, wie ihm fälschlich nachgesagt worden, Champagner, sondern starken schwarzen Kaffee bringen, um sich munter zu halten.« Geadelt wurde Schiller 1802, im Gegensatz zu Goethe wurde bei ihm das »von« nur selten verwendet. Verheiratet war er mit Charlotte von Lengenfeld, die als kluge und umsichtige Partnerin beschrieben wird; aus der Ehe gehen vier Kinder hervor. Schillers Leben war von zahlreichen Krankheiten überschattet, gestorben ist er vermutlich an Tuberkulose. Nach seinem Tod äußerte Goethe: »Ich verlier einen Freund und in demselben die Hälfte meines Daseins« und in seinen Gesprächen mit Eckermann resümierte er über Schiller: »Das war ein rechter Mensch, und so sollte man auch sein!« ► Schillerhaus, Schillerstr. 12, → S. 83

## Großherzogin Maria Pawlowna – Zarentochter am Weimarer Hof

Die Großfürstin von Russland, Tochter des russischen Zaren Paul I. und Enkelin von Katharina der Großen, zog am 9. November 1804 in Weimar ein. Es waren insgesamt 13 Kutschen, die gegen zwei Uhr nachmittags die Ilm überquerten und wegen der Begeisterung der Menschen nur im Schritttempo vorankamen. Maria Pawlowna (1786–1859) hatte am 3. August 1804 in St. Petersburg Carl Friedrich geheiratet, den ältesten Sohn von Großherzog Carl August. Sie wurde Großherzogin, als ihr Gemahl 1828 als Großherzog von Sachsen-Weimar-Eisenach den Thron bestieg. Die Zarentochter hatte eine umfangreiche Mitgift bekommen, die in 79 Wagen, gezogen von 130 Pferden, bereits am 1. Oktober in Weimar eingetroffen war. Sie verfügte also über große Geldmittel und konnte sich dadurch als großzügige Mäzenin präsentieren. So holte sie Johann Nepomuk Hummel als Hofkapellmeister nach Weimar, und 1841 gelang es ihr, den berühmten Franz Liszt für die Stadt zu begeistern; sie bezahlte ihn aus ihrer Privatschatulle, wie auch das Haus für die Weimarer Lesegesellschaft am heutigen Goetheplatz. Im Stadtschloss werden zahlreiche von Maria Pawlowna erworbene Kunstschätze aufbewahrt. Von den vielen Brunnen in Weimars Altstadt hat sie sechs gestiftet, darunter den Geleitbrunnen, den Löwen- und den Delphinbrunnen. Die Großherzogin brachte vier Kinder zur Welt, nach dem Tod ihres Gemahls 1853 wurde Sohn Carl Alexander Großherzog. Maria Pawlowna wählte Schloss Belvedere als Witwensitz. Ihre letzte Ruhestätte fand sie, wie testamentarisch bestimmt, in der an die Fürstengruft angrenzenden, für sie errichteten russisch-orthodoxen Kirche in heimatlicher Erde. ► Russisch-Orthodoxe Kirche, Historischer Friedhof → S. 155



## Franz Liszt – Protagonist des Silbernen Zeitalters

Der österreichisch-ungarische Komponist, Pianist, Dirigent und Musiklehrer (1811–1886) gehört zu den prominentesten und einflussreichsten Klaviervirtuosen Europas und zu den produktivsten Komponisten des 19. Jahrhunderts. In Weimar wurde er 1842 zum »Großherzoglichen Kapellmeister in außerordentlichen Diensten« ernannt. Doch zum Wohnort wählte der berühmte Musiker Weimar erst im Herbst 1848. Er rückte das Musikschaffen der kleinen Residenzstadt in den Blickpunkt Europas. So führte er als Hofkapellmeister, das war er von 1848 bis 1858, im Theater den *Tannhäuser* von dem steckbrieflich gesuchten Richard Wagner auf. 1850 leitete er die Uraufführung von Wagners Oper *Lohengrin*. Zwölf Jahre lebte Liszt mit der verheirateten Polin zu Sayn-Wittgenstein in der Villa Altenburg zusammen, was den konservativen Kreisen der Stadt nicht gefiel. Deshalb kühlte seine Verbindung zum Hof ab. 1869 bezog der Musiker eine Etage in der am Rand des Ilmparks stehenden Hofgärtnerei, dem heutigen Liszt-Haus. Hier wohnte er jährlich einige Monate, verglichen mit seinen vorherigen Wohnorten, sehr bescheiden. Liszt starb an den Folgen einer Lungenentzündung, die er sich in Bayreuth zugezogen hatte. Die Weimarer Jahre werden als seine künstlerisch produktivste Zeit bezeichnet, hier schrieb er viele seiner Klavierwerke. Weimar, das ihm 1861 die Ehrenbürgerschaft Weimars verliehen hatte, ehrt ihn mit einem 2,50 Meter hohen Denkmal aus weißem Marmor im Park an der Ilm. ► Liszt-Haus, Marienstr. 17, → S. 141

*Großherzogin Maria Pawlowna*

*Franz Liszt*

# Schillers Sarg ohne Schiller

Im Jahr 2008 konnte endlich der »Schiller-Code« geknackt werden. Nun wusste man verbindlich: In dem Sarg, der in der Fürstengruft neben dem von Goethe steht, ist kein Schiller drin. Das aufsehenerregende Ergebnis erbrachte ein Forschungsprojekt des Mitteldeutschen Rundfunks in Kooperation mit der Klassik Stiftung Weimar.

Leer war der Sarg Schillers nicht, als die Wissenschaftler an die Arbeit gingen. Doch die Zweifel waren groß, ob darin wirklich die sterblichen Überreste des Dichters lagen. Der Reihe nach: Zwei Tage nach seinem Tod am 9. Mai 1805 wurde Schiller im Kassengewölbe des Jakobsfriedhofs beigesetzt. Das schlichte Sammelgrab war die letzte Ruhestätte für verdiente Bürger Weimars, die keine Erbbegräbnisstätte besaßen. 1818 wurde der Jakobsfriedhof geschlossen, und das Kassengewölbe verfiel. 21 Jahre nach Schillers Tod wollte Bürgermeister Schwabe, der Schiller noch persönlich gekannt hatte, die sterblichen Überreste des Dichters bergen. Vorgefunden wurde »ein Chaos von Moder und Fäulnis«, so Schwabe. Vor Schiller waren im Kassengewölbe 52 Tote bestattet worden, nach ihm 24. Der Bürgermeister ließ 23 Schädel herausholen und verglich sie mit der Totenmaske und dem Porträt des Dichters. Einen von ihnen erklärte er als »echt«, und der kam in den Sarg, in den man noch angebliche Gebeine Schillers legte. Der Sarg gelangte am 16. Dezember 1827 in die neue Fürstengruft. Doch die Zweifler gaben keine Ruhe. War es wirklich Schillers Schädel? Deshalb wurde 1911 erneut im Kassengewölbe gegraben, 63 Schädel holte man heraus. Wieder bestimmte man einen als »echt« und packte ihn mit in den Sarg in der Fürstengruft. Endgültige Gewissheit lieferte die aufwändige Untersuchung von Wissenschaftlern aus Österreich und den USA. Um vergleichbares Erbgut zu erhalten, ließen sie die sterblichen Überreste von Schillers Schwestern, seiner Söhne sowie seiner Ehefrau exhumieren und verglichen deren Erbmaterial mit dem der Schädel. Das Ergebnis: Der 1826 geborgene Schädel ist zweifelsfrei nicht der von Schiller, der zweite Schädel im Sarg gehört zu einer weiblichen Person, und die Gebeine stammen von mehreren Verstorbenen. Seit 1911 wird in der Fürstengruft noch ein weiterer Schädel aufbewahrt, der, so vermutete man damals, ebenfalls Schiller gehören könnte. Den identifizierten die Wissenschaftler zweifelsfrei als den von Herzog Ernst August I. von Sachsen-Weimar, der 57 Jahre vor Schiller verstorben war. Schillers Schädel und Gebeine sind also unauffindbar, deshalb ist sein Sarg in der Fürstengruft seit 2008 leer.

*Die Särge von Goethe und Schiller in der Fürstengruft*

## Henry van de Velde – der »Alleskünstler«

*Henry van de Velde*

15 Jahre wirkte van de Velde (1863–1957) in Weimar, diese Jahre gehören zu seinen produktivsten. Die einen nennen ihn »Alleskünstler für alle«, andere sprechen vom »Tausendsassa des Jugendstils«. Heute würde man Henry van de Velde als Stararchitekten bezeichnen. Der in Antwerpen geborene Designer und Architekt war über Paris nach Berlin gekommen und landete 1902 in Weimar. Von ihm ging die Initiative für die Großherzoglich-Sächsische Kunstgewerbeschule aus, deren Direktor er wurde. Die Schule gilt als die Keimzelle des Bauhauses und van de Velde als ihr geistiger Vater. Als Belgier war er in den Jahren des Ersten Weltkrieges in Weimar nicht mehr gern gesehen, deshalb verließ er die Stadt 1917. Als seinen Nachfolger an der Kunstgewerbeschule wünschte er sich Walter Gropius, den späteren Direktor des Staatlichen Bauhauses. Van de Velde bekam später eine Professur an der Universität Gent und wurde Direktor der Hochschule für angewandte Kunst in Brüssel. Die letzten zehn Lebensjahre verbrachte er in der Schweiz. In Weimar erinnern an Henry van de Velde drei von ihm errichtete Villen: die Villa Henneberg in der Humboldtstraße, die Villa Dürckheim in der Cranachstraße und sein eigenes Haus Hohe Pappeln in der Belvederer Allee, Zuhause für seine Familie mit fünf Kindern. Am bekanntesten aber ist der Winkelbau, Van-de-Velde-Bau genannt, der heute den Kern der Bauhaus-Universität Weimar bildet. Kurz vor seinem Tod 1957 ernannte die Hochschule für Architektur und Bauwesen in Weimar, heute die Bauhaus-Universität Weimar, van de Velde zum Ehrensenator.

► Haus Hohe Pappeln, Belvederer Allee 58, → S. 161

## Lyonel Feininger – deutsch-amerikanischer Maler

Der Maler und Grafiker (1871–1956) kam 1919 mit seiner zweiten Ehefrau Julia und drei Söhnen für sechs Jahre nach Weimar. Er war der erste Meister, den Walter Gropius an das neugegründete Staatliche Bauhaus berief. Feininger wurde Leiter der grafischen Druckwerkstatt. Die Feiningers wohnten im Haus Gutenbergstraße 16, das noch erhalten ist. Der gebürtige New Yorker Feininger war 1887 nach Deutschland gekommen, er studierte an der Berliner Königlichen Akademie der Künste. Weimar besuchte er zum ersten Mal 1906, und es gefiel ihm so gut, dass er ein Atelier mietete. Auf seinen ausgedehnten Radtouren im Weimarer Land entdeckte er die Dorfkirche in Gelmeroda, die zu einem seiner beliebtesten Motive avancierte. In der Gelmerodaer Kirche hängen Kopien von Feiningers Arbeiten, ferner Brieffragmente und biografische Angaben. Feininger gehört zu den be-

*Lyonel Feininger*

deutendsten Künstlern der Klassischen Moderne. Die Nationalsozialisten bezeichneten seine Arbeiten als »Entartete Kunst«, 378 seiner Werke wurden aus öffentlichen Sammlungen entfernt. Feininger verließ 1937 wegen seiner bedrohten jüdischen Frau das nationalsozialistische Deutschland, das ihm rund 50 Jahre Heimat war. Bis zu seinem Tod lebte und arbeitete er mit seiner Frau in New York. Weimar erinnert an den großen Künstler mit dem 30 Kilometer langen Feininger-Radweg, der zu einem Großteil seiner Lieblingsmotive führt. ► Bauhaus-Museum, Stéphane-Hessel-Platz 1, → S. 117

## Walter Gropius – der Bauhausgründer

Am 11. April 1919 trat der Architekt Walter Gropius (1883–1969) sein Amt als Direktor der Großherzoglich-Sächsischen Hochschule für Bildende Kunst in Weimar an, die in Staatliches Bauhaus umbenannt wurde. Das war die Geburtsstunde der wohl bedeutendsten Kunstschule Europas. Der Industriedesigner und Architekt Gropius bekam nach dem Architekturstudium in München und Berlin, das er ohne Diplom abgebrochen hatte, das erste Mal auf der Werkbundausstellung 1914 in Köln große Aufmerksamkeit: Er stellte eine Musterfabrik mit verglasten Treppentürmen vor, was ihn zum Wegbereiter der modernen Architektur in Deutschland machte. Von rechten Kreisen in Weimar als »bolschewistisch« angefeindet, siedelte das Bauhaus 1925 in das sozialdemokratisch regierte Dessau über. Drei Jahre leitete Gropius noch die Schule, danach war er vornehmlich als freier Architekt tätig. Die Nationalsozialisten machten ihm jedoch das Arbeiten immer schwieriger. Deshalb emigrierte Gropius 1934 zunächst nach England, später in die USA, wo er als Professor an der Harvard-Universität wirkte. Sein Wohnhaus in Lincoln/Massachusetts ist heute ein Museum. Nach dem Zweiten Weltkrieg wurde Gropius auch wieder in Berlin tätig, doch in Deutschland leben wollte er nicht mehr. In Berlin entstanden nach seinen Entwürfen einige bekannte Spätwerke, so 1957 ein neungeschossiger Wohnblock im Hansaviertel und ab 1962 die gigantische, nach ihm benannte Siedlung Gropiusstadt. ► Bauhaus-Museum, Stéphane-Hessel-Platz 1, → S. 117

*Walter Gropius*

## Feste und Events

Weimar wird seinem Ruf als Kulturstadt mehr als gerecht. Der Veranstaltungskalender ist prall gefüllt und bietet für jede Altersgruppe und jeden Geschmack das Passende: Oper und Theater im Deutschen Nationaltheater, moderne Stücke im E-Werk, Konzerte in der Weimarhalle, Kleinkunst im Galli-Theater, Filme im Lichthaus-Kino, Märkte und traditionelle Volksfeste.



### Musik, Theater und mehr

Den Reigen der Festivals eröffnen im März/April die **Thüringer Bachwochen**, die als größtes Klassik-Festival in Thüringen gelten. Es ist der wunderbaren Musik von Johann Sebastian Bach gewidmet, der 1685 in Eisenach geboren wurde und später rund zehn Jahre, bis 1717, in Weimar lebte und wirkte. Auf dem Programm stehen Oratorien- und Kantatenaufführungen, Konzerte, Lesungen und Tanz an den historischen Wirkungsstätten des Komponisten.

Etabliert haben sich die **Weimarer Reden**, an mehreren Terminen im März halten Prominente aus Politik und Kultur vielbeachtete Reden im Deutschen Nationaltheater. Eine Woche im Mai finden die **Weimarer Frühjahrstage für zeitgenössische Musik** statt, die sich besonders der Pflege und Verbreitung Neuer Musik widmen, in öffentlichen Konzerten werden Uraufführungen präsentiert. Von Mitte Mai bis Mitte Juni steht die Literatur im Mittelpunkt. Beim **Festival Weimarer Lesarten** lesen bekannte Autoren an unterschiedlichen Veranstaltungsorten aus ihren Werken.

Großer Beliebtheit erfreut sich das **Köstritzer Spiegelzelt**, das im Mai/Juni sechs Wochen auf dem Beethovenplatz steht. Unter dem rotsamtenen Stoffhimmel wird ein abwechslungsreiches Programm aus Musik, Theater und Kleinkunst in ganz besonderer Atmosphäre geboten. Nationale und internationale Künstler treten auf, zu Gast waren beispielsweise schon Lisa Fitz oder Wladimir Kaminer. Dabei ist nicht nur der kulturelle, sondern auch der leibliche Genuss gesichert, denn der Spiegelzelt-Biergarten lädt zu kulinarischen Köstlichkeiten.

Zu den **Thüringer Schlössertagen** über die Pfingstfeiertage öffnen die Schlösser und Burgen für Besucher unter einem jährlich wechselnden Motto. Auf dem Programm stehen thematische Führungen, Veranstaltungen und Konzerte. Seit mehreren Jahren lockt das **Pfingst.Festival Schloss Ettersburg** Kulturinteressierte mit Theater, Jazz, klassischer Musik und Literatur im schönen Ambiente von Schloss und Park Ettersburg.

Mit dem **Weimarer Sommer** präsentiert die Stadt einen bunten Strauß an Veranstaltungen während der Sommermonate von Juni bis September. Dazu gehören Straßenfeste, Open-Air-Aufführungen, Konzerte, Sommertheater, Film und Tanz. Die **Weimarer Gartenlust** lädt Anfang Juni nicht nur Gartenliebhaber auf ein Rendezvous mit der Natur ein. Schloss und Park Belvedere verwandeln sich in ein offenes Haus, es gibt Führungen, Ausstellungen, Schaubepflanzungen und das Grüne Labor für Kinder. Großen Zuspruch genießen die **Open-Air-Konzerte auf der Seebühne** im Weimarhallenpark. Das traditionelle **Klassik-Konzert mit der Staatskapelle Weimar** zum Saisonausklang steht jedes Jahr

*Workshop beim Yiddish Summer*

unter einem anderen musikalischen Thema. Die **Weimarer Meisterkurse** warten mit Konzerten von Studierenden und Gastprofessoren der Hochschule für Musik »Franz Liszt« auf, der **Yiddish Summer** ist eines der größten Festivals jiddischer Musik in Deutschland. Der **Künstlergarten am Theaterplatz** bildet in den Sommermonaten einen besonderen Veranstaltungsort für junge Künstler und Künstlerinnen, die auf der rustikalen Holzbühne auftreten. Das vielgestaltige Programm umfasst Literaturabende, Konzerte, Filmaufführungen und Matineen.

Den Höhepunkt des sommerlichen Kunstreigens bildet das **Kunstfest Weimar** Ende August bis Mitte September, das seit 1990 durchgeführt wird. Es ist Thüringens größtes und ein deutschlandweit beachtetes Festival für zeitgenössische Kunst. Das Fest bietet Musiktheater und Konzerte unterschiedlicher Stile, Tanz und Performances, Filmaufführungen, Ausstellungen, Lesungen, Gespräche und Projekte. Den Auftakt bildet ein großes Straßenfest.

Die **Achava-Festspiele** in Thüringen im September verstehen sich als jüdisches-interkulturelles Festival, das ein Zeichen setzt für Toleranz und Dialog zwischen den Kulturen und Menschen. Konzerte, Ausstellungen, Gesprächsforen und Podiumsdiskussionen finden auch in Weimar statt.

## Märkte und Volksfeste

Am dritten Sonntag im Mai dominieren bunte Farbenpracht und ein betörender Duft den Marktplatz, ein Hinweis darauf, dass **Blumenmarkt** ist. Gärtnerbetriebe präsentieren auf ihm die grüne Vielfalt, mit dabei ist auch die Pflanzenwelt der Goethezeit.

Rund um Goethes Geburtstag am 28. August wird gegenüber von Goethes Wohnhaus, auf dem Frauenplan das **Weinfest** gefeiert. Zum Ausschank kommen vor allem regionale Weine aus der Saale-Unstrut-Region. Goethe, der selbst gern Wein trank, hätte das gut gefallen.

Keramiker aus ganz Deutschland reisen im September in die Klassikerstadt zum **Töpfermarkt**, um ihre Erzeugnisse zu präsentieren. Dicht reiht sich Stand an Stand, und die Menschen drängen sich, um so manch originelles Lieblingsstück zu ergattern.

Thüringens größtes Volksfest findet in Weimar statt: der **Zwiebelmarkt**. Am zweiten Oktoberwochenende verwandelt sich die Stadt in einen riesigen Marktplatz. Drei Tage lang strömen tausende von Menschen in die Kleinstadt und bringen sie fast zum Bersten. Seit 1653 ist der Zwiebelmarkt urkundlich belegt, in der damaligen Anordnung ist von einem »Zippel- und Viehemarkt« die Rede. Carl Friedrich Zelter, Goethes Freund, schriebe 1827: »Heute ist hier das große weimarische Landesvolksfest, der Zwiebelmarkt … Zu allen Toren der Stadt kamen heute früh große Fuhren von Zwiebeln und Sellerie … Die blanken Zwiebeln sind an langen Fäden wie Perlenschnüre aufgezogen … Goethe ließ davon für 14 Pfennig für das ganze Jahr einkaufen und hing sie an seinem Fenster patriotisch auf …« War der Markt in seinen Anfängen ein reiner Gemüsemarkt, entwickelte er sich, vor allem im 20. Jahrhundert, zu einem der beliebtesten Volksfeste in Thüringen. Im Mittelpunkt des Geschehens steht bis heute – wie der Name schon sagt – die Zwiebel. Kunstvoll geflochtene und mit bunten Strohblumen verzierte Zwiebelrispen aus weißen und roten Zwiebeln, auch Zwiebelzöpfe genannt, sind in allen Größen und Varianten zu haben. Auch andere für Thüringen typische Erzeugnisse werden angeboten, Töpfer, Korbflechter, Glasbläser und Weber verkaufen ihre handwerklichen Produkte. Musik, Theater, Schausteller und Puppenspieler gehören ebenso zum Zwiebelmarkt wie der Zwiebelkuchen und der Qualm der Rostbratwurststände. Eine Woche vor dem Zwiebelmarkt wird die Zwiebelmarktkönigin gewählt, die den Markt gemeinsam mit dem Oberbürgermeister eröffnet und die Stadt bis zum nächsten Zwiebelmarkt bei zahlreichen Messen und Veranstaltungen repräsentiert.

*Kunstvoll geflochtene Zwiebelrispen auf dem Weimarer Zwiebelmarkt*

In der Adventszeit bis Anfang Januar verwandelt sich die Innenstadt bei der **Weimarer Weihnacht** in ein leuchtendes Meer voller Kerzen. Der Duft von frischem Tannengrün, gebrannten Mandeln und Glühwein schwebt durch die Straßen und Gassen. Weihnachtsmusik erklingt, oft auch live, ein buntes Programm für Familien vor und in der Märchenhütte verkürzt die Wartezeit auf den Weihnachtsmann. Vom bunten Marktplatz über die Schillerstraße bis zum Theaterplatz erstrecken sich die Verkaufsstände, an denen man Spielzeug, Weihnachtsgebäck, weihnachtliche Dekoration, Weihnachtsbaumkugeln aus Lauscha und erzgebirgische Volkskunst kaufen kann. Auf dem Marktplatz ragt eine stattliche kerzengeschmückte Fichte in die Höhe. Der Hofbuchhändler Hoffmann hatte 1815 den ersten Baum aufstellen lassen. Er wollte, dass sich auch die Ärmeren, die sich sonst keinen Weihnachtsbaum leisten konnten, an dem Brauch erfreuen. Rund um das Goethe-Schiller-Denkmal auf dem Theaterplatz lädt eine Eisbahn ein, die Schlittschuhe anzuziehen und ein paar Runden zu drehen. Überliefert ist, dass auch Goethe das Eislaufen liebte. Fast jeder kennt das wohl meist gesungene Weihnachtslied »O du fröhliche …«, aber kaum einer weiß, dass der Text seinen Ursprung in Weimar hat. Den schrieb der Schriftsteller und Sozialpädagoge Johannes Daniel Falk (1768–1826), der ab 1797 in Weimar lebte. Er verkehrte mit Goethe und Herder und machte sich auf den Gebieten der Rettungshausbewegung und Jugendsozialarbeit verdient.

Am zweiten Adventswochenende findet im Bienenmuseum der Adventsmarkt statt. Nicht nur Imkereiprodukte stehen zum Verkauf, auch Kunsthandwerker bieten ihre Erzeugnisse an und führen ihr Handwerk vor. Für die Kinder sorgen Flohzirkus und Puppentheater für Abwechslung.

*Auch der Töpfermarkt zieht viele Besucher an*

*Auf dem Holzkohlegrill zubereitet: Thüringer Rostbratwürste*



## Essen und Trinken

Die Thüringer Küche, die auch in Weimar gepflegt wird, gilt als bodenständig, klassisch und ohne größeren Schnickschnack. In den meisten Restaurants wird die deftige Kost angeboten und das ist es auch, was die Gäste erwarten, wenn sie nach Weimar reisen.

### Rostbratwürste

Probieren sollte man eine der fast schon legendär gewordenen Rostbratwürste vom Holzkohlegrill. Sie genießt sogar EU-Schutz: Europaweit darf sie nicht nachgemacht werden, eine echte Thüringer muss aus Thüringen stammen. Zu den Forderungen gehören: mindestens 51 Prozent des Fleisches von heimischen Schweinen und mindestens 15 Zentimeter lang. Die Gewürzmischungen werden geheim gehalten. Traditionell wird die Wurst eingeklemmt zwischen zwei Brötchenhälften mit Senf gegessen. Nur Touristen greifen zum Ketchup. 1404 wurde die Wurst erstmals in einer Rechnung erwähnt, die sich im Staatsarchiv Rudolstadt befindet.

### Thüringer Klöße

Berühmt sind die traditionellen Thüringer Klöße, es soll so viele Rezepte geben, wie Thüringen Dörfer hat. Wer ins Grübeln kommt, ob er sie als Beilage oder als Hauptspeise essen soll, hat echte vor sich, sagen die Weimarer. Kindskopfgroß soll er sein und mit gerösteten Weißbrotwürfeln gefüllt. Wirft man einen Kloß gegen die Wand und er springt zurück, dann sei es kein richtiger Thüringer Kloß, wird behauptet. Als gelungen gilt er, wenn man ihn auf dem Teller mit zwei Gabeln auseinander reißt und er knistert, so, als wenn er unter Hochspannung steht. Von seiner Beliebtheit künden unzählige Sprichwörter, beispielsweise: »Ein Sonntag ohne Thüringer Klöße verlöre viel von seiner Größe«. Jeder

*Klöße, Braten und (viel) Soße*

Koch und jede Familie hütet das eigene Rezept, das meist von Generation zu Generation weitergegeben wird. Traditionell werden die Klöße in Handarbeit hergestellt, diesen Aufwand können sich die meisten Restaurants allerdings nicht mehr leisten, und so wird oft auf vorgefertigte Ware zurückgegriffen. In einigen Restaurants zelebriert man aber noch die traditionelle Herstellungsweise, beispielsweise im Restaurant Scharfe Ecke. Dass dies die Gäste zu würdigen wissen, ist an den Besucherzahlen zu sehen: Das Restaurant ist immer voll, eine Reservierung unbedingt zu empfehlen.

Dessen ungeachtet gibt es durchaus einige Gourmettempel fernab des Mainstreams, für die es sich lohnt, ein wenig mehr Geld auszugeben. Wer sich etwas Besonderes gönnen möchte, tafelt im Restaurant AnnA des traditionellen Hotels Elephant, im Restaurant Franz im Hotel Russischer Hof oder in der Weinbar beim langjährigen Sternekoch des Hotels Elephant. Vegetarier und Veganer haben es mitunter etwas schwerer, aber zunehmend stellen sich auch Restaurants, die ausschließlich die deftige Thüringer Kost anbieten, auf den immer stärker werdenden Trend nach umweltbewusstem Essen ein. Und so sind auf der Karte meist nicht nur Salate, sondern auch ein oder zwei vegetarische Gerichte zu finden.

Die Thüringer lieben Kuchen. Verschiedene Sorten wie Mohn-, Quark- oder Pflaumenkuchen werden in kleine Stücke geschnitten auf einem Teller als Kuchengedeck serviert. Eine herzhafte Spezialität ist der (vegetarische) Weimarer Zwiebelkuchen, ein mit gewürzten Zwiebeln belegter Hefeteig, der lauwarm gegessen wird. Besonders zum traditionellen Zwiebelmarkt im Herbst erfreut er sich großer Beliebtheit.

Getrunken wird gewöhnlich Bier, meist aus heimischen Brauereien, wie beispielsweise das Weimarer Pils oder das Köstritzer Schwarzbier, das auch bei zahlreichen Gerichten zum Einsatz kommt. Weinliebhaber kommen ebenfalls auf ihre Kosten, sie wählen einen Saale-Unstrut-Tropfen. Die Weinregion Saale-Unstrut ist eines der kleinsten und am nördlichsten gelegenen Weinanbaugebiete Deutschlands, sie erstreckt sich entlang der Saale und der Ilm von Bad Sulza bis Weißenfels und an der Unstrut von Nebra bis Naumburg. Auch am Weimarer Stadtrand wird auf kleinen Flächen wieder Wein angebaut.

*Die Kloßmarie lädt in das Restaurant Scharfe Ecke*

# Regionale Rezepte

## Thüringer Klöße

**Zutaten für 4 Personen**

2,5 kg Kartoffeln, Salz, 2 Brötchen, etwas Butter

**Zubereitung**: Zwei Drittel der geschälten rohen Kartoffeln werden gerieben. Die restlichen Kartoffeln in kleine Würfel schneiden und in Salzwasser gar kochen, dann zu einem flüssigen Kartoffelbrei verarbeiten. Die geriebenen Kartoffeln durch ein Tuch pressen, bis sie trocken sind. Den Kartoffelbrei heiß darüber gießen, verkneten und salzen. Der Teig sollte nicht zu fest sein. Aus den Brötchen Würfel schneiden und in der Butter braun rösten. Mit bemehlten Händen Klöße formen, in die Mitte einige der gerösteten Brötchenwürfel geben. Die Klöße in kochendem Wasser ca. 20 Minuten ziehen lassen. Dann herausnehmen und mit Braten und viel Soße servieren.

## Sauerbraten

**Zutaten für 4 Personen**

1 kg Rindfleisch aus der Keule, 1 l Buttermilch, ½ Lorbeerblatt
4–6 Gewürzkörner, Margarine, 40 g Speck, Salz, 1 Zwiebel, 1–2 Möhren
½ Päckchen Speisekuchen (Saucenlebkuchen)

**Zubereitung**: Das vorbereitete Fleisch in der Buttermilch einlegen, es muss ganz bedeckt sein. An einem kühlen Ort oder im Kühlschrank ca. 2–3 Tage stehenlassen, dabei mehrfach wenden. Nach dem Herausnehmen gut abtrocken, salzen und pfeffern, in dem Fett mit den kleingeschnittenen Speckwürfelchen von allen Seiten gut anbraten. Die fein geschnittene Zwiebel und nach und nach die Marinade zugeben, die kleingeschnittene Möhre zugeben. Zugedeckt etwa 1 ½ Stunden schmoren. Für die Soße das Gemüse und die Gewürze entnehmen, die Flüssigkeit mit dem in kaltem Wasser angerührten Speisekuchen binden. Je nach Geschmack kann man noch etwas saure Sahne und Rosinen hinzufügen. Der Braten wird mit Thüringer Klößen und Rotkohl gereicht.

## Weimarer Zwiebelkuchen

**Zutaten für den Teig**

300 g Mehl, 100 g Margarine, 100–150 g Milch, 25 g Hefe, 1 Prise Salz

**Zutaten für den Belag**

1 kg Zwiebel, 50 ml Öl, 125 ml Milch, 250 ml saure Sahne,
3 Eier, 10 g Kümmel

**Zubereitung**: Die Hefe in der Milch auflösen, die weiteren Zutaten für den Boden dazugeben und gut verkneten, den Teig zudeckt ca. 1 Stunde ruhen lassen. Dann auf einem gefetteten Backblech ausrollen, mehrfach mit einer Gabel einstechen und den Rand leicht hochdrücken, nochmal kurz gehen lassen. Die Zwiebeln schälen und fein in Ringe raspeln, in dem heißen Öl mit einer Prise Salz schmoren. Sie sollten nicht braun werden, sondern glasig bleiben. Abgekühlt auf dem Teigboden verteilen. Milch, Sahne und Eier verquirlen und über die Zwiebeln gießen, zuletzt Kümmel überstreuen. Den Zwiebelkuchen im vorgeheizten Ofen bei 180 Grad goldgelb backen. Lauwarm genießen!

»Warum Stehen Sie Davor?
Ist Nicht Türe Da und Tor?
Kämen Sie Getrost hierein,
Würden Wohl Empfangen Sein!«

*Goethe 1828, über der Eingangstür*
*seines Wohnhauses am Frauenplan*

# STADTSPAZIERGÄNGE

*Rathaus und Neptunbrunnen*

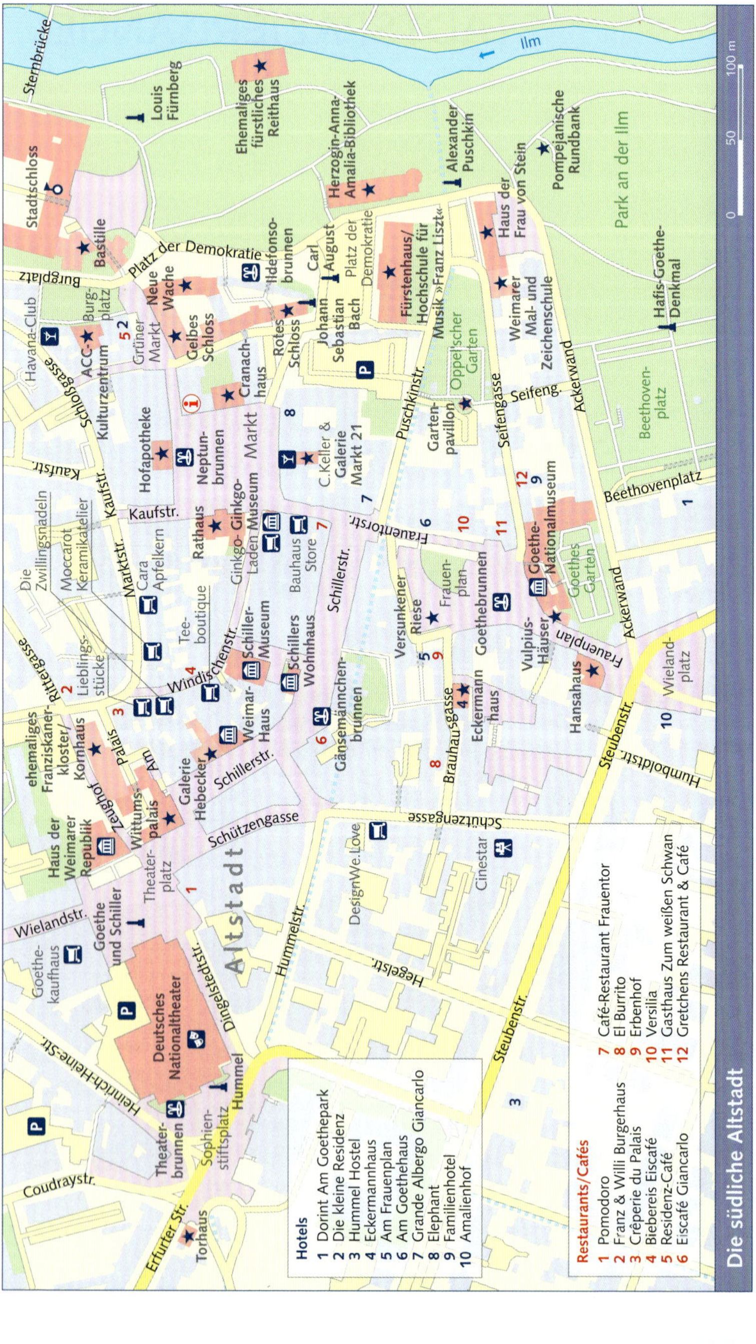
Die südliche Altstadt
Hotels
1 Dorint Am Goethepark
2 Die kleine Residenz
3 Hummel Hostel
4 Eckermannhaus
5 Am Frauenplan
6 Am Goethehaus
7 Grande Albergo Giancarlo
8 Elephant
9 Familienhotel
10 Amalienhof
Restaurants/Cafés
1 Pomodoro
2 Franz & Willi Burgerhaus
3 Crêperie du Palais
4 Biebereis Eiscafé
5 Residenz-Café
6 Eiscafé Giancarlo
7 Café-Restaurant Frauentor
8 El Burrito
9 Erbenhof
10 Versilia
11 Gasthaus Zum weißen Schwan
12 Gretchens Restaurant & Café
Altstadt
Park an der Ilm
Ilm
Sternbrücke
Stadtschloss
Bastille
Burgplatz
Platz der Demokratie
Louis Fürnberg
Ehemaliges fürstliches Reithaus
Herzogin-Anna-Amalia-Bibliothek
Alexander Puschkin
Pompejanische Rundbank
Haus der Frau von Stein
Fürstenhaus/ Hochschule für Musik »Franz Liszt«
Carl August
Ildefonso-brunnen
Neue Wache
Gelbes Schloss
Rotes Schloss
Johann Sebastian Bach
Grüner Markt
Burg-platz
Havana-Club
ACC-Kulturzentrum
Cranach-haus
Markt
Neptun-brunnen
Hofapotheke
Rathaus
C. Keller & Galerie Markt 21
Ginkgo-Museum
Ginkgo-Laden
Bauhaus Store
Oppel'scher Garten
Garten-pavillon
Seifengasse
Seifeng.
Weimarer Mal- und Zeichenschule
Hafis-Goethe-Denkmal
Ackerwand
Beethoven-platz
Beethovenplatz
Goethe-Nationalmuseum
Goethes Garten
Frauentorstr.
Frauen-plan
Goethebrunnen
Vulpius-Häuser
Frauenplan
Hansahaus
Wieland-platz
Versunkener Riese
Puschkinstr.
Schillerstr.
Schillers Wohnhaus
Schiller-Museum
Weimar-Haus
Gänsemännchen-brunnen
Eckermann haus
Brauhausgasse
Steubenstr.
Humboldtstr.
Schützengasse
Cinestar
DesignWe.Love
Hegelstr.
Hummelstr.
Galerie Hebecker
Wittums-palais
Am Palais
Zeughof
Kornhaus
ehemaliges Franziskaner-kloster/
Rittergasse
Lieblings-stücke
Windischenstr.
Tee-boutique
Cara Apfelkern
Marktstr.
Kaufstr.
Die Zwillingsnadeln
Moccarot Keramikatelier
Schlossgasse
Haus der Weimarer Republik
Theater-platz
Goethe und Schiller
Wielandstr.
Goethe-kaufhaus
Deutsches Nationaltheater
Dingelstedtstr.
Hummel
Sophien-stiftsplatz
Theater-brunnen
Heinrich-Heine-Str.
Coudraystr.
Erfurter Str.
Torhaus
0 50 100 m

# Südliche Altstadt

Den Süden von Weimars Altstadt durchstreifen die Gäste als Erstes, denn hier drängen sich die bekanntesten Sehenswürdigkeiten. Ausgangspunkt dieses Rundgangs ist meist der **Marktplatz** mit dem berühmten Hotel Elephant, dem Rathaus, dem Neptunbrunnen und dem Duft der Rostbratwürste, der über dem Platz schwebt. Von hier geht es, vorbei am Denkmal von Großherzog Carl August, zur **Herzogin-Anna-Amalia-Bibliothek** (→ S. 72), die zum UNESCO-Weltkulturerbe gehört. Weitergelaufen wird zu **Goethes Wohnhaus** (→ S. 76) am Frauenplan, in das der Dichter 1782 zog und in dem er bis zu seinem Tod lebte und arbeitete. Seit Jahrzehnten bildet es den Kern des Goethe-Nationalmuseums. Besuchermagneten sind aber auch **Schillers Wohnhaus**, das **Nationaltheater** (→ S. 87) mit Weimars Wahrzeichen davor, dem **Goethe- und Schiller-Denkmal** und dem neuen Museum **Haus der Weimarer Republik** (→ S. 90) gegenüber.

## Marktplatz

60 mal 60 Meter misst das Viereck, von den Weimarern als »gute Stube« bezeichnet. Es ist der Treff von Händlern, die am frühen Morgen ihre Marktstände aufbauen, und von Touristen, die sich am Rathaus und den historischen Bauten erfreuen. Viele von ihnen sind Rekonstruktionen, so das Stadthaus an der östlichen Ecke, das sein heutiges Aussehen 1803/04 bekam und in dem sich die **Tourist-Information** befindet. Es wurde im Zweiten Weltkrieg zerstört, aber bald wieder aufgebaut.

Zerstört worden waren auch alle Häuser der Marktnordseite, jahrzehntelang gab es hier eine Grünfläche. Zwischen 1988 und 1994 erfolgte die Wiederherstellung der Häuser, das gelang so gut, dass nicht ersichtlich ist, dass es sich um Rekonstruktionen handelt. So schmücken das Haus der **Hofapotheke** wieder der vom Vorgängerbau geborgene Renaissance-Erker und das Portal.

*Die wiedererrichtete Marktnordseite und das Stadthaus*

Beliebtes Fotomotiv ist der **Neptunbrunnen**, den einst ein steinerner Löwe zierte, das Wappentier Weimars. Bis heute ließ sich nicht ermitteln, warum der 1774 durch die von Hofbildhauer Martin Gottlieb Klauer (1742–1801) geschaffene Neptunfigur ersetzt wurde.

Auf der gegenüberliegenden Marktseite, an der Mauer hinter dem Hotel Elephant, steht auf einer **Gedenktafel**: »Hier stand das Haus, in dem Johann Sebastian Bach 1708–1717 wohnte.« Das Haus, in dem Bach seinerzeit mit seiner Familie lebte, war 1803 in das Hotel Erbprinz einbezogen worden, das wiederum im Zweiten Weltkrieg zerstört wurde. Schräg gegenüber – mancher mag sich verwundert die Augen reiben – soll das **Rote Schloss** stehen. Das steht auch da, nur ist es grau verputzt. Der Name geht vermutlich auf die roten Fensterrahmen zurück. Entstanden ist das Schloss als Witwensitz für Dorothea Susanna (1544–1592), die Gemahlin von Herzog Johann Wilhelm von Sachsen-Weimar (1530–1573). Prachtvoll anzuschauen ist das Renaissanceportal mit einem Rundbogen. Als

*Grüner Markt vor dem Weimarer Rathaus*

▶ Karte S. 66

der heutige Platz der Demokratie umgestaltet wurde, befahl Herzog Carl August, den Ostflügel abzureißen, in dem sich bis dahin die Fürstliche freie Zeichenschule befand. Heute gehören das Rote Schloss wie auch das Gelbe Schloss und die Neue Wache zum Studienzentrum der Herzogin Anna-Amalia-Bibliothek. An der Südseite des Roten Schlosses, schon am Platz der Demokratie, steht seit 1995 in einer Nische die vom Bildhauer Bruno Eyermann gestaltete bronzene **Bach-Büste**.

## ■ Rathaus

An der Westseite des Marktplatzes dominiert das neogotische Rathaus. Mancher schaut etwas irritiert auf die Türinschrift im Obergeschoss: 1583. Das Datum verweist auf die Einweihung des Vorgängerbaus, der 1837 abbrannte. Mitte des 19. Jahrhunderts entstand das heutige Gebäude. Seit 2014 stand das repräsentative Bauwerk leer, nach langandauernder, umfangreicher Sanierung und Modernisierung zog der Oberbürgermeister im Sommer 2022 wieder in seine Amtsräume.

Mehrmals am Tag schauen die Besucher des Marktplatzes hoch zum Rathausturm, denn von dort erklingt ein Konzert. 1929 war es zum ersten Mal zu vernehmen. In den Wirren des Zweiten Weltkrieges war das **Glockenspiel aus Meissener Porzellan** in Vergessenheit geraten, erst 1967 fand man Teile davon zufällig auf dem Dachboden des Rathauses. Zwölf Glocken waren noch vorhanden, 23 ließ man neu anfertigen und hängte das Carillon in den Turm des Gärtnerhauses im Park Belvedere. Dort wollten es aber die Weimarer nicht, seit dem 30. April 1987 erklingt es also vom Rathausturm, der auch eine neue Rathausuhr mit Goldziffern bekam. Zu hören sind bekannte Melodien wie »Kein schöner Land«. Ins-

*Verkauf von Ginkgobäumchen am Markt*

gesamt sind 14 Stücke programmiert, die jahreszeitlich passend gespielt werden, täglich um 10, 12, 15 und 17 Uhr. Lediglich ein Winterprogramm gibt es nicht, denn von Anfang Januar bis Ende März gönnt man den Glocken - des Frostes wegen - eine Ruhepause.

## Ginkgo-Museum

Dem Rathaus gegenüber, an der Ecke zur Frauentorstraße, befindet sich das Ginkgo-Museum. Um 1800 kam der in Ostasien beheimatete Baum nach Weimar, heute ist das Blatt des Ginkgobaums in der Stadt allgegenwärtig. Zu haben ist es in Silber, Gold oder Marzipan, und es ziert Tassen und Becher. Goethe sah die zweigeteilten Blätter des Baumes als Symbol der Liebe zwischen Frau und Mann und ließ sich 1815 zu seinem bekannten Gedicht *Ginkgo biloba* inspirieren. Das Museum zeigt eine kleine Ausstellung und verkauft Ginkgopflanzen in unterschiedlichen Größen. Man sollte sich beraten lassen, denn der Ginkgo wächst bis zu 30 Meter hoch, was wohl für manchen Garten nicht angebracht erscheint. Es sind aber auch Mini-Ginkgos im Angebot, die nicht größer als anderthalb Meter werden. Wer keine Lust hat, viel zu tragen, der kauft sich Samen zum Selbstziehen. Sollten im Ginkgo-Museum zu viele Besucher sein: Auf dem Marktplatz bieten Händler auch Ginkgobäumchen zum Mitnehmen an.

## Cranachhaus

Zu den schönsten Wohnhäusern Thüringens zählt das farbenfreudige Cranachhaus an der Ostseite des Marktplatzes, es ist das linke der beiden fast baugleichen Renaissancehäuser. Erbauer ist Nikolaus Gromann (um 1500 - 1566), einer der bedeutendsten Meister der Renaissancebaukunst. Im Herbst 1552 zog Lucas Cranach der Ältere (1472-1553) in das Haus, der berühmteste Maler der Luther-Zeit.

Er war aus Wittenberg mit seinem Dienstherren Johann Friedrich I. (1503 - 1554), ehemaliger Kurfürst von Sachsen und nun Herzog des ernestinischen Landesteils, nach Weimar gekommen. Cranach richtete sich im Haus seines Schwiegersohns ein Atelier ein, angeblich im drit-

*Das Cranachhaus*

*Das legendäre Hotel Elephant*

ten Stock. Viel Schaffenszeit blieb dem 80-Jährigen nicht mehr, er verstarb im Oktober 1553, mitten in der Arbeit an einem dreiflügeligen Altargemälde, das sein Sohn Lucas Cranach der Jüngere (1515–1586) vollendete und das sich in der der Weimarer Stadtkirche St. Peter und Paul befindet.

**Hotel Elephant**

Das 1696 erstmals als Wirtshaus erwähnte Hotel besitzt Weltruhm, obwohl es längst nicht mehr das Bauwerk ist, in dem der nur fünf Minuten Fußweg entfernt wohnende Goethe seine Gäste unterbrachte, in dem Felix Mendelssohn-Bartholdy, Richard Wagner und Leo Tolstoi übernachteten. Der österreichische Dichter Franz Grillparzer (1791–1872) nannte das Hotel in seiner Autobiografie den »in ganz Deutschland bekannten Gasthofe« und das »Vorzimmer zu Weimars lebender Walhalla«. Ab 1893 gab es in den Zimmern fließend warmes und kaltes Wasser, verzeichnet die Chronik. Spätere prominente Hotelgäste waren die Schriftstellerin Anna Seghers, TV-Moderator Thomas Gottschalk, die Schauspieler Mario Adorf und Klaus Maria Brandauer sowie die Politiker Helmut Kohl, Michail Sergejewitsch Gorbatschow und Wladimir Putin, der als russischer Präsident einen Angriffskrieg gegen die Ukraine führt und den das Hotel gewiss gern aus der Gästeliste streichen würde.

Thomas Mann (1875–1955) führte das Hotel in die Weltliteratur ein, denn Teile seines Romans über Johann Wolfgang von Goethe, *Lotte in Weimar*, ließ er in dem Hotel spielen. Und auch Szenen des gleichnamigen DEFA-Films von 1975 mit Lilli Palmer in der Hauptrolle wurden in dem Hotel gedreht.

Hitler, der sich häufig im nationalsozialistisch geprägten Weimar aufhielt, gefiel der Elephant nicht. Er ließ 1938 das heutige Bauwerk errichten, das nach dem Zweiten Weltkrieg 1955 wieder als Hotel öffnete. Erster Gast war der Literatur-Nobelpreisträger Thomas Mann, der zum Schillerjahr in die Stadt gekommen war. Seine damals geschriebenen Grußworte sind bis heute zu lesen: »Es ist mir eine Ehre und Freude, mich nach der Wiedereröffnung als erster Gast des Hauses in dies Buch einzutragen.«

Rechts neben dem Hotel Elephant gab es bereits seit 1540 das Gasthaus Zum Schwarzen Bären, das lange Zeit als das älteste von Weimar galt. Am Ende des Zweiten Weltkrieges wurde es geschlossen und öffnete erst 1999 wieder. Seit 2021 gibt es das Restaurant nicht mehr, nach dem Verkauf wartet es auf eine neue Nutzung.

## Grüner Markt und Platz der Demokratie

Der Marktplatz wird in Richtung Grüner Markt verlassen. Den begrenzt rechter Hand das **Gelbe Schloss**, erbaut als Witwensitz für Herzogin Charlotte Dorothea Sophie (1672–1738), der Gemahlin von Herzog Johann Ernst III. von Sachsen-Weimar (1664–1707).

Karte S. 66

Gegenüber befindet sich eine Weimarer Institution: das **Residenz-Café**, liebevoll »Resi« genannt. 1839 wurde es gegründet, seit Jahrzehnten ist es ein beliebter Treff von Bauhaus- und Musikstudenten, Architekten, Künstlern und Touristen. Besonders gern wird diese Geschichte erzählt: Marlene Dietrich (1901–1992) saß in den 1920er Jahren zur Inflationszeit im »Resi«, damals noch kein Filmstar, sondern Musikstudentin. Die Preise waren gewaltig angestiegen, die Dietrich konnte nicht bezahlen, und nur weil ihr eine Freundin mit einem Dollar beistand, brauchte sie ihre goldene Armbanduhr nicht zu versetzen.

Dem Gelben Schloss schließt sich die von Oberbaudirektor Clemens Wenzeslaus Coudray (1775 –1845) errichtete spätklassizistische **Neue Wache** an. In der Mauer, die auf der Rückseite die beiden Torbauten des Roten Schlosses verbindet, bekam der **Ildefonsobrunnen** seinen Platz, Weimars klassischster Brunnen. Die antike Doppelgruppe aus Marmor erhielt ihren Namen vom Schloss Ildefonso bei Madrid, einst eine Sommerresidenz der spanischen Königsfamilie, in dessen Park das Original damals aufgestellt war. Von dem Kunstwerk, das im Original eine Größe von 161 Zentimetern hat, entstanden zahlreiche Kopien, zwei davon befinden sich in Weimar, eine an der Rückseite des Roten Schlosses und eine weitere in Goethes Wohnhaus.

Nunmehr ist der **Platz der Demokratie** mit dem **Carl-August-Denkmal** erreicht. Enthüllt wurde das bronzene Reiterstandbild zum 100. Regierungsjubiläum des Herzogs am 3. September 1875. Carl August von Sachsen-Weimar-Eisenach war ein großer Förderer von Kunst und Wissenschaft, er holte Goethe, Schiller, Wieland und Herder nach Weimar. Er »war ein Mensch aus dem Ganzen«, bemerkte Goethe über seinen Freund und Gönner. Geschaffen hat das Standbild Weimars Ehrenbürger Adolf Donndorf (1835 –1916), der das berühmte Denkmal für Kaiser Marc Aurel auf dem römischen Kapitol als Vorbild nahm. Carl August ist mit einem Lorbeerkranz bekrönt zu sehen, der an seine Rückkehr aus den Freiheitskriegen 1813 bis 1815 erinnern soll. Der Herzog trägt die Uniform eines Generals der preußischen Armee, eine eigene konnte sich das kleine Herzogtum Sachsen-Weimar-Eisenach nicht leisten.

## Fürstenhaus

Vor dem Fürstenhaus bleiben in der warmen Jahreszeit viele stehen, denn wenn die Fenster geöffnet sind, strömen wunderschöne Geigen- und Klarinettenklänge auf den Platz. In dem klassizistischen Bauwerk an der Südseite des Platzes befindet sich die Hochschule für Musik »Franz Liszt«. An der Vorgängerinstitution, der Staatlichen Musikschule, ließ sich von Oktober 1920 bis bis Oktober 1921 Marlene Dietrich zur Konzertgeigerin ausbilden. Gewohnt hat der spätere Filmstar in einem Pensionszimmer im Haus der Frau von Stein. In ihren Memoiren schrieb die Diva, die gern Opern besuchte und im Park an der Ilm

*Das Gelbe Schloss*

*Das Fürstenhaus mit dem Carl-August-Denkmal*

spazieren ging, von einer »guten Erinnerung« an Weimar.

Entstanden ist das prachtvolle Bauwerk für die Landeskasse. Als das Residenzschloss 1774 abgebrannt war, zog Herzog Carl August mit seiner Gemahlin Luise (1757-1830) in den Verwaltungsbau, der dadurch zu seinem Namen kam. Fast 28 Jahre lang wohnte das Paar in dem Haus, in der ersten Etage Herzogin Luise, in der zweiten Etage Herzog Carl August. 1808 zog die Fürstliche freie Zeichenschule in das Gebäude, nach dem Ende der Monarchie der Thüringer Landtag. Der nicht recht passende Vorbau mit den sechs Säulen ist eine Zugabe von 1889.

Beeindruckend auch das zweite Bauwerk an diesem Platz, das **Rößlersche Haus**, das ebenfalls zur Musikhochschule gehört. Erbaut wurde es nach 1785, die Neorokokofassade stammt von 1891/92.

## Herzogin-Anna-Amalia-Bibliothek

▸ Karte S. 66

Die Bibliothek gilt als das Pantheon der deutschen Klassik und der von Galerien umgebene **Rokokosaal** im historischen Bibliotheksgebäude als ihr Glanzstück. Er soll der schönste seiner Art in Europa sein, wird immer wieder geschwärmt. In ihm verschmelzen Architektur, bildende Kunst und Bücher zu einem Gesamtkunstwerk. Den faszinierenden Raum schmücken Büsten und Bilder, man könnte meinen, die Götter der Klassik haben sich hier zum Gelehrtengespräch versammelt. Alle sind sie da, Goethe und Schiller, Wieland und Herder, sogar der Märchenerzähler Johann Karl August Musäus (1735-1787). Von der Stirnwand beobachtet sie Großherzog Carl August in Lebensgröße, das Ölgemälde von Ferdinand Jagemann (1780-1820) entstand 1805 eigens für die Bibliothek. Zu sehen ist auch das berühmt gewordene Bild *Goethe seinem Schreiber John diktierend*. Gemalt hat es Johann Joseph Schmeller (1796-1841) im Jahr 1834, also zwei Jahre nach Goethes Tod. Ob Schneller jemals dabei gewesen ist, als Goethe diktierte, konnte nicht ermittelt werden.

Benannt ist die öffentlich zugängliche Archiv- und Forschungsbibliothek von internationalem Rang nach Herzogin Anna Amalia, die als die großzügigste Förderin gilt. In wechselnden Ausstellungen wird Einblick in den über eine Million Bücher umfassenden Bestand gegeben, zu dem wertvolle Erstausgaben der deutschen Klassiker, seltene Drucke der Renaissance-, der Reformations- und Barockzeit sowie bibliophile Raritäten gehören. Die Bibliothek war bereits seit 1692 öffentlich zugänglich, Goethe machte sie zu einer der namhaftesten in Deutschland. Er veranlasste auch den Verbindungsbau zwischen Bibliothek und dem angrenzenden klobigen Turm von 1453, genannt der »Dicke Alte an der Ilm«, ein Rest der alten Stadtmauer. Der Dichter Ferdinand Freiligrath (1810-1876) schrieb, was auch heute noch zutrifft: »Die Bibliothek ist bis jetzt der interessanteste

Punkt für mich in Weimar.« Freiligrath weiter: »Zwischen Büsten und Bildern all der famosen Kerle aus Weimars Glanzepoche wird's einem ganz wohl zumute. Man meint, sie wären selbst noch da, man sieht Schiller sinnend am Fenster lehnen, Herder und Wieland schreiten Arm in Arm zwischen den Repositorien und die Treppe herauf schallt fest und gebieterisch der Imperatortritt des Alten, Einzigen!«

Seit dem Jahr 2022 ist im Renaissancesaal der Bibliothek die neue Dauerausstellung *Cranachs Bilderfluten* zu sehen. In den Räumen vor dem Rokokosaal werden unter anderen Bücher aus der Privatbibliothek der Herzogin Anna Amalia gezeigt sowie restaurierte Aschebücher, die auf den großen Brand im Jahr 2004 verweisen. Das verheerende Feuer, das in der Nacht vom 2. zum 3. September 2004 ausbrach, war ein schwerer Schicksalsschlag, verursacht durch eine defekte Kabelverbindung. Die Flammen verschlangen rund 50 000 Bücher, darunter viele Unikate und weitere Schätze. Zu Asche zerfielen der größte Teil der einzigartigen Musikaliensammlung von Herzogin Anna Amalia und fast alle Druckwerke der 1617 in Weimar gegründeten »Fruchtbringenden Gesellschaft«, der ersten Gesellschaft für deutsche Sprache. Eine Welle der Hilfsbereitschaft sorgte mit dafür, dass die Bibliothek bereits drei Jahre später im alten, neuen Glanz wiedereröffnet werden konnte. Der Rokokosaal gehört erneut zum Schönsten, was Europas Bibliotheken zu bieten haben. Einem hat das Feuer in jener schlimmen Nacht nichts angetan, der schaute wie unbeteiligt zu den lodernden Flammen: der russische Nationaldichter Alexander Puschkin. Seit 1949 steht das **Alexander-Puschkin-Denkmal** neben dem Bibliotheksturm, geschaffen von Johannes Friedrich Rogge (1898 – 1983). Die Aufstellung der 1,30 Meter großen Bronzebüste, so wird vermutet, sei eine Reverenz an die sowjetische Besatzungsmacht gewesen. Wie dem auch sei, fest steht: Goethe gehörte zu den Verehrern von Puschkin, und der wiederum schätzte Goethe sehr. Das Denkmal steht also für die Verbindung russischer und deutscher Kultur.

*Der Rokokosaal ist das Herzstück der Bibliothek*

### Das neue Studienzentrum

Das historische Gebäude der Herzogin-Anna-Amalia-Bibliothek ist seit dem Jahr 2005 durch zwei unter dem Platz der Demokratie befindliche Tiefenmagazine mit dem Roten und Gelben Schloss sowie der Neuen Wache verbunden. Das Kernstück der neuen Anlage bildet ein quadratischer **Bücherkubus** im Innenhof dieser drei Gebäude. Entstanden ist eine »Stadt unter der Stadt«, in die zu schauen es sich lohnt. Die Magazine liegen vier Meter tief, für sie wurden 2700 Quadratmeter Beton und 500 Tonnen Stahl verarbeitet. Erstmals seit Goethes Zeiten sind die bis dahin in der gesamten Stadt in Außenmagazinen verteilt gewesenen Bücher an einem Ort vereint. Das Studienzentrum bietet Platz für eine Million Bücher und deren Nutzer. 170 000 Bände können im Freihandbereich des Studienzentrums vor Ort benutzt und entliehen werden.

Im Innenhof des Studienzentrums steht seit Sommer 2021 auch das innovative, multimediale und interaktive **Erlebnisportal Weimar**, ein mit heller Birkenrinde verkleideter Holzleichtbau. Der temporäre Bau soll als begehbare Informationsbox zum Besuch verschiedener Weimarer und Thüringer Kulturstätten anregen. Ähnliche Einrichtungen gibt es noch in Erfurt und am Fuß der Wartburg bei Eisenach. In dem Erlebnisportal sind sieben Kurzfilme über kulturgeschichtlich touristisch bedeutende Orte in Thüringen zu sehen. Von der **Aussichtsplattform** geht der Blick zum Park an der Ilm, zur Herzogin-Anna-Amalia-Bibliothek und zum Stadtschloss. Das Portal soll vorerst bis zum Jahr 2026 stehenbleiben.

### Haus der Frau von Stein

Das langgestreckte Haus mit der Nummer 25/27 an der Ackerwand genannten Straße wäre eher uninteressant, hätte im Obergeschoss nicht 50 Jahre lang Goethes langjährige Freundin Charlotte von Stein (1742 –1827) gewohnt. Sie war Hofdame von Herzogin Anna Amalia und später Vertraute von Herzogin Luise von Sachsen-Weimar-Eisenach. Frau von Stein gilt als das Vorbild für Goethes *Iphigenie* und die Prinzessin Leonore im *Tasso*. Goethe und die sieben Jahre ältere Frau, verheiratet und Mutter von sieben Kindern, standen sich sehr nahe. Ob sie nur zusammen Tee tranken oder mehr passierte, darüber spekulieren Wissenschaftler bis heute. Den rund 1700 erhaltenen Briefen, die Goethe an Frau von Stein schrieb, ist nicht zu entnehmen, dass es intime Beziehungen gab. Die Freundschaft der beiden endete mit Goethes plötzlicher Abreise 1786 nach Italien und nach der Rückkehr seiner Zu-

*Hier wohnte Charlotte von Stein*

wendung zu Christiane Vulpius, seiner späteren Ehefrau. Schiller charakterisierte Frau von Stein so: »Die Beste unter allen war Frau von Stein, eine wahrhaft eigene, interessante Person und von der ich begreife, dass Goethe sich so ganz an sie attachiert hat.«

Das barocke Gebäude war Wohnhaus, Pension und zeitweise Sitz der Goethe-Gesellschaft. Die junge, später berühmt gewordene Marlene Dietrich wohnte während ihrer Ausbildung 1920/21 in Weimar in einem der Pensionszimmer. Im Jahr 2008 verkaufte die Stadt Weimar das »zur Kernzone der Weimarer Klassik« gehörende Haus überraschend an einen spanischen Investor. Der Verkauf sollte Geld in die leere Stadtkasse spülen. Das Haus sollte Haus saniert werden und darin ein Museum mit Werken des exzentrischen spanischen Künstlers Salvador Dalí sowie eine Künstlerpension und ein Café eröffnen. Weil es mit dem Geplanten nicht voranging, beschloss der Stadtrat einen Rückkauf, zumal es mehrere andere Interessenten gibt. Durch die Corona-Pandemie erfolgte bislang nichts. Die Stadt plant für die Zukunft weiterhin, dass das Haus für die Öffentlichkeit zur Verfügung stehen soll.

▸ Karte S. 66

EXTRA

# Die verschwundenen Feuerschäden

Rund 3000 wertvollen Musikhandschriften, darunter von Johann Nepomuk Hummel, Joseph Haydn und Herzogin Anna Amalia, hatten Feuer und Löschwasser bei dem großen Brand in der Nacht vom 2. zum 3. September 2004 arg zugesetzt. Sollten sie unwiederbringlich verloren sein? Die Forschungsarbeiten der Herzogin-Anna-Amalia-Bibliothek in Zusammenarbeit mit dem Institut für Chemie der Universität für Bodenkultur Wien zeigten 2021 Erfolge, man wird die Notenblätter wohl so festigen können, dass sie digitalisiert werden können. 34 000 Bücher erlitten in der Schicksalsnacht Wasser- und Hitzeschäden, an 28 000 haben die Flammen genagt. In einem komplizierten technischen Verfahren wurden sie getrocknet und werden nach und nach restauriert. Etwa 800 Aschebuchfragmente konnten bislang nicht identifiziert werden. Die Bibliothek stellte im Herbst 2021 eine digitale Plattform mit Fragmenten online und hofft, dass Interessierte sie konkreten Büchern zuordnen können. Zur Erinnerung: Am 2. September 2004 heulten in Weimar und den umliegenden Städten und Dörfern die Sirenen. Die Feuerwehren eilten nach Weimar, der Kulturminister, der Oberbürgermeister und sogar der Ministerpräsident Thüringens kamen. Die Anna-Amalia-Bibliothek, ein weltbekanntes Bauwerk und UNESCO-Welterbe, brannte lichterloh. 950 Feuerwehrleute kämpften gegen das Feuer. Hunderte Weimarer waren vor Ort, bildeten Menschenketten, um Bilder, Büsten, Gemälde und Bücher zu retten. Der damalige Bibliotheksdirektor Michael Knoche wagte sich in das Gebäude, um Kostbarkeiten vor den Flammen zu schützen. Ein Journalist fotografierte ihn mit der Lutherbibel von 1534, das Gesicht rußverschmiert. Ein weiteres Mal durfte er nicht hinein, denn es bestand die Gefahr, dass die Decke des wunderschönen Rokokosaales einbrechen könnte. 50 000 wertvolle Bücher, unter ihnen Unikate, waren verbrannt, auch die meisten Druckwerke der 1617 in Weimar gegründeten »Fruchtbringenden Gesellschaft« sowie 37 Gemälde. Eine beispielslose Hilfsaktion setzte ein. Spenden kamen aus aller Welt, insgesamt waren es 21 Millionen Euro. Rund drei Jahre nach dem Brand konnte die Bibliothek wieder eröffnet werden. Der Bundespräsident Horst Köhler sprach von einem »Freudentag für die Kulturnation«. In den Regalen stehen die Bücher wieder so, wie es von 1850 überliefert ist, in den oberen Galerien werden nach und nach die zurückkehrenden restaurierten Bücher eingegliedert. 85 Prozent der Brandschäden des Hauses konnten restauriert werden, dazu gehört das völlig vernichtete Gemälde *Genius des Ruhms* unter der Decke vom Goethe-Freund Johann Heinrich Meyer (1760 – 1832), das durch eine Kopie des Kunstmalers Hermenegild Peiker ersetzt wurde. Wer den Rokokosaal betritt und von dem Riesenfeuer und den Schäden nichts weiß, dem wird nichts auffallen.

*Die wiederhergestellte Herzogin-Anna-Amalia-Bibliothek*

## Goethe-Nationalmuseum

Durch die Seifengasse geht es zum Goethe-Nationalmuseum. Die Gasse verläuft parallel zur Ackerwand, vorbei an einem barocken **Gartenpavillon** im Oppel'schen Garten, dem größten, der sich in der Altstadt erhalten hat. Rasch ist das Ziel erreicht: der Besuch bei Herrn von Goethe. **Goethes Wohnhaus** bekam 1913 und 1935 größere Anbauten, die als Sammlungsbau bezeichnet werden. Der von 1935 ist der erste Museumsneubau im nationalsozialistischen Deutschland. Gemeinsam mit dem Wohnhaus des Dichters bilden die Anbauten das **Goethe-Nationalmuseum**, das die reichen Sammlungen des Dichters aufbewahrt, so 26 500 Objekte der bildenden Kunst und fast 23 000 zu den Naturwissenschaften. Goethes Handschriften dagegen befinden sich im Goethe-Schiller-Archiv. Zu den Kostbarkeiten gehören eine Büste Goethes, die Christian Daniel Rauch (1777–1857) im Jahr 1820 dem Dichter schenkte, der Spazierstock von Christoph Martin Wieland sowie Seidenschuhe, die Herzogin Anna Amalia getragen haben soll. Im Jahr 2025 wird die gegenwärtige Dauerausstellung *Lebensfluten – Tatensturm* durch eine neue ersetzt. Sie soll »eine zeitgemäße Vermittlung von Goethes Wirken« präsentieren, die Museologen möchten zeigen, wie wir heute auf das Universalgenie blicken.

*In der Seifengasse*

▲ Karte S. 66

Goethe war nicht nur Dichter, sondern auch Geheimer Legationsrat im Geheimen Consilium, der obersten Regierungsbehörde des Herzogtums. 1779 bekam er den Titel »Geheimer Rat« verliehen, »die höchste Ehrenstufe, die ein Bürger in Deutschland erreichen könne«, schrieb er am 7. Juli 1779 an Charlotte von Stein. 1782 wurde er in den Adelsstand erhoben. Es existiert jedoch kein Werk, das er mit »von Goethe« hat drucken lassen. Von 1815 bis zu seinem Tod hatte er den Rang eines Staatsministers inne.

### ■ Goethes Wohnhaus

Fast ein halbes Jahrhundert bildete das Wohnhaus Wolfgang von Goethes einen der geistigen Mittelpunkte Deutschlands. Viele kamen angereist, um den Dichter wenigstens einmal von weitem zu sehen. Sein Diener Carl Wilhelm Stadelmann soll sogar heimlich Haare von ihm verkauft haben. Doch nicht deswegen wurde Stadelmann 1824 entlassen, sondern wegen Trunksucht. Einmal holte man ihn noch als »Zeitzeugen«, am 22. Oktober 1844 durfte Stadelmann das Denkmal für seinen einstigen Herrn in dessen Geburtsstadt Frankfurt am Main enthüllen. Danach ging es mit ihm weiter bergab, Stadelmann erhängte sich im Armenhaus von Jena.

Das vorherige Wohnhaus Goethes im Park an der Ilm war zu klein geworden, auch genügte es nicht seinen Repräsentationspflichten als Staatsbediensteter. Herzog Carl August übergab seinem Freund deshalb 1782 das Haus am Frauenplan, zwei Jahre später schenkte er es ihm. Goethes Frau Christiane besaß ihren Lebensbereich im linken Hausbereich, die Familienzimmer befanden sich bis

Goethes Wohnhaus

zu ihrem Tod 1816 östlich vom Gelben Saal. Goethes Wohn- und Arbeitsbereich, zu dem nur wenige Freunde Zutritt bekamen, lag im westlichen Teil des Hinterhauses im ersten Stock. Hier begann gewöhnlich früh um sechs der Tagesablauf. Der größte Raum war Goethes schlicht eingerichtetes **Arbeitszimmer**. Der Dichter dazu: » ... alle Arten von Bequemlichkeit sind eigentlich ganz gegen meine Natur. Sie sehen in meinem Zimmer kein Sofa; ich sitze immer in meinem alten hölzernen Stuhl ...« In diesem Zimmer vollendete Goethe die 1808 erstmals erschienene Tragödie *Faust*, bis heute eines der wichtigsten Stücke der deutschen Literatur.

In den 1930er Jahren entdeckte die Literaturwissenschaft bei Goethe einen schwarzen Fleck, der bislang verschwiegen wurde: Der human denkende Dichter hatte sich widersprüchlich verhalten, er trennte seine schriftstellerische Tätigkeit von seiner Ausbildung als Jurist. Im *Faust* beklagt Goethe das Schicksal einer jungen Frau, die von Faust verführt und in ihrer verzweifelten Situation zur Kindesmörderin wird. 1783 richtete man in Weimar die 23-jährige Johanna Höhn hin, weil sie ebenfalls in einer ausweglosen Situation ihr neugeborenes Kind tötete. Zu dem Todesurteil kam es, weil neben den beiden anderen Mitgliedern des Geheimen Consiliums auch Goethe dafür gestimmt hatte. Damit stellte er sich gegen seinen Herzog Carl August, der die Abschaffung der Todesstrafe bei Kindesmord anstrebte. An dem Tag, als die junge Frau vor dem Erfurter Tor mit dem Schwert enthauptet wurde, verließ Carl August mit seiner Mutter, Herzogin Anna Amalia, die Stadt.

Neben Goethes Arbeitszimmer befindet sich die **Bibliothek** mit fast 7000 Bänden. In dem bescheidenen **Schlafzimmer** starb er in den Mittagsstunden des 22. März 1832 in seinem Sessel sitzend. Vier Tage später bekam die Bevölkerung von 8 bis 13 Uhr die Möglichkeit, in seinem Haus Abschied zu nehmen. Militär und Polizei

*Fast wie zu Goethes Zeiten: Kutsche vor dem Wohnhaus des Dichters*

»waren zur Aufsicht dabei«, schrieb Franz Davi Gesky in der Lokalchronik. 17 Uhr setzte sich der Trauerzug in Bewegung, 5000 Menschen begleiteten ihn. Der Wagen mit dem Sarg war derselbe, mit dem Goethes Freund Großherzog Carl August 1828 und dessen Gemahlin Luise 1830 ihre letzte Reise angetreten hatten. Hinter dem Wagen mit dem Sarg liefen Goethes zwei Enkel, denen folgten 15 Kutschen und die Stadtoberen.

Stets im Blick hatte Goethe seine umfangreichen **Sammlungen** (→ S. 79), in einem Gespräch zwei Jahre vor seinem Tod mit Kanzler Friedrich von Müller äußerte er: »Meine Nachlassenschaft ist so kompliziert, so mannigfaltig, so bedeutsam, nicht bloß für meine Nachkommen, sondern auch für das ganze geistige Weimar, ja für ganz Deutschland, dass ich nicht Vorsicht und Umsicht genug anwenden kann ... Es wäre schade, wenn dies alles auseinander gestreut würde. Ich habe nicht nach Laune und Willkür, sondern jedesmal mit Plan und Absicht zu meiner eigenen folgerechten Bildung gesammelt ... In diesem Sinne möchte ich diese meine Sammlungen konserviert sehen.« Goethe bestimmte den Kanzler zu seinem Testamentsvollstrecker. Der ließ nach Goethes Tod den Zugang zu dessen Privatbereich sperren. Ab 1841 waren es Goethes Enkel, die dafür sorgten, dass alles verschlossen blieb – bis 1885. Enkel Walther von Goethe, der letzte Nachkomme des Dichters, ermöglichte testamentarisch die Öffnung des Hauses. Erhalten blieb auch Goethes **Reisekutsche**, die der Dichter 1810 in Karlsbad gekauft hatte. Der **Hausgarten** war für Goethe eine Erweiterung der Wohnung, er diente zur Versorgung der Familie mit Obst und Gemüse, er war aber auch botanisches Versuchsfeld. Kurz vor Ende des Zweiten Weltkrieges passierte das Unvorstellbare: Ein Bombentreffer am 9. Februar 1945 zerstörte das Haus zu zwei Dritteln, vernichtet wurden auch die wunderschönen Wand- und Deckengemälde, die Goethes Freund, der Schweizer Maler Johann Heinrich Meyer (1760–1832) um 1800 geschaffen hat. Sie entstanden nach Fotografien neu und werden nach wie vor als Meyers Arbeiten bezeichnet. Bereits 1949 konnte das Haus wieder öffnen. Von 2026 an wird das Goethehaus für etwa zwei Jahre wegen Sanierung geschlossen. Bei dieser Gelegenheit bekommt der Hausgarten des Dichters das Aussehen wie vor rund 200 Jahren zurück, als er Zier-, Nutz- und Forschungsgarten war.

▲ Karte S. 77

# Zu Besuch beim Kunstkenner Goethe

Als Dichter und Staatsmann ist Johann Wolfgang von Goethe weithin bekannt, doch er war auch ein Kunstfreund. Die Gesellschaftsräume in seinem Wohnhaus am Frauenplan sind ein wahres Kunstmuseum. Goethe erwarb mehr als 26 000 Kunstgegenstände erworben oder erhielt sie als Geschenk, er sammelte fast 23 000 naturwissenschaftliche Stücke, trug eine Bibliothek mit mehr als 6000 Bänden zusammen und bewahrte etwa 2000 eigenhändige Zeichnungen auf.

Der Rundgang führt über das in Goethes Auftrag in den Fußboden eingelegte lateinische »Salve« (Sei gegrüßt!) in den **Gelben Saal**, in dem man bei größeren Festlichkeiten speiste. Zahlreiche Kunstgegenstände erinnern hier an Goethes Italienreise, so das von Tizian um 1515 geschaffene Gemälde *Die himmlische und irdische Liebe*. Als er das in Rom in der Galerie Borghese sah, meinte er: »Davon möchte ich eine Kopie!« Das Bild misst aber 118x279 Zentimeter, und rasch stellte er fest, dass ein Transport nach Weimar zu kostspielig wäre. Zum anderen würde eine Originalkopie für sein Wohnhaus viel zu groß sein. Deshalb ließ er sich von einem Freund, dem Porträt- und Historienmaler Friedrich Bury (1763 –1823), eine Teilkopie anfertigen. Welche Gemäldehälfte suchte Goethe wohl aus? Die rechte, die mit der unbekleideten weiblichen Gestalt.

Westlich, das ist rechts, geht es in das blaue **Junozimmer**. Goethe nutzte es als Empfangssalon und Musikzimmer. Der Raum wurde nach der Kolossalbüste der *Juno Ludovisi* aus dem 1. Jahrhundert nach Christi benannt. Goethe entdeckte das Kunstwerk in Rom und ließ sich einen originalgroßen Gipsabguss anfertigen. Doch die Büste war für die Rückreise nach Weimar viel zu wuchtig. Wohin damit? Er schenkte sie kurzerhand der von ihm verehrten Malerin Angelika Kaufmann (1741–1807), die in Rom lebte und literarisch sehr interessiert war. Sie und ihr Ehemann Antonio Zucchi hatten Goethe in die Galerien und Malerateliers Roms eingeführt. Drei Jahrzehnte später kam der Dichter doch noch zur Juno-Büste. Ein Abguss wurde ihm 1823 von dem Berliner Staatsrat Friedrich Schultz geschenkt. Auf dem Konzertflügel, den Goethe in Wien erworben hatte, spielte unter anderen Felix Mendelssohn Bartholdy im Alter von zwölf Jahren. Goethe war von dem Jungen begeistert, noch mehr, als er ihm Originalmanuskripte von Mozart und Beethoven vorlegte und der junge Felix die nicht leicht zu lesenden Noten perfekt spielte. Aufmerksamkeit in diesem Raum erweckt der grüne Vorhang auf der linken Seite. Der schütz-

*Kunstwerke im Deckenzimmer*

te schon zu Goethes Zeiten das Aquarell *Die Aldobrandinische Hochzeit*, dessen Original sich im Vatikan befindet. Die Kopie stammt von Johann Heinrich Meyer, den Goethe in Rom kennengelernt hatte und der 1806 Direktor der Fürstlichen Freien Zeichenschule wurde.

Das sich oberhalb der rechten Kutschenzufahrt anschließende **Urbinozimmer** bekam seinen Namen nach dem raumbeherrschenden Porträt des Herzogs von Urbino von 1595. Der war ein Jugendgefährte des italienischen Dichters Tasso. Goethe erwarb das Kunstwerk, als er an seinem Schauspiel *Torquato Tasso* arbeitete, das 1807 in Weimar uraufgeführt wurde.

Östlich, also links des Gelben Zimmers, folgt das **Deckenzimmer**, das wegen der barocken Stuckdecke aus der Entstehungszeit des Hauses so genannt wird. Hierher führte Goethe gern Freunde und Gäste, um mit ihnen Kunstwerke zu betrachten. Sicherlich zeigte er auch die über der Kommode hängende aquarellierte Federzeichnung *Allegorie zu Ehren Luthers* von Peter Vischer dem Jüngeren, der sie 1524 schuf. In Goethes Besitz kam sie als Geschenk des Herzogs von Kurland zu seinem Geburtstag 1818.

Weiter geht es in das **Majolikazimmer**, das Goethe und Christiane zeitweise als gemeinsames Schlafzimmer diente. Heute befindet sich hier die namensgebende Majolikasammlung.

Im **Großen Sammlungszimmer** oberhalb der linken Kutschenzufahrt sind gegenüber der Fensterwand zwei Ölgemälde von Johann Heinrich Wilhelm Tischbein (1751–1829) zu sehen: *Götz von Berlichingen und der gefangene Weislingen* sowie *Herzogin Luise, die Frau Carl Augusts*, beides Geschenke von Herzog Carl August. Auch ein Porträt des Herzogs hängt in diesem Raum. Heinrich Kolbe hat das Gemälde 1822 fertiggestellt, Carl August schenkte es Goethe.

*Carl-August-Porträt im Großen Sammlungszimmer*

Im **Kleinen Esszimmer** befindet sich unter anderem der Mappenschrank, in dem Goethe seine Handzeichnungen alter Meister aufbewahrte.

Vom Gelben Saal, vorbei an den beiden Kolossalbüsten des *Zeus von Otricoli* und des *Antinous Mondragone*, kommt man in das **Büstenzimmer**, oft auch **Brückenzimmer** genannt, weil es den Hof überbrückt und die Räume des Vorder- mit denen des Hinterhauses verbindet. Den in der Mitte des Raumes stehenden Torso eines Knaben, *Ilioneus* genannt, hatte der bayerische König Ludwig I. Goethe zu seinem 80. Geburtstag geschenkt. Die Bronzestatue *Moses* brachte Goethe von Karlsbad mit. Es ist eine verkleinerte Nachbildung der bekannten Kolossalstatue von Michelangelo, die auf dem Grabmal von Papst Julius II. in Rom steht.

## Frauenplan

Der Frauenplan mit Goethes Wohnhaus und dem keine 100 Meter langen Zipfel, der am Hansahaus am Wielandplatz endet, ist Weimars berühmtester Platz. Große Teile davon sind eine 1961 entstandene Grünfläche, die wurde angelegt, weil kurz vor Ende des Zweiten Weltkrieges Bomben an dieser Stelle zahlreiche Häuser zerstört hatten. Die einstige Baugrenze markiert die Pergola. Auf dem Platz plätschert seit 1821 ein Brunnen mit einem großen achteckigen Becken und einem Delfin als Wasserspeier, seit jeher **Goethebrunnen** genannt. Entworfen hat ihn Oberbaudirektor Coudray. Goethe schrieb dazu in einem Brief: »Auf einem freien Platze meinem Hause gegenüber steht ein großes anständiges Wasserbecken ... Dahin kommen, besonders morgens und abends, Frauen, Töchter, Mägde, Gesellen, Kinder, das notwendige Ingredienz ihres Daseins abzuholen.« Neueren Datums ist die Natursteinplastik **Versunkener Riese** von Walter Sachs (geb. 1954) auf der Nordwestseite des Platzes.

Im Haus Frauenplan **Nummer 8**, dem Goethehaus gegenüber, wohnte ab 1868 **Max Liebermann** (1847–1935), der an der Kunstschule studierte. So stand es bislang in jeder Stadtchronik und in jedem Reiseführer. Im Herbst 2020 sollte an diesem Haus eine Gedenktafel angebracht werden, doch wenige Tage zuvor stellte man fest: Das Haus in dem Liebermann gewohnt hat, trug zwar die Nummer 8, doch dieses Haus wurde im Zweiten Weltkrieg zerstört, und am Frauenplan erfolgte eine andere Nummerierung. Auch wohnte Liebermann nicht, wie bislang behauptet wurde, 1868 bis 1873 hier, sondern nur die ersten Monate seiner Weimarer Zeit. »Liebermanngesellschaft bewahrt sich in Weimar vor Fauxpas«, titelte die *Thüringer Allgemeine*, da die Gesellschaft wenige Stunden vor Beginn der feierlichen Veranstaltung das Anbringen der Gedenktafel abgesagt hatte. Bewiesen ist, dass Liebermann, der heute zu den großen Impressionisten gezählt wird, in der Villa Belvederere Allee 8 ein Atelier besaß und hier sein erstes größeres Ölgemälde entstand. Vielleicht wird die Gedenktafel an dieser Villa angebracht. In seiner Autobiographie schrieb Liebermann: »1872 malte ich mein erstes Bild *Die Gänserupferinnen*, das in dem kleinen Weimar ein bedeutendes Aufsehen machte.« Das damals abgelehnte und verspottete Bild kam 1894 in die Berliner Nationalgalerie, wo es heute zu den Stars gehört. Liebermann gehörte zu den Verehrern Goethes, »des einzigartigen Genius, den Gott uns, der Welt geschenkt hat«, und illustrierte 1921 Goethes Prosaerzählung *Novelle* mit 20 Holzschnitten. An Goethes Wohnhaus, in Richtung Wielandplatz, schließen sich die **Vulpius-Häuser** mit den Nummern 3 und 4 an.

*Der Goethebrunnen auf dem Frauenplan*

Sie werden so genannt, weil hier Nachkommen der Familie von Goethes Ehefrau wohnten. Zu Goethes Zeiten gehörte das Haus mit der Nummer 3 dem Leineweber Johann Heinrich Herter. Wenn dessen Webstühle knatterten, vergaß Goethe seine Höflichkeit. Doch ändern konnte er es nicht, deshalb zog er sich an solchen Tagen oft in sein Gartenhaus im Ilmpark oder nach Jena zurück. Eines Tages wurde ihm zugetragen, der Nachbar plane den Bau einer Kegelbahn. Goethe setzte alles in Bewegung, um dies zu verhindern – was ihm auch gelang.

### Gasthaus Zum weißen Schwan

Zu den geschichtsträchtigsten, noch geöffneten Gasthäusern Europas gehört »Der weiße Schwan«. Das Haus steht östlich am Frauenplan, gehört aber postalisch zur Frauentorstraße. Goethe brauchte von seinem Zuhause nur wenige Schritte bis dorthin, und so führte er seine Gäste gern in den »Schwan«. Seinen Freund Carl Friedrich Zelter (1758–1832), dem Direktor der Berliner Singakademie, ließ er 1826 ein Zimmer reservieren und schrieb nach Berlin: »Das Stübchen im Schwane bleibt dir vorbehalten, und wir können jeden Augenblick zusammen froh und nützlich zubringen.« Bis in unsere Zeit kann der »Schwan« auf prominente Gäste verweisen, zu denen gehören der japanische Kaiser Akihito und die Politiker Willy Brandt und Michail Gorbatschow. Im Stadtmuseum befindet sich das Gästebuch von 1919 bis 1954, hier ist nachzulesen, dass das Gasthaus Zum weißen Schwan 1919 ein beliebter Treff war, als Weimar für ein halbes Jahr zum Regierungssitz wurde. Eingetragen in das Buch haben sich der spätere Reichskanzler der Weimarer Republik Constantin Fehrenbach (1852–1926) ebenso wie der spätere Außenminister Gustav Stresemann (1878–1929).

*Das Gasthaus Zum Weißen Schwan*

▲ Karte S. 66

## Vom Frauenplan zu Herrn Schiller

Vom Gasthaus Zum weißen Schwan geht es die Frauentorstraße entlang in Richtung Markt. Am Haus mit der **Nummer 21** erinnert eine Gedenktafel daran, das hier Friedrich Schiller von 1787 bis 1789 wohnte, als er zum ersten Mal nach Weimar kam. Mit Goethe konnte er nicht zusammentreffen, denn der weilte zu dieser Zeit in Italien, doch eine indirekte Begegnung gab es dennoch. Schiller schrieb darüber an seinen Freund Christian Gottfried Körner (1756–1831) nach Dresden: »Ich habe am 28. August Goethes Geburtstag mit begehen helfen, den Herr von Knebel in seinem Garten feierte, wo er in Goethes Abwesenheit wohnt … Wir fraßen herzhaft und Goethens Gesundheit wurde von mir in Rheinwein getrunken …!«

Ein kleiner Abstecher führt von der Frauentorstraße zur **Brauhausgasse** mit dem schlichten Haus mit der **Nummer 13** auf der linken Seite. Hier wohnte Johann Peter Eckermann (1792–1854), ein Vertrauter Goethes, der durch seine veröffentlichten *Gespräche mit Goethe*

*Bester Aussichtsplatz: das Café am Frauentor*

*in den letzten Jahren seines Lebens* zu Ruhm gelangte, aber einsam und verarmt verstarb. Über seinen ersten Besuch bei Goethe am 10. Juni 1823 berichtete er: »... Der Empfang seinerseits war überaus herzlich und der Eindruck seiner Person auf mich derart, dass ich diesen Tag zu den glücklichsten meine Lebens rechne ...« Im Juni 1825 gab Eckermann Goethe die ersten aufgezeichneten Gespräche zum Lesen. Darüber notierte der, Goethe war »sehr erbaut davon und findet die Arbeit vortrefflich«.

Das erste Haus in der Schillerstraße, rechter Hand und die Nummer 2 tragend, gehört zu Weimars beliebtesten Verweilorten. Viele zieht es zum **Café-Restaurant Frauentor**, weil von den 18 Torten, die täglich die eigene Patisserie verlassen, eine mehr lockt als die andere. Doch nicht wenige kommen auch des Aussichtsplatzes wegen und hoffen auf einen in der ersten Reihe. Nirgendwo anders in Weimar kann man den Gästen besser beim Flanieren zuschauen, denn das Café liegt dort, wo sich vom Marktplatz kommend die Wege zum Wohnhaus von Goethe und dem von Schiller trennen. Die Schillerstraße trug einst den Namen Esplanade, die entstand, als in Weimar im 18. Jahrhundert die Stadtbefestigung niedergerissen wurde. Auf der Esplanade promenierte damals die »feine Gesellschaft«, 1968/69 gestaltete man die Straße gemeinsam mit dem Theaterplatz zu einer der ersten Fußgängerzonen in der DDR um.

## Gänsemännchenbrunnen

Beim Spaziergang fällt er sofort auf: der Gänsemännchenbrunnen. Was in der Schillerstraße steht, ist eine Kopie des Nürnberger Entenmännchen-Brunnens von um 1550. Goethe hatte den in Nürnberg gesehen, vermutlich auf der Rückreise von Italien, und ließ davon einen Gipsabdruck anfertigen, weil er sich in Weimar eine Kopie des Brunnens wünschte. Der Abdruck erreichte die Stadt wohlbehalten, denn am 5. Juli 1814 bedankte sich Goethe mit den Worten: »Ernstlich Dank für den Entenmann, welcher glücklich angekommen ist.« Was in den folgenden Jahrzehnten mit diesem Abdruck geschah, warum kein Brunnen entstand, das ist nicht überliefert. Vermerkt ist jedoch, dass 1846 ein weiterer Abguss in Weimar eintraf, diesmal bestellt von Großherzogin Maria Pawlowna. Aber erst 1863 hatte die Stadt so viel Geld zusammen, dass eine verkleinerte Kopie des Nürnberger Brunnens mit der Bronzefigur eines Bauern, der zwei Gänse unter dem Arm hält, errichtet werden konnte.

## Schillers Wohnhaus

Nur drei Jahre war es Friedrich Schiller vergönnt, in diesem bescheidenen Haus an der Esplanade zu wohnen, von 1802 bis zu seinem Tod am 9. Mai 1805. An seinen Verleger Georg Joachim Göschen (1752 – 1828) schrieb er kurz nach dem Einzug: »Ich habe dieser Tage endlich einen alten Wunsch realisiert, ein eigenes

*Hier wohnte Schiller drei Jahre lang*

Haus zu besitzen. Denn ich habe nun alle Gedanken an das Wegziehen von Weimar aufgegeben und denke hier zu leben und zu sterben.« Das recht einfache Haus ist das einzige in der Straße, das im Originalzustand erhalten blieb, seit 1847 ist es Museum. Zu sehen ist heute die einstige Rückfront. Im Zweiten Weltkrieg, im Februar 1945, wurde das Haus durch Bomben schwer beschädigt, aber bereits im Jahr darauf wieder eröffnet.
Um ungestört arbeiten zu können, zog sich der meist nachts arbeitende Schiller in das Mansardengeschoss mit drei Zimmern zurück. Die Wohnräume der Familie – Schillers Frau Charlotte, zwei Söhne und zwei Töchter –, aus Wohn-, Ess- und Gesellschaftszimmer bestehend, liegen eine Etage tiefer. Beim Besuch lernt man die Lebensverhältnisse des großen Dichters und seiner Familie kennen. Der Dramatiker Friedrich Hebbel (1813–1863) weilte 1858 in diesem Haus, als es bereits Museum geworden war. Er schrieb: »Ich ging nun zu dem Schiller-Hause, das dem Goethe'schen so nah liegt, dass die beiden Freunde einander die Briefe und Zettel hätten in die Fenster werfen können, wenn sie sich ein wenig geübt hätten. Dies ist nun wieder nicht so klein und so eng, als man es sich denkt, sondern freundlich und bequem und sogar mit einem Gärtchen geziert ...«
Hinter Schillers Wohnhaus, hin zur Windischenstraße, schließt sich das 1988 eröffnete **Schiller-Museum** an. Es trägt zwar den Namen des Dichters, aber es verhält sich so wie mit seinem Sarg: Es ist kein Schiller drin. Das Museum, das ursprünglich dem Leben und Wirken des Dichters gewidmet war, ist einer der wenigen Museumsneubauten in der DDR. Heute zeigt die Klassik Stiftung Weimer in ihm wechselnde Ausstellungen, ferner dient es als Zugang zum historischen Wohnhaus des Dichters.

## ■ Weimar Haus

Ein Besuch des multimedialen Erlebnismuseums ist ein Spaziergang durch 5000 Jahre Weimarer und Thüringer Geschichte. Dazu tragen unter anderem 3-D-Effekte, Kulissen, Wachsfiguren, Theaterbauten und Videoprojektionen bei. Luther, Goethe, Schiller, Herzogin Anna Amalia und andere berühmte Einwohner und Gäste der Stadt ziehen vorüber. Auch ein Blick in das Jahr 1806 erfolgt, als die Truppen von Kaiser Napoleon Bonaparte (1769–1821) am 14. Oktober plündernd und mordend in Weimar einmarschierten. Herzog Carl August versuchte, sein Land zu verteidigen, Napoleon wollte ihn dingfest machen und drängte seine Soldaten ins Residenzschloss. Dort stellten sich Luise, die Gemahlin von Carl August, und der Schuhmachermeister Johann Heinrich Petri den Eroberern in den Weg. Deren Wagemut beeindruckte Napoleon so sehr, dass er am 16. Oktober den Befehl erteilte, Weimar nicht mehr zu plündern.

▶ Karte S. 66

EXTRA

## Schillers Mobiliar auf Reisen

Nach dem Tod von Schillers Frau Charlotte verkauften die Kinder 1827 das Haus Schillerstraße 12, damals Esplanade. Die Einrichtungsgegenstände wurden in alle Winde verweht. 1847 erwarb die Stadt Weimar das Haus bei einer gerichtlichen Versteigerung und richtete darin die erste Dichtergedenkstätte Deutschlands ein. Doch alles war leergeräumt! Mit viel Mühe ermittelte man die Besitzer der Schillerschen Möbel und versuchte, sie zurückzubekommen. Es gelang, Schillers Wohn- und Arbeitsbereich in dem kleinen Mansardengeschoss fast komplett wieder mit Originalen einzurichten.

Im ersten Raum der Mansarde empfing Schiller seine Gäste, hier hängt das wohl bekannteste Schillerporträt, gemalt von dem Schweizer Anton Graff (1736 – 1813). Das Original befindet sich in Dresden, die hier hängende Kopie kam 1878 in das Haus. Den kleinen Nähtisch aus schwarzem Holz mit Bronzebeschlägen im Gesellschaftszimmer hatte Schillers Frau 1811 dem Diener Rudolph zur Hochzeit geschenkt. Der Tisch kehrte nach Weimar zurück, die Enkel des Dichters bestätigten 1892, dass es der aus Schillers Wohnhaus war. Das Arbeitszimmer beherrscht wieder der Schreibtisch, an dem Schiller unter anderen den *Wilhelm Tell* vollendete. Schillerenkel Friedrich erklärte 1862, dass der »Schreibtisch derselbe ist, welcher beim Tode des Dichters in seinem Wohn- und Sterbezimmer stand«. Die Uhr darauf hatte Schillers Tochter Caroline als Erinnerung mitgenommen. Zurück nach Weimar kehrte sie nach mehreren Besitzerwechseln erst 1937. Das kleine Stück Marmor, das Schiller als Briefbeschwerer nutzte, hatte eine Prinzessin von Preußen erworben. Das weiß man, weil ein Schreiben vom 6. Februar 1848 entdeckt wurde, in dem stand, dass der Briefbeschwerer in ihrem Namen dem Schillerverein verehrt wurde. Der Stuhl vor dem Schreibtisch taucht in den Akten 1853 auf. Dort ist vermerkt, dass er »v. Ihrer kaiserl. Hohheit der Frau Großherzogin« für das Schillerhaus geschenkt wurde. Der Sessel mit rotem Samtbezug kam 1855 als Geschenk von Großherzogin Maria Pawlowna zurück. Von Schillers Arbeitszimmer gelangen Besucher durch eine niedrige Tür in seine Schlafkammer unter der Dachschräge. Hier stand bis kurz vor seinem Tod das einfache Fichtenholzbett, in dem Schiller am 9. Mai 1805 verstarb. Er hatte es ins Arbeitszimmer bringen lassen, um näher am Schreibtisch zu sein, aber wohl auch, weil die Schlafkammer nicht beheizbar war. Das Bett hatte Großherzog Carl Alexander erworben, bereits 1847 wurde es an die neue Gedenkstätte zurückgegeben. Den anschließenden Gang nutzte der Dichter als Ankleidekammer. Hier befanden sich, so hatte es Schiller 1804 notiert, unter anderem 22 Paar Strümpfe, 4 Paar Schuhe und 37 Hemden. Was aus denen wurde, ist nirgendwo vermerkt.

*Auch Schillers Schreibtisch steht wieder am ursprünglichen Platz*

## Theaterplatz

Auf dem Theaterplatz fällt als erstes das **Goethe-Schiller-Denkmal** auf, Weimars Wahrzeichen. Es wurde bewusst vor dem Theater platziert, denn das Theater ist eng mit dem Wirken der beiden Dichter verbunden. Der Platz entstand erst nach den Jahren 1757 bis 1765, als die Stadtmauer abgetragen wurde. Einen Turm der Stadtbefestigung ließ Herzogin Anna Amalia in den »Chinesischen Pavillon« verwandeln, der nach ihrem Tod abgerissen wurde und mit den originalen Malereien von Adam Friedrich Oeser (1717–1799) im Schlosspark von Belvedere originalgetreu wieder entstand – heute als Roter Turm bezeichnet (→ S. 164).

An der Ecke Schillerstraße/Theaterplatz befindet sich das Wittumspalais, das 33 Jahre das Zuhause von Herzogin Anna Amalia war.

### Wittumspalais

Als Carl August 18 Jahre alt geworden war, endete die Vormundschaft seiner Mutter, der Herzogin Anna Amalia. Die 38-Jährige, die Cembalo und Harfe spielte und auch komponierte, zog daraufhin ins Wittumspalais und machte es zu einem Zentrum des geistigen Lebens, aber auch zu einem »Bilderbuch des guten Geschmacks«, wie es vielfach hieß. Die Möbel waren zum größten Teil in schlichten und einfachen Formen gehalten, ihre Zuordnung und auch die Farben der Zimmer waren gut überlegt. Das entsprach dem Geschmack von Goethe, der in einem Gespräch mit Eckermann sagte: »Prächtige Zimmer und elegantes Hausgerät sind etwas für Leute, die keine Gedanken haben und haben mögen.«

*Im Wittumspalais wohnte einst Herzogin Anna Amalia*

▲ Karte S. 66

Berühmt wurden die Tafelrunden der Herzogin, zu der sich montags Mitglieder der Hofgesellschaft mit Dichtern, Wissenschaftlern, Künstlern und Musikern aus dem Bürgertum trafen. Ohne jeden Stammesdünkel seitens der Herzogin diskutierten sie gemeinsam über Probleme ihrer Zeit. »Anna Amalia gefiel sich«, so Goethe, »im Umgang mit geistreichen Personen und freute sich, Verhältnisse dieser Art anzuknüpfen, zu erhalten und nützlich zu machen.« In diesem Raum im ersten Stock, heute als **Tafelrundenzimmer** bezeichnet, traf sich 1791 zum ersten Mal die von Goethe gegründete »Freitagsgesellschaft«, die einmal im Monat zusammenkam, um, so Goethe, »drei Stunden einer gemeinsamen Unterhaltung, auch Vorlesungen und anderen Mitteilungen zu widmen«. Donnerstags und sonntags traf man sich zu literarischen Teeabenden bei der Schriftstellerin Johanna Schopenhauer (1766–1838), der Schwester des Philosophen Arthur Schopenhauer.

Nach ihrem Tod 1807 wurde die Herzogin im großen Festsaal im Wittumspalais aufgebahrt, damit sich die Bevölkerung von ihr verabschieden konnte. Ihrem Wunsch entsprechend wurde sie in der Stadtkirche beigesetzt und deshalb nicht in die 1828 fertiggestellte Fürstengruft umgebettet. Im großen Festsaal des Hau-

*Goethe und Schiller vor dem Deutschen Nationaltheater*



ses wurde 1813 auch Christoph Martin Wieland aufgebahrt, Goethe hielt die Gedenkrede.
Im Ostflügel des Palais befand sich deshalb viele Jahre ein Wielandmuseum. Wer heute mehr über diesen Dichter erfahren möchte, muss vor die Tore Weimars fahren, ins rund zehn Kilometer entfernte Oßmannstedt (→ S. 131).

### Goethe-Schiller-Denkmal

Vor dem Deutschen Nationaltheater stehen Deutschlands größte Dichter vertraut nebeneinander: Goethe hat die linke Hand auf Schillers Schultern gelegt, mit der anderen reicht er ihm den Wertschätzung und Freundschaft symbolisierenden Lorbeerkranz. Das vom Bildhauer Ernst Rietschel (1804 -1861) geschaffene Monument wurde am 4. September 1854 enthüllt. Die Bronze für die beiden Statuen stiftete Bayernkönig Maximilian II., der das Standbild in seiner Königlichen Gießerei in München herstellen ließ. Der polierte Granit für den Sockel ist ein Geschenk von Großherzog Friedrich I. von Baden. Originale Nachbildungen des Denkmals befinden sich im Golden-Gate-Park von San Francisco, im Washington Park in Milwaukee/Wisconsin und im Wade Park in Cleveland/Ohio. Goethe und Schiller waren körperlich nicht gleich groß, wie sie Rietschel bewusst darstellte: Goethe war eigentlich zwölf Zentimeter kleiner als Schiller.

### Deutsches Nationaltheater

Das Theater, eine der traditionsreichsten und renommiertesten Spielstätten Deutschlands, gehört zur Geschichte von Weimar. Doch was heute den Theaterplatz prägt, ist nicht das Theater, in dem Goethe als Direktor die Dramen von Schiller auf die Bühne brachte und in dem später Franz Liszt und Richard Strauss (1864–1949) dirigierten. Strauss kam 1889 von München als Hofkapellmeister nach Weimar, er wohnte in dem Haus Erfurter Straße 19. In Weimar brachte er die bis heute beliebte Mär-

*Berühmte Spielstätte: das Deutsche Nationaltheater*

chenoper *Hänsel und Gretel* von Engelbert Humperdinck zur Uraufführung. Später äußerte er dazu: »Es ist eine der schönsten Erinnerungen meiner Kapellmeisterlaufbahn, dass ich diesem Meisterwerke den Weg zur Bühne eröffnen durfte«. Doch so richtig anfreunden mit Weimar konnte sich Strauss, der Komponist des *Rosenkavaliers*, nicht, wie diesen Worten zu entnehmen ist: »Es befindet sich alles hier wie vor hundert Jahren, nur dass ein gewisser Goethe nicht mehr mittut.« In der Stadt, bei den Einwohnern, den Künstlern, genoss Strauss hohes Ansehen, wie die Sopranistin Marie Gutheil-Schoder (1874–1935), später Ehrenmitglied der Wiener Staatsoper, formuliert: »Mit der genialen Leistung seiner Feuerseele hielt der 25-jährige Richard Strauss das geistige und musikalische Weimar in Atem ... Er machte Weimar durch seine Konzerte, durch die Erstaufführungen seiner eigenen Schöpfungen wie auch anderer damals moderner Werke zum Mittelpunkt des deutschen Musiklebens.« Weimar verlieh Strauss 1925 die Ehrenbürgerschaft.

1825 brannte das Theater von Goethe und Schiller ab, wenig später öffnete an dieser Stelle ein neues Hoftheater. Das entsprach einige Jahrzehnte später nicht mehr den Anforderungen – es entstand das dritte Theater an dieser Stelle. Zu Eröffnung 1907 erschien sogar Kaiser Wilhelm II. Das Theater ist ein Vierspartentheater, dass es so blieb, dafür haben die Proteste der Weimarer gesorgt, die sich Anfang der 2000er Jahre vehement gegen einen Verbund ihres Theaters mit dem in Erfurt wehrten.

Die Staatskapelle Weimar spielt der besseren Akustik wegen meist in der Weimarhalle. Links neben dem Eingang zum Theater wurde eine Gedenktafel angebracht, die vom Bauhausgründer Walter Gropius stammt. Sie erinnert an die Proklamation der Weimarer Verfassung 1919 in ebendiesem Gebäude. Die Gedenktafel gegenüber hält das Kommen von Thomas Mann 1949 und 1955 fest, der im Theater bedeutende Reden hielt und in Weimar mit DDR-Kulturminister Johannes R. Becher zusammengetroffen war.

▸ Karte S. 66

# Reich an Episoden – das Deutsche Nationaltheater



Auf der Bühne des Deutschen Nationaltheaters standen im ersten Halbjahr des Jahres 1919 keine Schauspieler, auch spielte kein Orchester. Im Theater tagte nach der Novemberrevolution das neue Parlament Deutschlands, auf der Bühne agierten der Reichskanzler, der Reichsaußenminister und andere Politiker. Einen prominenten Redner erlebte das Theater auch 1949 und 1955. Von der Bühne sprach der Nobelpreisträger Thomas Mann, anlässlich des 200. Geburtstages Goethes sowie zum 150. Todestag Schillers. Seit 1994 kommt man auch ins Theater, um die »Weimarer Reden« zu hören. An drei Sonntagen im März äußern sich Persönlichkeiten zu aktuellen und brisanten Themen. 2021, es war das zweite Corona-Jahr, sprach der Professor für Virologie Hendrik Streeck. In den Jahren zuvor hatten am Rednerpult unter anderem die einstige Präsidentin des Bundesverfassungsgerichts Jutta Limbach sowie Władysław Bartoszewski gestanden, der als Häftling Auschwitz überlebt hatte und nach 1989 erster gewählter polnischer Außenminister war.

Das Theater erlebte aber auch andere spektakuläre Ereignisse, wie das von 1817: Goethe legte in den von ihm verfassten »Erneuerten Anordnungen für das Weimarische Theater« in Paragraf 14 fest: »Kein Hund darf mit auf das Theater gebracht werden.« Das brachte die Schauspielerin und Sängerin Karoline Jagemann auf die Palme. Die Mätresse von Großherzog Carl August war Goethe nicht gerade zugetan und verlangte von ihrem Liebhaber, das seinerzeit beliebte Stück *Der Hund des Aubry* (oder *Der Wald bei Bondy*) auf den Spielplan zu setzen. Das erfolgte, und gegen den Willen Goethes hopste ein Pudel auf der Bühne herum. Der Dichter war außer sich und legte spontan die Theaterleitung nieder. Das Hoftheater soll er danach nie wieder betreten haben. Im Dezember 1858 gab es erneut eine Affäre: Die Oper *Der Barbier von Bagdad* von Peter Cornelius erlebte ihre Uraufführung – große Teile des Publikums pfiffen und trampelten. Der organisierte Protest galt jedoch nicht der Oper, sondern dem am Dirigentenpult stehenden Franz Liszt. Der berühmte Musiker hatte sich den Unwillen der konservativen Kräfte zugezogen, weil er mit der verheirateten Fürstin Carolyne von Sayn-Wittgenstein zusammenlebte. Der jüngste Tumult ereignete sich 2008. Man hatte den für seine eigenwilligen Inszenierungen Franzosen Laurent Chétouane nach Weimar geholt, der Goethes *Faust II* auf die Bühne bringen sollte. Der Franzose wagte eine ungewohnte Inszenierung. Zur Premiere wurde gepfiffen, gelacht, gebuht. Als sich nach fast fünf Stunden die Schauspieler verbeugten, war der Zuschauerraum fast leer. Im *Tagesspiegel* war von einem »Desaster« zu lesen, das *Neue Deutschland* schrieb »Ein Debakel ohnegleichen« und die *Augsburger Allgemeine* titelte: »Massenflucht bei Faust II in Weimar«. Nach sechs Aufführungen verschwand die Aufführung vom Spielplan.

*1919: In Berlin wird die Flugpost nach Weimar eingeladen*

**Haus der Weimarer Republik**
Die erste Demokratie auf deutschem Boden ist nach ihrem Gründungsort benannt, auch die erste demokratische Verfassung trägt den Namen der Kulturstadt, bekannt geworden als Weimarer Verfassung. 2019 bekam Weimar endlich ein Museum, das an diese bedeutungsvolle Zeit erinnert. In der klassizistischen Remise am Theaterplatz, die als Kulissenhaus für das Theater, als Kunsthalle und zuletzt provisorisch als Bauhaus-Museum fungierte, öffnete das Haus der Weimarer Republik. Genau gegenüber, im Deutschen Nationaltheater, hatten die Abgeordneten getagt und 100 Jahre zuvor, am 11. August 1919, die erste demokratische Verfassung auf deutschem Boden verabschiedet. Ein zwanzigminütiger Einführungsfilm führt die Besucher in die Zeit nach dem Ersten Weltkrieg und stimmt auf die folgende Dauerausstellung ein. Die stellt mit vielfältigen Exponaten und Bildern den Glanz, aber auch die Tragik der Weimar Republik vor. Der Altbau bekommt gegenwärtig einen modernen Museumsanbau.
Hinter dem Museum, zwischen den Gassen Zeughof und Am Palais, befinden sich die **Reste des ehemaligen Franziskanerklosters**. In dem Kloster soll 1518 Martin Luther übernachtet haben. 1553 mussten die Mönche Weimar verlassen, das Kloster verfiel. Erhalten blieb nur das südliche Hauptgebäude, die einstige Kirche, die zum Getreidespeicher wurde. Unter dem Namen »Kornhaus« gehört es heute zur Hochschule für Musik Franz Liszt.

## Sophienstiftsplatz

▲ Karte S. 66

Interessierte Touristen werden einen Blick hinter das Deutsche Nationaltheater werfen, zum verkehrsreichen Sophienstiftsplatz. Am rechten Bühneneingang steht das **Hummel-Denkmal**. Johann Nepomuk Hummel (1778 –1837), seinerzeit einer der bedeutendsten Pianisten, war von 1819 bis 1837 Hofkapellmeister in Weimar. In die Stadt hatte ihn Großherzogin Maria Pawlowna geholt. Die überlebensgroße Bronzebüste Hummels stammt vom österreichischen Bildhauer und Medailleur Franz Xaver Pönninger (1832–1906). Hummels Wohnung befand sich in dem Haus Marienstraße 8, das er sich 1823 gekauft hatte.
Auf der anderen Seite des Platzes plätschert seit 1999 der sandsteinerne **Theaterbrunnen**, den vermutlich Clemens Wenzeslaus Coudray geschaffen hat. Beim Umbau des Theaters 1973 musste er abgebaut werden, später fand man von ihm nur noch Teile. Gegenüber dem Theaterbrunnen – Heinrich-Heine-Straße 12–14 lautet die offizielle Adresse des Hauses – informiert eine Tafel: »Hier wohnte C. W. Coudray 1817–1845.« Der hatte als Großherzoglicher Oberbaudirektor 29 Jahre lang Weimar wesentlich zu seinem klassizistischen Gesicht verholfen. Sein repräsentatives dreistöckiges Doppelhaus hat Coudray selbstverständlich selbst entworfen. Über dem Eingang fällt ein Maskenbildnis auf, das der Oberbaudirektor anbringen ließ, damit nach antikem Vorbild böse Geister verjagt werden. Der Text »Fortunet Deus« auf der Opferschale darüber lautet übersetzt: »Gott spende Glück.« Coudray war von Goethe nach Weimar geholt worden, der sagte zu seiner Beziehung zu dem Dichter: »Goethes Wohlwollen, ich darf sagen, Freundschaft, beglückte mich ...« Er sah in ihm den »trefflichsten Freund«. Goethe äußerte sich zu seiner Beziehung zu dem Baumeister in seinen Gesprächen mit Eckermann: »Er hat sich zu mir gehalten und ich mich zu ihm und es ist uns beiden von Nutzen gewesen. Hätte ich den vor fünfzig Jahren gehabt.«

Das kleine **Torhaus** an der Westseite des Sophienstiftsplatzes findet Beachtung, weil es 1822 bis1824 nach Plänen des Oberbaudirektors Coudray im klassizistischen Stil errichtet wurde. Lange Zeit war es Zolleinnehmerhaus, ab 1887 Empfangsgebäude der Berkaer Bahn, später Polizeirevier, zu DDR-Zeiten Wohnhaus und Jugendtourist-Reisebüro-Filiale, gegenwärtig befindet sich ein Unternehmen für Design und Kommunikation darin.



### Südliche Altstadt

**Tourist-Information,** Markt 10, 99423 Weimar, Tel. 7450; Jan.–März Mo–Fr 9.30–17, Sa/So 9.30–14 Uhr, April–Dez. Mo–Sa 9.30–18, So 9.30–14 Uhr.
www.weimar.de

**Klassik Stiftung Weimar**, Markt 10 (in der Tourist-Information), Tel. 545400; Öffnungszeiten wie Tourist-Information.
www.klassik-stiftung.de

**Buchenwald Information**, Markt 10 (in der Tourist-Information), Tel. 747540; Öffnungszeiten wie Tourist-Information. Informationen zur Gedenkstätte gibt es auch unter:
www.foerderverein-buchenwald.de

**Ginkgo-Museum**, Windischenstr. 1, Tel. 805452; März–Okt. Mo–Fr 10–17.30, Sa/So 10–15.30 Uhr, Nov.–Febr. Mo–Fr 10–15.30, Sa/So 12–14 Uhr.
www.ginkgomuseum.de

**Herzogin-Anna-Amalia-Bibliothek**, Rokokosaal und Renaissancesaal, Platz der Demokratie 1; Rokokosaal Di–So 9.30–18 Uhr, Renaissancesaal Sommer Di–So 9–18 Uhr, Zeitfensterticket buchen! Im Tagesverkauf stehen ca. 70 Eintrittskarten zur Verfügung, pro Person werden maximal 4 Karten abgegeben. Kurzführung 30 Min., So halbstündlich 15–17 Uhr.

**Studienzentrum** (Forschungsbibliothek), Platz der Demokratie 4; Mo–Fr 9–20, Sa 9–17 Uhr.

**Erlebnisportal Weimar**, Platz der Demokratie 4; Di–So Sommer 10–18, Winter 11–17 Uhr.

**Goethe-Nationalmuseum**, Goethes Wohnhaus und ständige Ausstellung, Frauenplan 1; Di–So Sommer 9.30–18, Winter 9.30–16 Uhr, Zeitfenster-Ticket buchen. Kurzführung 30 Minuten, im Sommer Do, Sa, So 13 Uhr.

**Schiller-Wohnhaus und Schiller-Museum**, Schillerstr. 12, Tel. 545400; Di–So Sommer 9.30–18, Winter 9.30–16 Uhr, Zeitfensterticket buchen. Kurführung 30 Min., im Sommer Do, Sa, So 14 Uhr, Führung im Winter Sa 11 Uhr. Offene Werkstatt Studiolo für Klein und Groß, Sommer Fr 13–16 Uhr.

**Weimar Haus**, Schillerstr. 16, Tel. 901890; tgl. 9.30–18 Uhr.
www.weimarhaus.de

**Wittumspalais**, Am Palais 3, Di–So Sommer 10–18, Winter 10–16 Uhr. Kurzführung 30 Min., im Sommer Do, Sa, So 15 Uhr, Führung mit Musik im Sommer jeden 4. So im Monat 11 Uhr, regelmäßige Führung im Winter Sa 15 Uhr.

**Haus der Weimarer Republik**, Theaterplatz 4, Tel. 9089024; tgl. 9–19 Uhr.
www.hdwr.de

**Gasthaus Zum Weißen Schwan**, Frauentorstr. 23, Tel. 908751; tgl. ab 11 Uhr. Historisches Gasthaus, in dem schon Goethe ein- und ausging.
http://weisserschwan.de

**Café am Frauentor**, Schillerstr. 2, Tel. 511322; tgl. ab 9 Uhr. Sehr Beliebtes Café mit schöner Terrasse auf der Schillerstraße und einer riesigen Kuchen- und Tortenauswahl.
www.cafe-frauentor.de

**Residenz Café & Restaurant**, Grüner Markt 4, Tel. 59408; tgl. ab 9 Uhr. Weimars ältestes Kaffeehaus.
www.residenz-cafe.de

**Weitere praktische Informationen ab → S. 170**

# Nördliche Altstadt

Wer vom Marktplatz in den nördlichen Teil der Altstadt spaziert, bummelt durch mehrere Jahrhunderte Weimarer Geschichte. Erstes Ziel dürfte das **Stadtschloss** sein, hier saßen die Herzöge, die der Kunst und Wissenschaft aufgeschlossen waren und Weimar zu dem machten, was es heute in der Welt darstellt. Das Schloss wird noch einige Jahre eine riesige Baustelle sein, es soll zum »Multifunktionskomplex« umgestaltet werden, so informiert die Klassik Stiftung, »der sich mit einem lebendigen Bildungs- und Diskursprogramm für ein großes und vielfältiges Publikum öffnet.« Vom Schloss geht es zur Stadtkirche **St. Peter und Paul** (→ S. 101), in der Johann Gottfried Herder predigte. Über den Platz, der seit Jahren den Namen Herders trägt, sind schon Goethe, Schiller und Wieland gelaufen, die anderen drei Klassiker. Weiter geht es zum Goetheplatz und vom Weimarhallenpark zum ältesten Teil der Stadt, der sich um die **Jakobskirche** (→ S. 112) erstreckt. 152 Stufen sind es im Turm bis nach oben. Wer außer Puste gerät, kann die mit Spinnweben behängten und quietschenden Fenster öffnen und frische Lust hereinlassen. Durch die Fenster geht der Blick weit über die Stadt.

## Stadtschloss und Umgebung

Am nordöstlichen Rand der Altstadt, nur wenige Schritte vom Ilmpark entfernt, steht die imposante Vierflügelanlage des Stadtschlosses. Davor befindet sich die **Bastille**, der Rest einer mittelalterlichen Burg, die Ende des 10. Jahrhunderts erstmals in einer Urkunde genannt wird. Der damals berühmte Baumeister Nikolaus Gromann verwandelte die ab Mitte des 16. Jahrhunderts zu einem Renaissanceschloss, das später sein heutiges klassizistisches Aussehen bekam.
Weimar war 1552 zur Residenz der Herzöge von Sachsen-Weimar (ab 1741

*Blick auf das Stadtschloss, links die Bastille*

▲ Karte S. 93

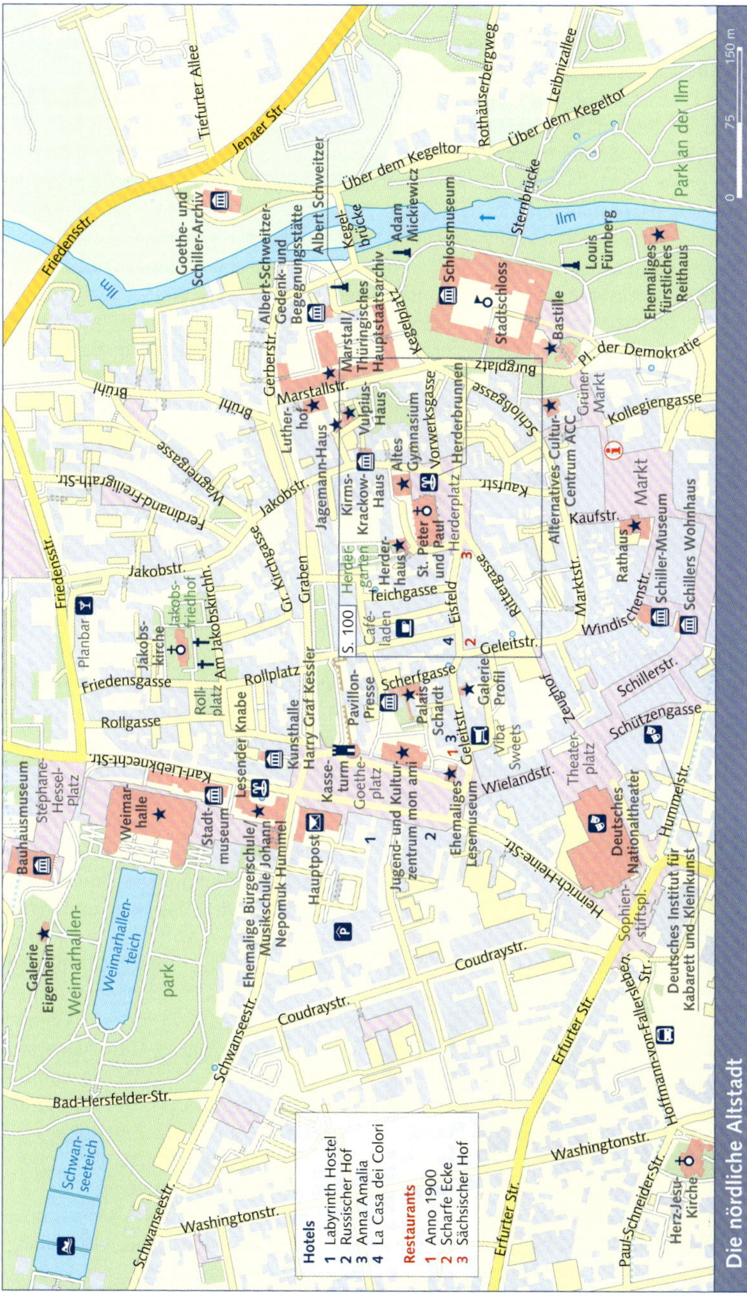
Die nördliche Altstadt
Hotels
1 Labyrinth Hostel
2 Russischer Hof
3 Anna Amalia
4 La Casa dei Colori
Restaurants
1 Anno 1900
2 Scharfe Ecke
3 Sächsischer Hof
0 75 150 m
S. 100
Friedensstr.
Jenaer Str.
Tiefurter Allee
Ilm
Goethe- und Schiller-Archiv
Albert-Schweitzer-Gedenk- und Begegnungsstätte
Albert Schweitzer
Kegelbrücke
Über dem Kegeltor
Rothäuserbergweg
Leibnizallee
Sternbrücke
Park an der Ilm
Adam Mickiewicz
Schlossmuseum
Stadtschloss
Bastille
Louis Fürnberg
Ehemaliges fürstliches Reithaus
Pl. der Demokratie
Marstall/Thüringisches Hauptstaatsarchiv
Kegelplatz
Burgplatz
Brühl
Gerberstr.
Marstallstr.
Lutherhof
Vulpius-Haus
Jagemann-Haus
Wagnergasse
Ferdinand-Freiligrath-Str.
Jakobstr.
Gr. Kirchgasse
Graben
Kirms-Krackow-Haus
Altes Gymnasium
Vorwerksgasse
Herderbrunnen
Schlossgasse
Grüner Markt
Kollegiengasse
Alternatives Cultur-Centrum ACC
Kaufstr.
Markt
Rathaus
Schiller-Museum
Schillers Wohnhaus
Herderplatz
St. Peter und Paul
Herderhaus
Herdergarten
Teichgasse
Caféladen
Eisfeld
Rittergasse
Geleitstr.
Marktstr.
Windischenstr.
Schillerstr.
Zeughof
Schützengasse
Jakobskirche
Jakobsfriedhof
Am Jakobskirchh.
Planbar
Friedensgasse
Rollplatz
Rollgasse
Lesender Knabe
Kunsthalle Harry Graf Kessler
Pavillon-Presse
Scherfgasse
Palais Schardt
Galerie Profil
Viba Sweets
Kasseturm
Goetheplatz
Jugend- und Kulturzentrum mon ami
Ehemaliges Lesemuseum
Wielandstr.
Theaterplatz
Deutsches Nationaltheater
Heinrich-Heine-Str.
Hummelstr.
Sophienstiftspl.
Deutsches Institut für Kabarett und Kleinkunst
Karl-Liebknecht-Str.
Bauhausmuseum
Stéphane-Hessel-Platz
Weimarhalle
Stadtmuseum
Ehemalige Bürgerschule/Musikschule Johann Nepomuk Hummel
Hauptpost
Galerie Eigenheim
Weimarhallenpark
Weimarhallenteich
Coudraystr.
Schwanseestr.
Bad-Hersfelder-Str.
Schwanseeteich
Washingtonstr.
Erfurter Str.
Hoffmann-von-Fallersleben-Str.
Paul-Schneider-Str.
Herz-Jesu-Kirche

Sachsen-Weimar-Eisenach) geworden und später zu dessen kulturellem Herz. Die im Schloss residierenden Ernestiner waren kunstsinnig und umgaben sich mit bedeutenden Dichtern, Denkern und Musikern. Das Stadtschloss bleibt vorerst eine große Baustelle: Es wird umfassend saniert und soll zum Zentrum der Klassik Stiftung werden. Wenn in einigen Jahren die Bauarbeiten abgeschlossen sind, wird das Schlossmuseum seine Gäste wieder mit hochkarätiger Kunst überraschen. Und das Schloss wird »als Aktionsraum, Treffpunkt und Vermittlungsplattform« zu »einem Ort des gesellschaftlichen Austauschs« werden, heißt es. Das lässt Großes erwarten.

### Stadtschloss/Schlossmuseum

In mehreren Jahrhunderten haben viele Baumeister dem Komplex zu seinem heutigen Aussehen verholfen. Das klassizistische Aussehen erhielt die Dreiflügelanlage nach einem Brand von 1774 bis 1803. Zum Park hin blieb der Schlosshof weiterhin offen, erst kurz vor Ausbruch des Ersten Weltkriegs war so viel Geld vorhanden, hier einen neobarocken Flügel erbauen zu lassen. Doch

*Die Dichterzimmer im Stadtschloss*

▲ Karte S. 93

die großherzogliche Familie konnte sich nicht lange daran erfreuen: 1918 musste sie abdanken, ihre im Schloss aufbewahrten Kunstwerke wurden ab 1923 als Museum öffentlich zugänglich. Die klassizistischen Innenräume gehören zu den prachtvollsten Raumensembles der europäischen Architektur um 1800, darunter der großzügige mit viel plastischem Schmuck versehene **Treppenaufgang**, der zum **Festsaal**, auch **Weißer Saal** genannt, führt. Im Ostflügel werden im Rahmen der gegenwärtigen umfangreichen Bauarbeiten Teile instandgesetzt und erstmals in ihrer Geschichte der Öffentlichkeit zugänglich gemacht.

Für eine Veränderung tabu sind die **Dichterzimmer**, die Großherzogin Maria Pawlowna im Westflügel einrichten ließ und die an Goethe, Schiller, Wieland und Herder erinnern. Sie besitzen europäische Bedeutung. Die Räume schmücken großflächige, historisierende Wandmalereien, im **Wielandzimmer** beispielsweise, das als das schönste gilt, sind fünf großformatige Gemälde von Friedrich Preller dem Älteren (1804–1878) zu sehen, die Szenen aus Wielands Versepos *Oberon* zeigen. An die Großherzogin selbst erinnert das im Schloss noch vorhandene Prunkbett, das 1803 für sie in St. Petersburg gefertigt wurde. Die Zarentochter konnte sich auf Grund ihrer umfangreichen finanziellen Mittel als großzügige Förderin von Kunst und Kultur präsentieren. Das setzte ihre Schwiegertochter Sophie (1824–1897) fort, die Gemahlin von Erbgroßerzog Carl Alexander (1818–1901). So konnte sie aus der Sammlung ihres Vaters, des Königs der Niederlande, unter anderem Rubens *Die Heilige Dreieinigkeit* von 1616/17 erwerben und nach Weimar holen.

Berühmt geworden ist das Schlossmuseum auch durch seine **Cranach-Sammlung**. Mit *Martin Luther als Junker Jörg* besitzt

*Der beeindruckende Festsaal im Stadtschloss*



es eins der bekanntesten Bildwerke von Lucas Cranach dem Älteren. Zu den berühmten Vertretern des deutschen und europäischen Impressionismus gehören Bilder von Max Liebermann und Claude Monet. Das Museum bewahrt auch eine Sammlung **mittelalterliche Altäre** aus Thüringen, ferner Malerei der Romantik und vieles von Absolventen der Großherzoglichen Kunstschule, die vor allem die realistische Landschafts- und Genremalerei pflegte und als »Weimarer Malerschule« bekannt wurde; 1919 ging sie im Staatlichen Bauhaus auf. Unter den im Schloss aufbewahrten Arbeiten befindet sich das von Christian Rohlfs (1849 – 1938) gemalte Bild *Belvederer Allee im Hochsommer*. Rohlfs, der zu den großen deutschen Impressionisten zählt, schenkte dieses Gemälde Großherzog Carl Alexander. Vermutlich war es sein Dank, weil der Großherzog ihm durch Stipendien das Studium ermöglicht hatte. Einblick in diese Kunstschätze soll nach der Wiedereröffnung auf drei Etagen im Nordflügel gegeben werden.

Einen Schatz stellt auch die **Sammlung russischer Ikonen** dar. Die Heiligenbilder kamen nach der kommunistischen Oktoberrevolution in Russland nach Westeuropa. Der Weimarer Jurist Dr. Georg Haar (1887–1945) konnte etwa 100 gemalte Holzikonen und gegossene Metallikonen des 15. bis 19. Jahrhunderts erwerben, die durch eine testamentarische Verfügung 1945 ins Residenzschloss kamen. Nach mehr als einem halben Jahrhundert wird ab Herbst 2022 die **Schlosskapelle** wieder zugänglich sein. Der zweigeschossene, fast quadratische Raum war nach den Wünschen von Maria Palownas und des Erbgroßherzogs Carl Alexander ab 1844 errichtet worden. Nach dem Umbau zu einem Konzertsaal diente der Raum ab 1964 als Büchermagazin der Herzogin-Anna-Amalia-Bibliothek.

Im Rahmen der Neukonzeption des Stadtschlosses und seines Museums werden die großherzoglichen grafischen Sammlungen sowie Goethes grafische Sammlungen zum **Kupferstichkabinett** zusammengeführt, das etwa

*Die Bastille vor dem Stadtschloss*

150 000 druckgrafische Blätter und rund 60 000 Handzeichnungen umfassen wird. Goethe betätigte sich lange Zeit selbst als Zeichner, Adam Friedrich Oeser (1717–1799) und Johann Heinrich Wilhelm Tischbein (1751–1829) zum Beispiel gaben ihm Anleitung. Doch während seiner Italienreise erkannte Goethe seine Grenzen und griff fortan nur noch als Hobbymaler zu Pinsel und Kohle. In wechselnden Ausstellungen werden Werke aus dem Kupferstichkabinett im ersten Obergeschoss des Westflügels zu sehen sein, im ehemaligen Appartement der Großherzogin Maria Pawlowna. Vielleicht wird auch wieder einiges aus der herzoglichen **Kunst- und Wunderkammer** gezeigt, in der sich etwa 1500 Objekte befinden. Darunter sind eine Radschlosspistole als Trinkgefäß aus Glas und Zinn aus dem 17. Jahrhundert sowie eine große Flasche mit einem Drehmechanismus von Anfang des 18. Jahrhunderts.

Angestrebt wird, die vier Schlossflügel – als Bildungs-, Stiftungs-, Galerie- und Residenzflügel – bis Ende 2030 fertigzustellen. Dann soll das Stadtschloss und nicht mehr das Goethe-Nationalmuseum Anlaufpunkt für die Touristen sein. Teilöffnungen sind ab dem Jahr 2024 geplant.

## Bastille

Wehrhaft erhebt sich vor dem Weimarer Stadtschloss das Ensemble Bastille. Es ist der älteste Teil, ein Relikt des frühzeitlichen Schlosses Hornstein. Dieses war in der Mitte des 16. Jahrhunderts von einer mittelalterlichen Burg zum Renaissanceschloss ausgebaut worden. Im Zuge der damaligen Umbauarbeiten erhielt das Torhaus seine markanten Ziergiebel sowie das repräsentative Westportal. Heute ist die Bastille dem großen, klassizistisch geprägten Stadtschloss vorgelagert und fällt vor allem durch ihren wehrhaften Charakter, die graue Fassade und die gelb umrandeten Fenster auf. Das Ensemble setzt sich aus dem Schlossturm und dem Hofdamenhaus sowie dem bereits erwähnten Torhaus zusammen. Alle Zerstörungen in den vergangenen Jahrhunderten hat die Bastille weitgehend unbeschadet überstanden.

Herzog Johann Friedrich I. von Sachsen (1503 –1554) machte Weimar ab 1552 zu seinem neuen Stammsitz und zu einer dauerhaften Residenz. Im Keller der Bastille befinden sich die **Arresträume**, die zum Teil noch heute mit Sitzbänken und Anker-Ösen für die eisernen Fesseln ausgestattet sind. Der wohl berühmteste Insasse war 1717 Johann Sebastian Bach. Der war inhaftiert worden, nachdem er eine Stelle am Hof Fürst Leopolds von Köthen angenommen hatte, ohne die Zustimmung seines bisherigen Arbeitsgebers einzuholen. Deshalb ließ ihn Herzog Wilhelm Ernst (1662 –1728) vier Wochen festsetzen.

Mit der Sanierung der gesamten Schlossanlage soll die Bastille als »sprechendes Denkmal und Geschichtserlebnis« zugänglich gemacht werden. In ihr wird unter anderem die ältere Geschichte des Schlosses bis hin zur Klassik dargestellt werden. Aktuell ist die multimediale Ausstellung »Bach in Weimar« zu sehen.

## Die Umgebung des Stadtschlosses

Die Zeit bis zur Neueröffnung des Stadtschlosses kann genutzt werden, sich in der Umgebung des Schlosses umzuschauen. So entdeckt man im Nordosten, nahe der Kegelbrücke, das 1956 enthüllte **Adam-Mickiewicz-Denkmal** von Gerhard Thieme (1928–2018). Der große Goethe-Verehrer und Begründer der polnischen Romantik Adam Mickiewicz (1798 –1855) ist überlebensgroß dargestellt. 1829 war er Gast von Goethes Geburtstagsfeier.

Dem Schlossturm schräg gegenüber versteckt sich hinter Bäumen das **ACC**, das Alternative Cultur Centrum. 1988, also noch zur DDR-Zeit, besetzten Studenten das leer stehende Haus Burgplatz 1, das heute mit Restaurant und Galerie zu Weimar gehört wie das Goethe- und das Schillerhaus.

Vom ACC sind es nur wenige Schritte bis zur **Schloßgasse 4**, dem barocken Haus mit der Palme. Herder sah man hier oft, denn das Gebäude war von 1728 an der Sitz des Oberkonsistoriums, der obersten Kirchenbehörde, der Herder vorstand. Im Nachbarhaus mit der **Nummer 6** informiert eine Gedenktafel: »Hier wohnte August Fr. Ferdinand von Kotzebue. Geb. 1761, gest. 1819«. Der in Weimar geborene Kotzebue, der in der Stadt das Gymnasium besuchte und später die Tochter eines russischen Generals heiratete, gehörte zu den erfolgreichsten deutschen Bühnenautoren seiner Zeit. Er war Direktor des Hoftheaters in Wien und Direktor des deutschen Theaters in St. Petersburg. Mit Goethe soll sich Kotzebue 1803 zerstritten haben, deshalb waren seine Weimarer Aufenthalte stets nur von kurzer Dauer. Erneut im Dienste des Zaren stehend, wurde Kotzebue als russischer Spion verdächtigt und schließlich ermordet.

An der südöstlichen Ecke des Schlosses steht das **Louis-Fürnberg-Denkmal**, das der Prager Bildhauer Martin Reiner (1900 - 1973) im Jahr 1961 schuf. Der jüdische Dichter und Kulturpolitiker Fürnberg (1909 - 1957) war der erste Botschaftsrat der Tschechoslowakei in der DDR. Er schrieb Lyrik und Prosa, international bekannt wurde sein Gedicht *Alt möchte ich werden wie ein alter Baum* ..., das den Puhdys, der Kultband des Ostens, als Vorlage für ihren Hit *Alt wie ein Baum* diente. Der vielseitig interessierte Fürnberg besuchte Weimar und war von der »Atmosphäre dieser einzigartigen Stadt« so angetan, dass er in die DDR und nach Weimar übersiedelte. In Weimar war er bis zu seinem Tod stellvertretender Direktor der damaligen Nationalen Forschungs- und Gedenkstätten. Das Gebäude neben dem Fürnberg-Denkmal ist das **ehemalige fürstliche Reithaus**, das sein klassizistisches Aussehen 1804 bekam. Zu DDR-Zeiten war es das »Haus der Jungen Pioniere«, heute befindet sich darin die Europäische Jugendbildungs- und Jugendbegegnungsstätte.

## Marstall

Vom Stadtschloss ein wenig bergab laufend geht es zum **Kegelplatz**. Zunächst kommt man zum Marstall, einem langgestreckten zweistöckigen Neorenaissance-Gebäude von 1878. Bis zum Ende der Monarchie war die Anlage Hofpoststall und Kurierstation, nach 1919 nutzte es die Landesregierung als Justizministerium, in der NS-Zeit nahm es die Gestapo in Besitz. An deren Gräueltaten erinnert eine Gedenktafel aus schwedischem Granit. Die Faschisten hatten die einstige Remise zu Gefängnissen umbauen lassen. 1944 war der schon jahrelang inhaftierte KPD-Reichstagsabgeordnete Karl Barthel (1907 - 1974) hier untergebracht, er schrieb später: »Unsere Zelle ...war knapp zehn Quadratmeter groß und wimmelte von Menschen, die teils standen, teils auf dem Fußboden kauerten. Ich zählte siebzehn! Das Klosett diente verschiedenen Zwecken. Die Insassen verrichteten auf ihm nicht nur ihre Notdurft, sondern benutzten es auch zum Waschen von Taschentüchern und Unterwäsche und Erfrischen des Gesichts und der Hände ...« Das Gefängnis und die Gestapobaracken wurden 1997 abgerissen, weil sie Erweiterungsbauten behinderten. Sie wurden »zermahlen«, sagen die Fachleute dazu. Die Grundrisse

▲ Karte S. 93

der Gebäude sind als begehbare Erinnerungsstätten im Innenhof sichtbar geblieben, die zerkleinerten Steine und Holzschnitzel zeigen sie als »Zermahlene Geschichte« an.

Der Marstall beherbergt heute das **Thüringische Hauptstaatsarchiv,** zu dessen Schätzen ein Manuskript von Luthers Rede vor dem Reichstag in Worms aus dem Jahr 1521 und die Akten des Staatlichen Bauhauses Weimar zählen. Aufbewahrt werden rund 4,8 Kilometer laufende Akten und unter anderen etwa 20 000 Siegelabdrücke.

### Albert-Schweitzer-Gedenk- und Begegnungsstätte

Der berühmte Missionsarzt und Friedensnobelpreisträger von 1952, Albert Schweitzer (1875 – 1965), ist nie in Weimar gewesen. Aber die Stadt hat eine Albert-Schweitzer-Gedenk- und Begegnungsstätte eingerichtet. Der »Urwalddoktor« war auch Humanist, Philosoph, Theologe und Musikwissenschaftler. Als Organist gehörte er zu den glühenden Verehrern von Johann Sebastian Bach und galt als bedeutender Goethe-Kenner seiner Zeit. Das gab den Ausschlag, ihn in Weimar mit der Gedenkstätte und einer Dauerausstellung sowie einem von Gerhard Geyer (1907–1989) im Jahr 1968 geschaffenen Denkmal zu ehren. Es ist weltweit das einzige für den berühmten Mann, der sich neben seiner Arbeit im afrikanischen Gabun in der Anti-Atomkraft-Bewegung engagierte. Dargestellt wird er mit langer Arbeitsschürze und Tropenhelm, zusammen mit einer afrikanischen Mutter mit Kind auf dem Arm. Neben Schweitzer steht ein weiteres Kind. Die Gedenkstätte entstand in dem ehemaligen Wohnhaus von Johann Carl August Musäus (1735 – 1787), das das damalige Albert-Schweitzer-Komitee erwarb. Musäus war Lehrer am Gymnasium und sammelte, wie später die Brüder Grimm, Volksmärchen aus allen Teilen Deutschlands. Die fünf Bände »Volksmärchen der Deutschen« brachte Wieland 1804/05 neu heraus. Die Rede zur Beisetzung von Musäus hielt Johann Gottfried Herder, sein Grabmal auf dem Jakobsfriedhof gestaltete Hofbildhauer Martin Gottlieb Klauer (1742–1801).

*Albert-Schweitzer-Denkmal*

## Um den Herderplatz

Der älteste Platz innerhalb der einstigen Stadtmauern gilt als etwas Besonderes, denn die UNESCO hat hier gleich drei Objekte zum Weltkulturerbe erklärt: die Stadtkirche **Sankt Peter und Paul**, das **Herderhaus** und das **Alte Gymnasium**. Der Platz, einer der bekanntesten von Weimar, strahlt noch heute etwas aus der Zeit aus, als Goethe und Schiller hier vorübergingen und Johann Friedrich Herder in der Stadtkirche predigte. Das Gotteshaus und das Herderdenkmal davor prägen den einstigen Töpfermarkt, der 1850 seinen heutigen Namen bekam. An der Südwestseite, wo links die Rittergasse und rechts die Gasse Eisfeld beginnt, öffnete 1810 die Gaststätte

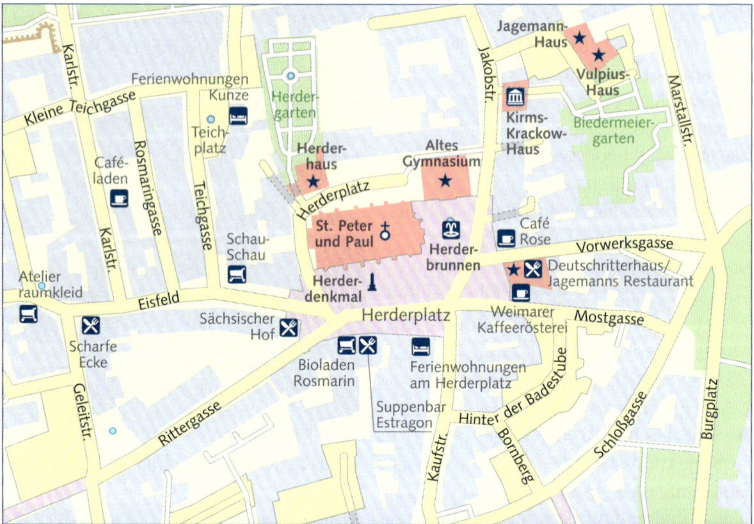

**Rund um den Herderplatz**

Hotel de Saxe, ab 1870 **Sächsischer Hof** genannt. Als Goethe im November 1775 zum ersten Mal nach Weimar kam, wohnte er in diesem Haus bis zum März 1776 bei der Familie von Kalb.

Auf der anderen Seite des Platzes, am Eingang in die Vorwerksgasse, befindet sich das **Deutschritterhaus**. Die in Weimar gebräuchliche Bezeichnung führt ein wenig in die Irre, denn das stattliche Giebelhaus von 1556 gehörte nie zum Besitz des Deutschen Ordens. Erwähnenswert ist es, weil es zu den herausragenden Renaissancebauten Weimars zählt, aber auch, weil in ihm Karoline Jagemann (1877–1848) wohnte, die eine gute Schauspielerin gewesen sein soll. Doch bekannt wurde sie als Mätresse von Herzog Carl August, der ihr 1808 das Haus schenkte. Der habe sich das Geschenk gut ausgesucht, munkelte man, denn vom Schloss brauchte er nur wenige Minuten bis zum Haus der Jagemann. Die kam ein wenig in Verruf, als sie sich im April 1817 gegen Goethe auflehnte. Der Intendant war bekannt für seine Abneigung gegen Hunde, Jagemann erreichte aber beim Großherzog, dass ihr Pudel in dem Stück *Der Wald bei Bondy* (oder *Der Hund des Aubry*) mitspielen durfte. Erzürnt legte Goethe daraufhin die Leitung des Theaters nieder.

*Das Deutschritterhaus am Herderplatz*

### Stadtkirche Sankt Peter und Paul

Der offizielle Name der Kirche wird kaum verwendet, jeder spricht in Weimar von der Herderkirche. 27 Jahre war Herder Oberprediger der Kirche. Als Schiller im August 1787 ihn zum ersten Mal von der Kanzel aus predigen hörte, notierte er: »Am vorigen Sonntag hörte ich Herdern zum ersten Mal predigen ... Es war weniger eine Rede als ein vernünftiges Gespräch ... Herders Predigt hat mir besser als jede andere, die ich in meinem Leben zu hören bekommen habe, gefallen.« Herder war Generalsuperintendent, Oberkonsistorialrat, Oberhofprediger und erster Pastor an der Stadtkirche St. Peter und Paul. Damit war er der höchste Geistliche und Bildungsbeauftragter des Herzogtums. Wieland notierte in einem Brief an den Philosophen Friedrich Heinrich Jacobi (1743 –1819): »Von Herder wollte ich gerne viel schreiben, denn meine ganze Seele ist voll von dem herrlichen Manne ... Aber er ist mir zu groß, zu herrlich; ich kann nicht von ihm reden ... außer Goethe, wer ist hier ein Mann für Herder?«

Ihr spätgotisches Aussehen bekam die Kirche um 1500. Wertvolles Ausstattungsstück ist das dreiflügelige Altarbild *Christus am Kreuz*, das Lucas Cranach der Ältere begann und sein Sohn vollendete. Es ist das letzte Werk des großen Künstlers, von dem sich etwa 1000 Arbeiten erhalten haben. Wen es interessiert, wie Cranach der Ältere ausgesehen hat: Auf der Mitteltafel, zwischen Johannes dem Täufer und Martin Luther, befindet sich das Selbstporträt des Meisters.

Die Kirche war bis zur Eröffnung der Fürstengruft auf dem heutigen Historischen Friedhof die **Grabstelle des Weimarer Herzoghauses**, als letzte wurde 1807 ihrem Wunsch entsprechend Herzogin Anna Amalia beigesetzt. Herders Grabplatte mit seinem Wahlspruch »Licht – Liebe – Leben« liegt im mittleren Kirchenschiff. An der Nordwand des Chores, links neben dem Altar, bekam der originale Grabstein des 1553 gestorbenen Malers Lucas Cranach des Älteren seinen Platz, ein Werk des berühmten Bildhauers und Baumeisters Nikolaus Gromann.

*Bekannter als Herderkirche: die Stadtkirche Sankt Peter und Paul*

Der Grabstein stand einst auf Cranachs Grabstelle auf dem Jakobsfriedhof, dort ist eine originalgetreue Kopie zu sehen.

## Herder-Denkmal

Überlebensgroß steht Herder, entworfen von dem Münchner Bildhauer Ludwig Schaller (1804–1865), vor seiner langjährigen Wirkungsstätte. Dargestellt ist er im geistlichen Gewand, auf der Schrift, die er in seiner Hand hält, ist sein Wahlspruch »Licht – Liebe – Leben« zu lesen. Enthüllt wurde das Bronzedenkmal auf einem steinernen Sockel, das ein Metallgitter umgibt, im Jahr 1850, an Herders 106. Geburtstag. Es war das erste Denkmal für einen der vier Klassiker Weimars.

## Herderhaus

Ab dem Jahr 1776 wirkte Herder für insgesamt 27 Jahre als Oberpfarrer in der Stadtkirche und wohnte hinter der Kirche in einer Amtswohnung. Das Haus beherbergt bis heute die Superintendentur. Der Schriftsteller und Theaterintendant Franz von Dingelstedt (1814–1881) konnte 1850 in das damals noch vorhandene Arbeitszimmer Herders schauen und er notierte: »Am Fenster ...steht ein Schreibpult, morsch, wackelig und nieder ... ein paar Federn ... und ein viel gebrauchtes Kaffeebrett. Alles unendlich einfach, für ein modernes Auge beinahe ärmlich zu nennen.«

Hinter dem Haus erstreckt sich der **Hausgarten**, der einst bis zur Stadtmauer reichte. Anhand von Briefen und mit Hilfe eines alten Stadtplanes wurde der historische Pfarrgarten 1994 so rekonstruiert, wie er zu Herders Zeiten aussah. Er kam auch wieder zu dem Gartenhäuschen, das sich so zeigt, wie es 1846 ausgesehen haben soll. Der Garten hatte nach und nach sein Aussehen verändert, denn Herders Familie umfasste zuletzt acht Kinder, und der Garten war für die Ernährung der Familie wichtig geworden. Die Blumen mussten immer mehr Ostbäumen, Beerensträuchern und Gemüsebeeten weichen. Das gärtnerische Kleinod im Herzen der Altstadt war die letzten Jahre nicht öffentlich zugänglich, doch nunmehr gibt es wieder, wenn auch eingeschränkt, Öffnungen.

## Altes Gymnasium

Das einstige Schulgebäude in schlichten barocken Formen mit einer Freitreppe öffnete seine Türen erstmals 1716 als »Wilhelminum Ernestinum«. Es ist somit

*Kleine Oase: der Garten des Herderhauses*

▲ Karte S. 100

nicht nur das älteste erhalten gebliebene Schulgebäude Weimars, sondern auch einer der wenigen Bauten aus vorklassizistischer Zeit. Direktor der Schule war von 1776 bis 1803 Johann Gottfried Herder, zum Lehrkörper gehörten unter anderem Johann Karl Musäus und Friedrich Wilhelm Riemer (1777–1845), zu den Absolventen zählten Friedrich Justin Bertuch (1747–1822) und Carl Zeiss (1816–1888). Weil das Gebäude für die wachsende Schülerzahl zu klein war, öffnete 1887 in der Amalienstraße ein Neubau, in dem sich das Gymnasium bis heute befindet. Nach unterschiedlichsten Nutzungen in den folgenden Jahrzehnten zog 2018 das Standesamt von Weimar in das Gebäude ein. Vor der steinernen Freitreppe des einstigen Gymnasiums plätschert seit 1833 der achteckige **Herderbrunnen**.

### Kirms-Krackow-Haus

Vom Herderplatz links um die Ecke biegend, die Jakobstraße einige Schritte entlang: Schon ist das Kirms-Krackow-Haus auf der rechten Seite erreicht. Ein Haus, das einen in das frühe Weimar versetzt, in dem zu sehen ist, wie wohlhabende Bürger einst wohnten und lebten. Das Kirms-Krackow-Haus gehört zu den der ältesten und schönsten Bürgerhäusern der Stadt. Besitzer war der ehemalige herzogliche Amtsschreiber Franz Kirms (1750–1826), der 1823 die Kammerfrau Karoline Krackow (1779–1866) heiratete – und so kam das Barockhaus zu seinem Doppelnamen. Ihre Nachfahren ließen alles unangetastet, wollten weder Wasser- noch Stromanschluss. Deshalb blieb die Schwengelpumpe in dem gepflasterten Innenhof mit den Galerien an den Seiten erhalten. Am hinteren Ende des Hofes wird der **Biedermeiergarten** mit einem **barocken Pavillon** erreicht, der auf der Stadtmau-

*Im Hof des Kirms-Krackow-Hauses*

er steht. Der dänische Märchendichter Hans Christian Andersen (1805–1875) bezeichnete die grüne Oase in der Stadtmitte 1844 als einen »herrlichen Blumengarten«, wo er zwischen »herrlichen Rosen spaziert« ist. Nach dem Tod der letzten Besitzer kaufte die Stadt Weimar das Haus und machte es bereits im August 1917 der Öffentlichkeit zugänglich.

### Lutherhof

Der große Reformator Martin Luther wohnte zwischen 1518 und 1540 mehrfach in Weimar, im Franziskanerkloster beispielsweise 1518. Angeblich war er auch Gast in dem erstmals 1491 als »Freihaus in der Ecken bei St. Jacobs Thor uff der Mauer« erwähnten Haus Nr. 1. Das wird erreicht, wenn man hinter dem Kirms-Krackow-Haus von der Jakobstraße rechts in die die kurze Luthergasse abbiegt. Ob der Reformator hier war, konnte nicht ermittelt werden, auszuschließen ist es jedoch nicht, denn in dem Haus wohnte seit 1531 Johann Burgkhardt, dessen Bruder Franciskus mit Luther befreundet war.

Verbürgt dagegen ist, dass Christoph Martin Wieland von 1773 bis 1777 hier

*Im Lutherhof*

sein Zuhause hatte und an den ersten Jahrgängen seiner Zeitschrift *Der Teutsche Merkur* arbeitete. Drei Jahre nach Wieland zog der Schriftsteller und Sozialpädagoge Johannes Daniel Falk (1768–1826) hier mit seiner Familie ein. Mit seiner Frau gründete er während der Napoleonischen Kriege die *Gesellschaft der Freunde in der Not*, die sich um Kriegswaisen und verwahrloste Kinder kümmerte und in der auch Goethe Mitglied war. Falk gilt als einer der Begründer der sozialen Fürsorge. In der Straße Graben wird er seit 1913 mit einer lebensgroßen Bronzebüste von Gottlieb Elster (1867–1917) geehrt.

### ■ Häuser Jagemann/Vulpius

Das Haus mit der Nummer 3 in der Luthergasse ist kein Architekturdenkmal oder Museum, für Geschichtsinteressierte aber ein besuchenswerter Ort. In dem Haus wohnte der Bibliothekar Christian Joseph Jagemann (1735–1804), was insofern Bedeutung hat, weil seine Kinder bekannt wurden: Tochter Karoline (1777–1848) war eine bekannte Sängerin und Schauspielerin und die Geliebte von Großherzog Carl August, die er zur Freifrau von Heygendorff machte. Mit der Geliebten hatte er den Sohn Carl, der – und auch dessen Kinder – in den großherzoglich-sächsischen Adel aufgenommen wurde und sich auch von Heygendorff nennen durfte. Ferdinand (1780–1820), der Bruder von Caroline, zählte zu den bedeutenden Malern Weimars, er durfte unter anderem Großherzog Carl Alexander und Goethe porträtieren.

Neben dem Haus der Jagemanns, in der Nummer 5, wohnte die Familie des Amtsarchivars Johann Friedrich Vulpius (1725–1786). Das ist insofern interessant, weil am 1. Juni 1765 – und vermutlich in diesem Haus – Christiane Vulpius geboren wurde, die am 19. Oktober 1806 nach 18 Jahren des Zusammenlebens die Ehefrau von Goethe wurde. Aus der Vulpius-Familie entstammt die Kammersängerin Jutta Vulpius (1927–2016), die 35 Jahre dem Ensemble der Deutschen Staatsoper in der DDR angehörte und in den großen Opernhäusern der Welt gastierte. Die Luthergasse ist an einer Mauer zu Ende, hinter der sich der Garten des Kirms-Krackow-Haus befindet. Der ist von der Jakobstraße aus erreichbar.

*Christina Vulpius, Zeichnung von Friedrich Bury*

▲ Karte S. 100/93

# Goethe und die Frauen

Die bedeutendste Liebesbeziehung im Leben Goethes begann 1788 in seinem Gartenhaus im Ilmpark: Die Romanze mit Christiane Vulpius, der einfachen Arbeiterin in einer Manufaktur. Als das nach Monaten der Geheimhaltung bekannt wurde, waren Adel und Bürgertum Weimars entsetzt. Goethes Freundin Charlotte von Stein soll, als sie davon hörte, ihre Beziehung mit den Worten beendet haben: »Dieses Verhältnis ist ekelhaft!« Nur Goethes Mutter war anderer Meinung, nach der ersten Begegnung mit Christiane schrieb sie ihrem Sohn: »Du kannst Gott danken! So ein liebes, herrliches, unverdorbenes Gottesgeschöpf findet man selten ...!« Erst nach 18 Jahren Zusammenleben heiratete Goethe seine Geliebte und Mutter seines 17 Jahre alten Sohnes August. Erhalten haben sich 354 Briefe Goethes und 257 Briefe Christianes, die von tiefer Zuneigung und Leidenschaft zeugen.

Frauen spielten in Goethes Leben bis ins hohe Alter eine große Rolle, vielfach verewigte er sie in seinen Werken. 1765 kam er zum Studium nach Leipzig. Hier wurde Käthchen Schönkopf, eine Wirtshaustochter, seine erste große Liebe. Ihr folgte in Straßburg Friederike Brion und die bereits vergebene Charlotte Buff aus Wetzlar, die als Vorbild für die Lotte in *Die Leiden des jungen Werther* diente. In Frankfurt am Main lernte Goethe Anna Elisabeth Schönemann kennen, mit der er sich im Frühjahr 1775 verlobte. Nach einem halben Jahr beendete er diese Romanze.

In Weimar verliebte sich Goethe in Charlotte von Stein, Hofdame von Herzogin Anna Amalia – verheiratet, fast sieben Jahre älter als er und Mutter von sieben Kindern. Rund 1700 Briefe Goethes an Frau von Stein belegen seine Liebe, Charlottes Briefe an ihn haben sich nicht erhalten. Während seiner Italienreise 1786 bis 1788 lernte er eine Römerin kennen, mit der er, so die Überlieferung, ein unkompliziertes erotisches Verhältnis pflegte. In den *Römischen Elegien* erwähnte er die junge Frau in der 18. Elegie als Faustina. Wissenschaftler fanden heraus, sie war 22 Jahre alt und arbeitete als Kellnerin. Ob Goethe in Rom erstmals sexuellen Kontakt hatte, wie vermutet, konnte nicht ermittelt werden. Wie auch bis heute unklar ist, ob er mit Frau von Stein nur Tee getrunken und geistvolle Gespräche geführt hat oder ob es mehr gab ...

*Grab der Christiane von Goethe auf dem Jakobskirchhof*

Weithin bekannt ist die Geschichte um Ulrike von Levetzow: Der 73-jährige Witwer Goethe verliebte sich in Marienbad in die 54 Jahre Jüngere, im Jahr darauf hielt er schriftlich um die Hand Ulrikes an. Doch Goethe wurde zurückgewiesen. Bereits auf dem Rückweg nach Weimar schrieb er, niedergeschlagen und traurig, die *Marienbader Elegie*; in dem Gedicht geht es um das ihm versagte Liebeserlebnis.

## Scherfgasse

Auf dem Weg zum verkehrsreichen Goetheplatz werden schmale Gassen durchlaufen, die ihren Reiz haben, die Scherfgasse mit dem **Geleitbrunnen** und dem 1547 errichteten **Haus mit der Nummer 4** gehört dazu. Das Haus, das eine Augenweide ist, besitzt an der südlichen Giebel- und an der Westseite wunderschönes, aufwändiges Fachwerk. Lange Zeit war das nicht zu sehen, sondern, wie damals üblich, hinter Putz verborgen. Erst nach dem Zweiten Weltkrieg wurde es freigelegt und erfreut seitdem Einwohner und Gäste.

*Der Pavillon im Garten des Palais Schardt*

### Palais Schardt

In der Scherfgasse 3 sind sich Goethe und seine langjährige Vertraute und Freundin Charlotte von Stein am 11. November 1775 zum ersten Mal begegnet. Das meinen Historiker. Aber nicht im Elternhaus der Frau, dem repräsentativen Palais Schardt, sondern in dem um 1750 errichteten zweigeschossigen Pavillon im Garten. Johann Wilhelm Christian von Schardt (1712 – 1790) war Oberhofmarschall, er gehörte damit zu den ranghöchsten Beamten des Hofes. In den Festsaal des Hauses und in den achteckigen Pavillon im Garten, der heute Goethes Namen trägt, wird in unseren Tagen zu kleinen Inszenierungen, Lesungen und Konzerten geladen, gezeigt werden wechselnde Ausstellungen. Haus und Pavillon sind durch einen Gang miteinander verbunden.

### Pavillon-Presse

Die Pavillon-Presse in der Scherfgasse 5 ist eine Schauwerkstatt, also ein druckgrafisches Museum, das sich in einem historischen Zeitungshaus befindet. Vorhanden sind Maschinen, Werkzeuge und Produktionserzeugnisse des Druckgewerbes und des grafischen Handwerks. Weimar besitzt eine reiche Traditionen auf dem Gebiet des Drucks, so gehörte im 19. Jahrhundert das Geographische Institut von Friedrich Justin Bertuch zu den bedeutendsten kartografischen Anstalten Deutschlands. In den besten Zeiten waren hier mehr als 400 Zeichner, Kupferstecher und Drucker tätig. Bertuch gab ab 1786 auch das *Journal des Luxus und der Moden* heraus, die erste repräsentative deutsche Modezeitschrift sowie von 1790 bis 1830 das *Bilderbuch für Kinder* mit einer Auflage von 3000 Stück. Bertuchs Arbeit setzte Harry Graf Kessler (1868 – 1937) fort. Was in seiner 1913 von ihm gegründeten und bis 1931 privat betriebenen Druckerei, der Cranach-Presse, gedruckt wurde, gehörte zum Besten der damaligen Zeit.

## Goetheplatz

Eine völlig andere Atmosphäre als die östlich gelegenen Gassen hält der Goetheplatz nordwestlich der Altstadt bereit. Der einst beschauliche Platz hat sich völlig verändert, er wurde im vorigen Jahrhundert zu einem Verkehrsknotenpunkt. Doch wegen seiner repräsentativen Bauwerke gehört er zu den interessantesten

▶ Karte S. 93

Plätzen von Weimar. Geschichte verkörpert beispielsweise die **Löwen-Apotheke** mit dem über dem Eingang eingemeißelten Erbauungsjahr, 1799. Aber auch ein leerer Sockel auf dem Goetheplatz ist geschichtsträchtig. Auf dem stand seit 1907 das Reiterstandbild für Großherzog Carl Alexander, den »Bewahrer der Weimarer Kultur«, von Adolf Brütt (1855 -1939). Carl Alexander hatte sich um die Erneuerung der Wartburg verdient gemacht, auf ihn gehen die Denkmäler Herders und Wielands sowie das Goethe-Schiller-Denkmal zurück. Den Nationalsozialisten war das Monument auf dem Goetheplatz im Weg, sie versetzten es 1938 in das Nordviertel. Dort war es nach dem Zweiten Weltkrieg den Kommunisten suspekt, sie ließen das Denkmal verschwinden und den Sockel vergraben. Der wurde 1997 wiederentdeckt und neun Jahre später erneut an der ursprünglichen Stelle aufgestellt, doch das Reiterstandbild wurde nicht aufgefunden. Eingeschmolzen, sagen die einen, andere behaupten, es sei in die Sowjetunion abtransportiert worden. Wenn man sich auf dem Goetheplatz umgeschaut hat und die Schwanseestraße überquert, gelangt man zur Bürgerschule mit dem **Pumpbrunnen Lesender Knabe** (Bürgerschulbrunnen) davor. Der »Lesende Knabe« auf dem Brunnen war ursprünglich aus Zink gefertigt, 1987 wurde er durch eine vergoldete Aluminiumlegierung ersetzt. Die Figur ist eine leicht veränderte Nachbildung eines Denkmals, das der berühmte Berliner Bildhauer Christian Daniel Rauch 1829 für die Stadt Halle an der Saale schuf. Die gelb gehaltene dreiflügelige **Bürgerschule** ähnelt einem Schloss, doch das klassizistische Bauwerk von Coudray öffnete 1825 als erste städtische Volksschule in Weimar, für die sich Goethe sehr eingesetzt hatte. Bis zu 600 Schüler lernten in dem Bauwerk, sorgfältig nach Geschlechtern getrennt: Links war der Eingang für die Knaben, rechts der für die Mädchen.Heute befindet sich in dem Gebäude die **Musikschule Johann Nepomuk Hummel**. Wer die Karl-Liebknecht-Straße weiter geht, kommt zum Stadtmuseum und zum Weimarhallenpark.

## Russischer Hof

Der Hotelname erinnert an große vergangene Zeiten, als sich hier namhafte Gelehrte, Künstler und Politiker die Klinke in die Hand gaben. Franz Liszt traf sich in dem Hotel mit Clara und Robert Schumann, aber auch Richard Wagner (1813–1883) wohnte in dem Haus. 1932, zum 100. Todestag von Goethe, gehörte Thomas Mann zu den 16 renommierten Rednern während der »Goethe-Gedächtniswoche«. Einquartiert hatte man ihn im Russischen Hof. Der Schriftsteller: »Es ist ein sympathisches altes Hotel, wie man es in kleinen Städ-

*Vergoldete Brunnenfigur: der lesende Knabe*

*Hotel mit langjähriger Tradition: der Russische Hof*

ten findet, aber unter den gegenwärtigen Umständen war es außerordentlich geräuschvoll. Der ›Erbprinz‹ oder der ›Elephant‹ wäre angenehmer gewesen.« Der historische Teil des Hotels entstand 1805 und öffnete unter dem Namen Gasthof Alexanderhof, sein heutiges Aussehen bekam das Hotel 1961. Aus dem Alexanderhof, so benannt nach dem russischen Zaren, dem Bruder der Großherzogin Maria Pawlowna, wurde 1841 der Russische Hof. Die Nationalsozialisten benannten das Haus in »Fürstenhof« um. Neben dem Hotel Elephant am Markt gehört der Russische Hof zu den namhaftesten Hotels im Freistaat Thüringen. Zu den Gästen der jüngsten Zeit zählen die Politiker Kurt Biedenkopf, Joschka Fischer und Guido Westerwelle sowie die Schauspieler Iris Berben, Senta Berger, Mario Adorf und Pierre Brice.

## ■ Kasseturm

Der dicke Kasseturm an der Ostseite des Platzes, vermutlich um 1500 erbaut, ist ein Rest der Stadtbefestigung. Als er seine Funktion verloren hatte, erfolgten nach 1770 Umbauarbeiten, der Turm wurde bewohnbar gemacht, aus dieser Zeit stammt das Spitzdach. Wenig später zog die Landeskasse in das Bauwerk, was ihm den Namen »Kasseturm« einbrachte. In den späteren Jahrzehnten befanden sich im Turm Büros und ein Obst- und Gemüsekeller, im Zweiten Weltkrieg diente er als Luftschutzkeller. Zu DDR-Zeiten nahmen Studenten den Turm in Besitz und verwandelten ihn in freiwilliger, unentgeltlicher Arbeit in einen Studentenklub. Am 18. Dezember 1962 erfolgte die Eröffnung. Der Kasseturm rühmt sich heute, Deutschlands ältester Studentenclub zu sein.

## ■ Jugend- und Kulturzentrum mon ami

Ein Säulengang verbindet den mittelalterlichen Kasseturm mit einem 1860 im spätklassizistischen Stil fertiggestellten Gebäude, das »Erholung« hieß und sich heute »Jugend- und Kulturzentrum mon ami« nennt. Das Gebäude an der Ostseite des Platzes entstand nach Plänen des Architekten Ferdinand Streichhahn als Winterlokal der bürgerlichen »Erholungsgesellschaft«, die unter anderem Oberbaudirektor Clemens Coudray und Franz Liszt zu ihren eingetragenen Mit-

▸ Karte S. 93

gliedern zählte. Hier fanden Konzerte und Bälle, Versammlungen und Kongresse statt. 1864 wurde in diesem Haus die Deutsche Shakespeare-Gesellschaft ins Leben gerufen, die älteste literarische Gesellschaft Deutschlands, 21 Jahre älter als die ebenfalls in Weimar ansässige Goethe-Gesellschaft. Bei der Restaurierung des Hauses in Vorbereitung des Kulturstadtjahres 1999 wurden die verwilderten Freianlagen auf der Rückseite wiederhergestellt, die seitdem als Open-Air-Bühne und Biergarten genutzt werden.

## Ehemaliges Lesemuseum

Das Bauwerk entstand nach dem Vorbild des Athener Niketempels 1859 als Lesemuseum. Die Initiative dazu ging von Großherzogin Maria Pawlowna aus, die die Einrichtung mit ihrem privaten Vermögen finanzierte. Solche bürgerlichen Bildungseinrichtungen waren im 19. Jahrhundert in vielen Städten Deutschlands gegründet worden, in Weimar war die »Lesegesellschaft« 1831 entstanden, sie durfte zunächst das Fürstenhaus und danach das Wittumspalais nutzen. In dem neuen Gebäude am Goetheplatz konnten sich die Bürger kostenlos über lokale und internationale Ereignisse informieren, dazu lagen viele wissenschaftliche, politische und der Unterhaltung dienenden Zeitschriften und Zeitungen aus. Zu den Besuchern gehörten auch Robert Schumann (1810–1856), Richard Wagner und Hans Christian Andersen. Das weiß man, weil sie in dem »Fremdenbuch« verzeichnet sind. Es wurde aber auch zu Veranstaltungen geladen, so zu »Literarischen Vortragsabende zeitgenössischer Schriftsteller«. Am 11. November 1910 war Thomas Mann zu Gast.

*Das mon ami am Goetheplatz*

## Kunsthalle Harry Graf Kessler

An der Nordseite des Goetheplatzes, heute Hausnummer 9b, öffnete 1880 das Großherzogliche Museum für Kunst und Kunstgewerbe. Seit Jahren trägt die Einrichtung den Namen von Harry Graf Kessler und versucht, die Tradition des bedeutenden Mäzens fortzusetzen. Der weltoffene Graf Kessler, der auf berufliches Einkommen nicht angewiesen war, kam 1902 nach Weimar und wollte die Stadt zu einer »kulturellen Begegnungsstätte der europäischen Kultur« machen. Mit Ausstellungen zu moderner Kunst erregte er weithin Aufmerksamkeit. Er bot umstrittenen Künstlern wie Claude Monet, Paul Cézanne, Paul Gauguin und Auguste Rodin die Möglichkeit, ihre Arbeiten zu präsentieren, womit er große Teile des Weimarer Bürgertums gegen sich aufbrachte. Nach einer Ausstellung mit Aktstudien des französischen Bildhauers Auguste Rodin, die zu einem Skandal führte, wandte sich letztlich auch Großherzog Wilhelm Ernst (1876–1923) von ihm ab. Von Kessler warf 1906 das Handtuch und verließ Weimar in Richtung Paris. 1940 wurden vor der Kunsthalle, in der heutzutage das Stadtmuseum Sonderausstellungen zeigt, Wohnhäuser errichtet, so dass sie seitdem vom Goetheplatz aus nicht mehr zu sehen ist. In Sonderausstellungen wird zeitgenössische Kunst gezeigt.

*Im Stadtmuseum*

## Stadtmuseum/Bertuchhaus

Ein kleiner Abstecher vom Goetheplatz entlang der Karl-Liebknecht-Straße, vorbei an der Musikschule mit dem Brunnen »Lesender Knabe«, führt zum Stadtmuseum. Das zwischen 1780 und 1802 errichtete stattliche Bürger- und Gesellschaftshaus trägt den Namen des Bauherrn, lange Zeit galt es als Weimars größtes Wohn- und Geschäftshaus. Bauherr war der zur Goethezeit bedeutende Schriftsteller, Verleger und Unternehmer Friedrich Justin Bertuch, der, so wird gesagt, ein Zehntel der Einwohner von Weimar ernährte. Die bekannteste Arbeitnehmerin war Christiane Vulpius, die spätere Ehefrau von Goethe.

Das Stadtmuseum ging aus dem Naturwissenschaftlichen Museum hervor, das aus privaten Sammlungen des 19. Jahrhunderts entstanden war. Die kamen 1903 in städtische Verwaltung, und Thüringen hatte somit sein erstes Stadtmuseum, das 1955 ins Bertuchhaus zog. Die gegenwärtige Dauerausstellung beginnt mit der Goethezeit und endet 1945. Besucher lernen auch den Hoffotografen Louis Held (1851–1927) kennen, dessen Fotos für die Geschichte Weimars große Bedeutung besitzen. Originalgetreu rekonstruiert wurde das Maleratelier von Alexander Olbricht (1876–1942), der in Weimar studierte und ab 1921 an der Kunsthochschule lehrte. Die Nationalsozialisten entließen ihn aus dem Schuldienst.

## Weimarhalle/Weimarhallenpark

Im Kulturstadtjahr 1999 öffnete mit Platz für 1200 Besucher die Weimarhalle, die heute unter dem Namen Congress Centrum Weimarhalle firmiert. Vorgesehen war, den Vorgängerbau von 1932 zu sanieren, doch die Baumängel waren so groß, dass nur der Abriss blieb. Die neue Halle liegt am östlichen Ende des Weimarhallenparks, einem Ort der Ruhe und Erholung. Einst war es der Garten von Goethes Zeitgenossen, dem Verleger Bertuch. Der hatte den Teil mit dem **Schwanseeteich** öffentlich zugänglich gemacht, auf dem die Weimarer das erste Mal Schlittschuh liefen. Goethe war ein begeisterter Eisläufer, bald gehörte auch die herzogliche Familie dazu. Im Sommer begeistern heutzutage Konzerte verschiedener Genres auf der in den **Weimarhallenteich** gebauten **Seebühne**.

▶ Karte S. 93

# Weimarer oder Weimaraner

Goethe hat sich in einem seiner Gedichte als Weimaraner bezeichnet. Das ist wohl das Einzige, das die Einwohner Weimars ihrem Dichterfürsten nicht verzeihen: Weimaraner sind Hunde und als solche sehen sich die Weimarer, also die Einwohner der Kulturstadt, logischerweise nicht.

Weimaraner gab es bereits vor rund 200 Jahren am Hof von Herzog Carl August von Sachsen-Weimar-Eisenach, der ein Hundenarr gewesen sein soll. Weil in Weimar die größte Population dieser edlen Tiere lebte und wohl auch aus Respekt vor der Residenzstadt erhielt die Rasse den Namen Weimaraner. Die braunen Jagdhunde mit den wunderschönen Bernsteinaugen werden bis zu 70 Zentimeter groß und etwa zwölf Jahre alt. Sie gelten als arbeitsam und hoch intelligent, sie sind sehr anhänglich und haben einen ausgeglichenen Charakter. Weimaraner benötigen »eine strenge Erziehung« und sind zum Knuddeln kaum geeignet.

Die Weimarer sind in der Welt durch Goethe, Schiller, Herder und Wieland bekannt geworden, die Weimaraner vor allem durch den US-amerikanischen Fotografen William Wegmann (geb. 1943). Der steckte Weimaraner in Anzug und Kostüm und füllte mit den Fotos einen sich bestens verkaufenden Bildband, auch in Filmen setzte er die attraktiven Hunde ein.

Der US-Sänger und Schauspieler Frank Sinatra besaß einen Weimaraner und auch Filmstar Grace Kelly. Ein Welpe gehörte zu den Geschenken ihres Bruders Jack, als sie 1956 Fürst Rainer III. von Monaco heiratete. Im Jahr 2010 wurde in Peking sogar ein eigener Weimaraner-Club gegründet. Einen Weimaraner hielt auch US-Präsident Eisenhower. Der holte sich 1955 Heidi ins Weiße Haus. Doch dort durfte die Hündin nicht lange bleiben. Nachdem sie auf einen teuren Teppich gepinkelt hatte, verbannten sie die Eisenhowers auf ihre Farm in Gettysburg in Pennsylvania.

In Weimar leben rund 67 000 Weimarer, das ist amtlich verbürgt. Und wieviel Weimaraner? Dazu gibt es keine offizielle Liste. Man schätzt, dass es etwa ein Dutzend sein dürften. In ganz Deutschland sollen es etwa 6000 Weimaraner sein.

Weithin bekannt wurde der Hund Attila des Thüringer Ministerpräsidenten Bodo Ramelow. Ein Weimaraner? Es wäre naheliegend, denn die zeichnen sich durch einen starken Bewegungsdrang aus, den auch ein Ministerpräsident benötigt. Aber nein, Bodo Ramelow besitzt einen Jack Russell Terrier, der auch passt: Die gelten als lebhaft und mutig mit viel Selbstvertrauen und – sie sind dem Besitzer gegenüber absolut loyal. Und was ist mit Oberbürgermeister Peter Kleine? Geht der Weimarer mit einem Weimaraner Gassi? Nein. Weimars OB besitzt keinen Hund.

*Kein Weimarer, sondern ein Weimaraner*

## Jakobsviertel

Weimars ältester Teil umgibt die Jakobskirche, bereits im 6. Jahrhundert soll an dieser Stelle eine Siedlung bestanden haben. Das Viertel blieb außerhalb der Stadtmauer, es war Vorstadt. Die Verbindung zur Altstadt bestand durch die Jakobstraße, die zum nicht mehr vorhanden Jakobstor führte. Die Touristenströme gehen vielfach an dieser Gegend vorbei, obwohl sich hier viel Geschichte drängt. Wer auf dem Rollplatz steht, hat den Mittelpunkt dieser Gegend erreicht.

### ■ Jakobskirche

Für Goethe-Verehrer gehört ein Besuch der Kirche zum Pflichtprogramm: Am 19. Oktober 1806 wurden Johann Wolfgang von Goethe und Christiane Vulpius in einem Raum hinter dem Altar getraut, nachdem sie bereits 18 Jahre zusammengelebt hatten. Es war eine spontane Entscheidung von Goethe.

*Turm der Jakobskirche*

Den hatte die resolute Haltung seiner Christiane nach der Schlacht bei Jena und Auerstedt am 14. Oktober 1806 enorm beeindruckt. Sie stellte sich in Weimar vor Napoleons Soldaten und rettete damit Goethe vor deren Zugriff. Der schrieb dazu an den Arzt und Schriftsteller Nikolaus Meyer (1775 –1855) in Bremen: »Um diese traurigen Tage durch eine Festlichkeit zu erheitern, haben ich und meine kleine Hausfreundin gestern, also am 20. Sonntag nach Trinitatis, den Entschluss gefasst, in den Stand der heiligen Ehe ganz förmlich einzutreten.«

Der **Turm** der Jakobskirche ist der einzige in der Stadt, der bestiegen werden kann. 152 knarrende Stufen führen nach oben, vorbei an der ehemaligen Türmerwohnung und den Kirchenglocken. Den Blick von oben auf das zu Füßen liegende Weimar sollte man sich nicht entgehen lassen.

### ■ Jakobskirchhof

Bereits 1370 wurde der Jakobsfriedhof zum ersten Mal erwähnt. Bis 1818 erfolgten hier Bestattungen, bis 1712 auch in der Kirche, doch das war Adligen und dem Weimarer Hof vorbehalten. Der berühmteste Einwohner, dessen Grabstätte sich hier befindet, dürfte wohl Lucas Cranach der Ältere sein. Der aufgestellte Grabstein, vom Baumeister Nikolaus Gromann gefertigt, ist eine Kopie. Das wertvolle Original wurde in die Stadtkirche verbracht. Auch das schlichte Epitaph für den 1787 verstorbenen Schriftsteller Johann Carl August Musäus stammt von einem berühmten Künstler: vom Hofbildhauer Martin Gottlieb Klauer (1742–1801). Der bekam seine letzte Ruhestätte hinter der Sakristei der Jakobskirche. Lange Zeit als verschollen galt das Grab von Goethes Frau Christiane. Goethe und sein Sohn August nahmen an deren Beisetzung im Juni 1816 nicht teil.

▶ Karte S. 93

Historiker vermuten, Goethe wollte damit verlogenen Beileidsbekundungen ausweichen, denn seine Frau musste auf Grund ihrer Herkunft von der Weimarer Gesellschaft viele Gehässigkeiten ertragen. 1888 entdeckte man Christianes Grabstelle wieder, die Goethegesellschaft ließ einen Grabstein anfertigen mit einem Text, den der Dichter nach dem Tod seiner Frau verfasst hatte: »Du versuchst, o Sonne, vergebens,/Durch die düstren Wolken zu scheinen!/Der ganze Gewinn meines Lebens/Ist, ihren Verlust zu beweinen.«

### Nördliche Altstadt

**Stadtschloss Weimar mit Schlossmuseum**, Burgplatz 4, gegenwärtig geschlossen, Teilöffnungen ab 2024. www.klassik-stiftung.de

**Präsentation »Bach in Weimar« im Torhaus der Bastille**, Stadtschloss Weimar, Burgplatz 4, Tel. 545400; Di–So 10–17 Uhr. www.thueringerschloesser.de

**Albert-Schweitzer-Gedenk- und Begegnungsstätte**, Kegelplatz 4, Tel. 202739; Mo–Mi und jedes erste Wochenende im Monat Sa/So Mai–Okt. 12–17, Nov.–April 12–16 Uhr. www.albert-schweitzer-komitee.de

**Goethe- und Schiller-Archiv**, Jenaer Str. 1; Mo–Fr 9–17, Sa/So 11–16 Uhr, Jan.–April Sa/So geschl., Führungen Mai–Dez. jeden 1. Sa im Monat 14 Uhr.

**Stadtkirche St. Peter und Paul** (Herderkirche), Herderplatz, Tel. 903185; April–Okt. Mo–Fr 10–18, Sa 10–12, 14–16, So 11–12, 14–16 Uhr, Nov.–März tgl. 11–12, 14–16 Uhr. https://weimar-evangelisch.de

**Kirms-Krackow-Haus**, Jakobstr. 10, Tel. 03650/30460; April–Okt. Fr 14–17, Sa/So 10–17 Uhr, Garten mit Gartenpavillon tgl. ab 9 Uhr bis zum Einbruch der Dunkelheit geöffnet. www.thueringerschloesser.de

**Palais Schardt**, Scherfgasse 3, Tel. 902279; April–Okt. Di und Fr, an Tagen mit Kulturveranstaltungen 15.30–17.30 Uhr sowie nach Vereinbarung. www.goethepavillon.de

**Pavillon-Presse,** Scherfgasse 5, Tel. 53544; Mo und Fr 13–17 Uhr, Führungen jeweils 14 Uhr. www.pavillon-presse.de

**Kunsthalle Harry Graf Kessler**, Goetheplatz 9b, Tel. 499519; Di–So 10–17 Uhr. https://stadtmuseum.weimar.de

**Stadtmuseum**, Karl-Liebknecht-Str. 5–9, Tel. 82600; Di–So 10–17 Uhr. https://stadtmuseum.weimar.de

**Jakobskirche**, Rollplatz 4, Tel. 903185; April–Okt. Mo–Sa 10–16, So 11–16 Uhr, Nov.–März tgl. 11–14 Uhr. https://weimar-evangelisch.de

**ACC Galerie**, Burgplatz 1–2, Tel. 85126; tgl. 12–18 Uhr, Fr/Sa bis 20 Uhr. Atelierprogramme mit verschiedenen Künstlern sowie vier bis fünf Ausstellungen pro Jahr aus der nationalen und internationalen Künstlerszene. Weiterhin Vorträge, Lesungen und andere Veranstaltungen. www.acc-weimar.de

**Residenz Café & Restaurant**, Grüner Markt 4, Tel. 59408; tgl. ab 9 Uhr. Weimars ältestes Kaffeehaus. www.residenz-cafe.de

**ACC Café & Restaurant**, Burgplatz 1, Tel. 851161; tgl. ab 12 Uhr. Café, Restaurant und Galerie in einem. www.acc-cafe.de

**Café du Jardin**, Jakobstr. 10, Tel. 2176210; Mi–So ab 11 Uhr. Französisches Café im Innenhof und Garten des Kirms-Krackow-Hauses. www.latarte.eu

**Gasthaus Scharfe Ecke**, Eisfeld 2, Tel. 202430; Mi–So 11–14.30 und ab 17 Uhr. Die wohl besten handgemachten Klöße in Weimar muss man probieren!

**Weitere praktische Informationen ab → S. 170**

# Brunnen mit Geschichten

Brunnen plätschern, sprudeln und rauschen in Weimar an vielen Straßen und Plätzen. Die historischen von ihnen könnten Geschichten erzählen, denn einst holten die Bürger hier ihr Trinkwasser, sie wuschen an den Brunnen die Wäsche und trafen sich, um Nachrichten auszutauschen. Erstmals sind auf einem Weimarer Stadtplan von 1596 Brunnen eingezeichnet, 1784 sind es etwa 30 öffentliche Brunnen, einige blieben als Geschichtsdenkmäler, aber auch zur Zierde der Stadt erhalten. Einer von ihnen ist der achteckige, gusseiserne **Herderbrunnen** vor der Stadtkirche St. Peter und Paul, den man 1831 aufstellt, weil der alte undicht geworden war. Entworfen hat ihn der heute berühmte Großherzogliche Oberbaudirektor Clemens Wenzeslaus Coudray. Johann Gottlieb Herder hatte den Brunnen nicht mehr kennengelernt, er war bereits 1803 verstorben. Seinen Namen bekam der Brunnen wohl, weil die Familie Herder in der Nähe wohnte und gewiss von dem Vorgänger Wasser holte.

Im Garten des ehemaligen Wohnhauses des Dichters, Philosophen und Theologen plätschert der **Herdergartenbrunnen**. Der stammt jedoch nicht aus der klassischen Zeit, sondern wurde in den 1990er Jahren anlässlich des 250. Geburtstages Herders und des Kulturstadtjahres errichtet. Vom Herderplatz geht es auf der Wanderung von Brunnen zu Brunnen in den Hof des **Kirms-Krackow-Hauses** in

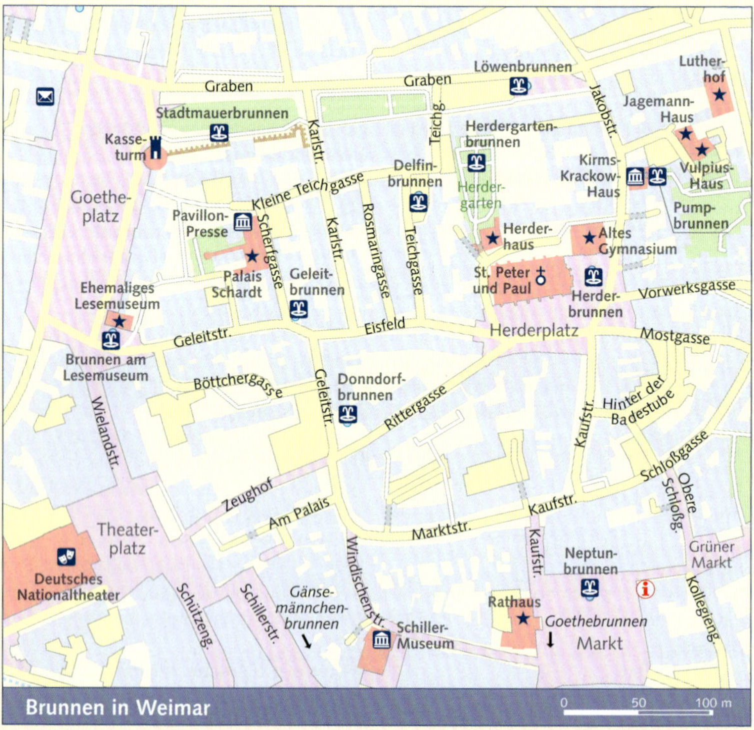

Brunnen in Weimar

der Jakobstraße. Der Knauf am eisernen Schwengel des **Pumpbrunnens** soll eine Kanonenkugel sein, die Napoleons Truppen 1806 abgeschossen haben. So heißt es zumindest in der Überlieferung. Der Brunnen blieb erhalten, weil sich die letzte Hausbesitzerin bis zu ihrem Tod 1915 beharrlich weigerte, Strom und Wasser in ihr Haus legen zu lassen.

Maria Pawlowna stiftete den fünf Meter hohen **Löwenbrunnen** in der Straße Graben. 1878 und 1983 stürzen Randalierer den Löwen vom Sockel, der heutige ist also bereits der dritte an dieser Stelle. Vier Löwenköpfe sind an der Brunnenschale als Wasserspender angebracht – der Löwe ist Weimars Wappentier.

Die Großherzogin spendierte 1847 auch den sandsteinernen **Delfinbrunnen** am Teichplatz. Seinen Namen bekam er von den vier den Sockel zierenden Delfinen.

An der Stadtmauer nahe dem Kasseturm wird der **Stadtmauerbrunnen** von 1859 erreicht. Wie die meisten anderen bekommt auch er sein Wasser wie bereits vor mehr als 200 Jahren aus Quellen im Rabenwäldchen in Weimar-West. Heute fließt das aber nicht mehr durch ausgehöhlte Fichtenstämme, von Fachleuten als »Röhrenfahrten« bezeichnet, sondern durch Gusseisenrohre.

Weiter geht es zum **Brunnen am Lesemuseum** von 1863/64. Das ist der erste Brunnen in Weimar, der eine Hundetränke bekam. Zur Freude der Vierbeiner sind sie auch an anderen Brunnen vorhanden, so am Löwenbrunnen.

Der **Geleitbrunnen** aus Sandstein, ebenfalls ein Geschenk von Maria Pawlowna, schmückt seit 1847 den Platz vor der Geleitschenke. Danach rückte er zweimal in den Blickpunkt der Öffentlichkeit. So stellten Brunnenfreunde in den 1980er Jahren anhand historischer Fotos fest: Die Ziervase auf der Brunnensäule ist viel zu klein, irgendwann musste sie einmal ausgetauscht worden sein. Also bekam der Brunnen eine neue Vase. In der Silvesternacht beschädigen Böller den Brunnen, eine aufwändige Sanierung war erforderlich. Anfang 2021 erfolgte der Wiederaufbau und die Installation der Wassertechnik. Der Geleitbrunnen steht wieder an seinem angestammten Ort und zeigt sich so wie zu Maria Pawlownas Zeiten. Die Sandsteinsäule zieren ein Schild mit dem Monogramm MP – für Maria Pawlowna – und die Krone.

Als Weimars schönster Brunnen gilt der **Donndorfbrunnen** an der unteren Geleitstraße/Ecke Rittergasse. Geschaffen hat ihn Adolf von Donndorf, der seine Kindheit in der nördlichen Altstadt verbrachte. Das Original, bekannt als James-Fountain-Brunnen, steht seit 1881 am Union Square in New York. Für die überlebensgroße wasserholende Frau aus Bronze stand dem Künstler seine Mutter Modell. Donndorf, Ehrenbürger von Weimar, fertigte eine Kopie und schenkte sie 1895 der Stadt. 1974 waren Weimars Einwohner fassungslos, denn über Nacht waren die beiden wasserspeienden Löwenköpfe des Brunnens verschwunden. Einer konnte im nordthüringischen Mühlhausen aufgespürt werden, der neue Besitzer hatte ihn für 400 DDR-Mark erworben. Dieser Löwenkopf diente der Kunstgießerei als Vorlage für den Guss des zweiten Löwenkopfes.

Ab 1884 gab es Wasserleitungen in Weimar,und die Brunnen verloren ihre Bedeutung. Doch viele ließ man als Geschichtsdenkmale stehen. Wer noch mehr von ihnen kennenlernen möchte: In der südlichen Altstadt plätschern noch weitere, so auf dem Marktplatz der **Neptunbrunnen**, der **Goethebrunnen** in der Nähe von Goethes Wohnhaus und der **Gänsemännchenbrunnen** in der Schillerstraße.

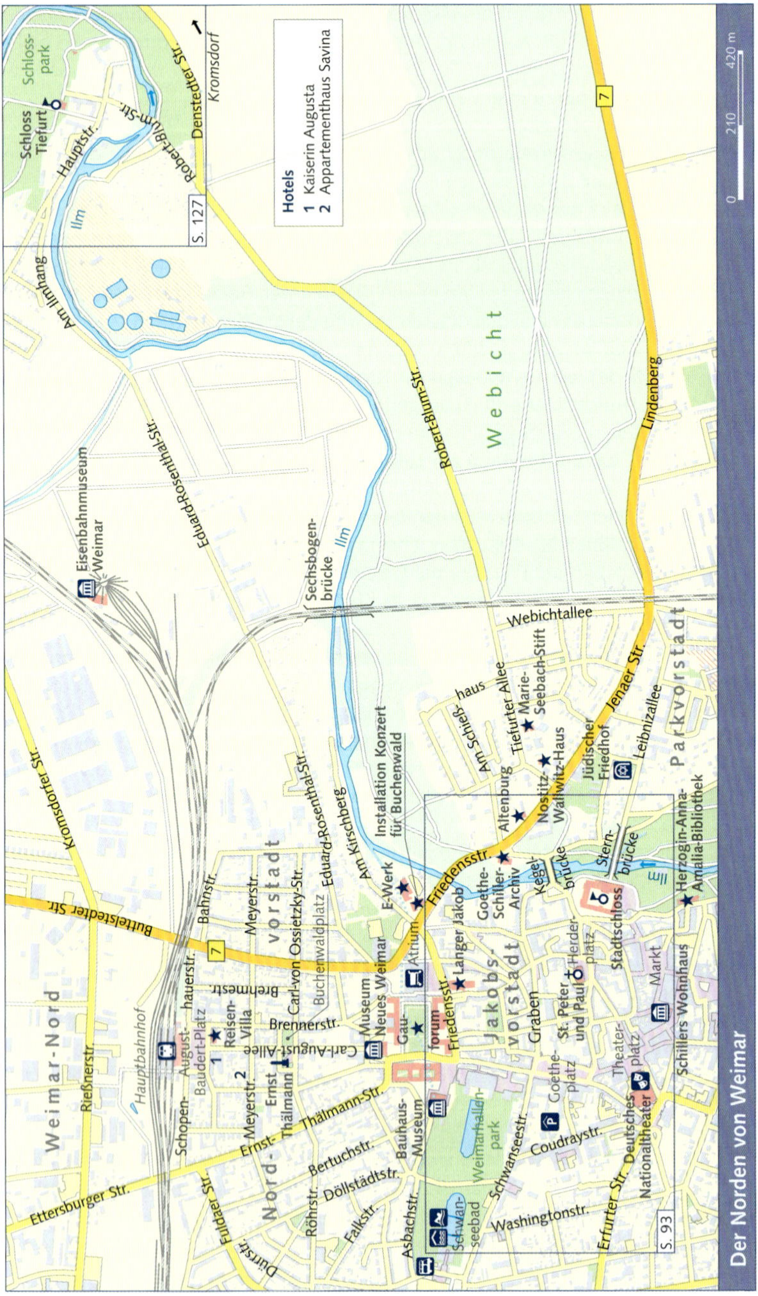

Der Norden von Weimar
Hotels
1 Kaiserin Augusta
2 Appartementhaus Savina
0
210
420 m
Schloss Tiefurt
Schloss-park
Hauptstr.
Robert-Blum-Str.
Denstedter Str.
Kromsdorf
S. 127
Ilm
Am Ilmhang
Eisenbahnmuseum Weimar
Eduard-Rosenthal-Str.
Robert-Blum-Str.
Webicht
Lindenberg
Sechsbogen-brücke
Webichtallee
Kromsdorfer Str.
Weimar-Nord
Rießnerstr.
Ettersburger Str.
Buttelstedter Str.
Hauptbahnhof
Schopen-hauerstr.
August-Baudert-Platz
Reisen-Villa
Bahnstr.
Meyerstr.
Brehmestr.
Brennerstr.
Carl-August-Allee
Ernst Thälmann
Ernst-Thälmann-Str.
Carl-von-Ossietzky-Str.
Buchenwaldplatz
Eduard-Rosenthal-Str.
Am Kirschberg
Installation Konzert für Buchenwald
Nord-vorstadt
Fuldaer Str.
Röhrstr.
Bertuchstr.
Döllstädtstr.
Falkstr.
Dürrstr.
Asbachstr.
Bauhaus-Museum
Museum Neues Weimar
Gau-forum
E-Werk
Atrium
Friedensstr.
Friedensstr.
Langer Jakob
Goethe-Schiller-Archiv
Jakobs-vorstadt
Graben
St. Peter und Paul
Herderplatz
Kegel-brücke
Stadtschloss
Stern-brücke
Herzogin-Anna-Amalia-Bibliothek
Markt
Schillers Wohnhaus
Theater-platz
Deutsches Nationaltheater
Goethe-platz
Weimarhallen-park
Schwanseestr.
Coudraystr.
Schwan-seebad
Washingtonstr.
Erfurter Str.
S. 93
Altenburg
Am Schieß-haus
Tiefurter Allee
Marie-Seebach-Stift
Nostitz-Wallwitz-Haus
Jüdischer Friedhof
Leibnizallee
Jenaer Str.
Parkvorstadt
7

# Im Norden Weimars

Nirgendwo in Deutschland liegen Kultur und Barbarei, Gut und Böse so dicht beieinander wie im Norden Weimars: Auf der einen Seite Schloss und Park Ettersburg sowie Schloss und Park Tiefurt, die Musenhöfe der Herzogin Anna Amalia und auf der anderen Seite das einstige Konzentrationslager Buchenwald, ein Ort des Schreckens und der Barbarei zur Zeit des Nationalsozialismus.

Der Spaziergang beginnt in jenem Teil Weimars, der das neue Weimar verkörpert und das die Touristiker »Quartier Weimarer Moderne« nennen. Den Mittelpunkt bildet das 2019 eröffnete **Bauhaus-Museum** (→ S. 117), allein dafür dürfte ein Tag kaum reichen. **Schloss und Park Tiefurt** (→ S. 126) im Nordosten sollten bei einem Weimarbesuch ebenfalls nicht fehlen, ebensowenig wie das sich anschließende **Kromsdorf** (→ S. 129) und **Oßmannstedt** (→ S. 131) – auch hier wird sich erneut herauskristallisieren: Für das Erkunden der kleinen Stadt benötigt man viel Zeit. Wie **Ettersburg** (→ S. 131) und **Buchenwald** (→ S. 133) im Nordwesten ist auch Tiefurt für einen Spaziergang zu Fuß von der Altstadt ein wenig zu weit entfernt. Alle Ziele sind vom Hauptbahnhof oder dem Goetheplatz mit dem Linienbus oder mit dem Fahrrad erreichbar.

## Quartier Weimarer Moderne

Weimar ist längst nicht mehr nur die Klassikerstadt, den Beweis liefert das »Quartier Weimarer Moderne«, das den Bogen vom ausgehenden 19. Jahrhundert bis zur Gegenwart spannt. Zur Moderne gehören nicht nur die Ideen des in der Stadt gegründeten Staatlichen Bauhauses, sondern auch ein umstrittenes Projekt der schlimmsten Diktatur auf deutschem Boden, die 1945 endete. Zu dem neuen »Quartier« gehören das 2019 eröffnete **Bauhaus-Museum**, das **Museum Neues Weimar** und westlich davon, entlang der Asbachstraße, die sogenannte Kultur- und Sportachse mit dem **Weimarhallenpark** und dem **Schwanseebad**, die ihren Ursprung in der Weimarer Republik hat, sowie das gigantische **»Gauforum«** der Nationalsozialisten. Ferner gehört zum Quartier der **»Lange Jakob«**, wie das zwölfstöckige Studentenwohnheim am Jakobsplan 1 genannt wird. Das 1972 eröffnete Hochhaus gilt als Zeugnis der Stadtplanung zu DDR-Zeiten. Für die meisten ist es eine »Bausünde«, denn das Haus ragt als Fremdkörper im Jakobsviertel empor. Im **E-Werk** befindet sich die Rauminstallation *Konzert für Buchenwald* der Künstlerin Rebecca Horn.

### ■ Bauhaus-Museum

Jahrelang wartete Weimar auf ein ansehnliches Bauhaus-Museum. Als Provisorium bestand seit 1995 eines in der ehemaligen Coudrayschen Wagenremise am Theaterplatz. Die Weimarer schämten sich, weil sie in der Gründungsstadt dieser weltbekannten Einrichtung ihren Gästen nichts Besseres bieten konnten. Nach endlos langen Planungsarbeiten und Dissonanzen mit der Bevölkerung erfolgte im April 2019 endlich die Einweihung des Museumsneubaus, eines Kubus mit klarer horizontaler Gliederung, oft als »liebenswerter grauer Betonwürfel« bezeichnet. Die Fassade, fast ohne Fenster und Türen, besteht aus gegossenem Beton, gegliedert von horizontalen Glasbändern, die schwarze Streifen unterbrechen. Das Aussehen des Museumsneubaus ist umstritten, doch das passt zum Bauhaus, denn deren Produkte waren es meist auch.

*Eingang des Bauhaus-Museums*

Die Bauhaus-Sammlung der Klassik Stiftung umfasst mittlerweile rund 13 000 Objekte und Dokumente. Es sind Arbeiten aus allen Bauhauswerkstätten, Gemälde und Grafiken ebenso wie Mobiliar. Sie kamen als Schenkungen, Dauerleihgabe oder durch Ankäufe von Familien ehemaliger Bauhäusler nach Weimar. Darunter befinden sich etwa 150 Arbeiten, die Bauhausdirektor Walter Gropius zurückließ, als die Schule 1925 Weimar verlassen musste. Das Bauhaus gilt als die einflussreichste und wegweisendste Designschule des 20. Jahrhunderts; die Tradition setzt in der Stadt die Bauhaus-Universität fort. »Das Bauhaus erstrebt die Sammlung allen künstlerischen Schaffens zur Einheit, die Wiedervereinigung aller werkkünstlerischen Disziplinen – Bildhauerei, Malerei, Kunstgewerbe und Handwerk – zu einer neuen Baukunst als deren unablösliche Bestandteile«, so heißt es in den 1924 formulierten Grundsätzen. »Das Bauhaus will der zeitgemäßen Entwicklung der Behausung dienen, vom einfachen Hausgerät bis zum fertigen Wohnhaus.« Die Ideen der Bauhauskünstler, bei den Produkten beziehungsweise Bauwerken die Funktionalität und Materialgerechtigkeit durch Schönheit und Stil zu erreichen, strahlten weltweit aus.

Das Museum präsentiert einen Teil seiner Schätze und erinnert als Ort der offenen Begegnung und Diskussion an die frühe Phase der weltbekannten Design- und Kunstschule und verknüpft diese mit gegenwärtigen und zukünftigen Lebensentwürfen. Zu sehen sind viele Bauhaus-Ikonen, so die Tischleuchte von Wilhelm Wagenfeld (1900 – 1990) und die Wiege von Peter Keler (1898 – 1982). Neben der Dauerausstellung gibt das Museum mit Wechselausstellungen Einblick in das einstige Bauhausgeschehen. In den Mach-mit-Werkstätten dürfen die Besucher mit verschiedenen Materialien experimentieren, Produkte digital und analog kreieren und klassisches Handwerk erproben. Im Werklabor stehen für Experimente unterschiedliche Materialien und moderne Techniken zur Verfügung, von Papercuttern, also simplen Papierschneidern über 3-D-Scanner bis zu Augmented Reality (computergestützte Wahrnehmung).

### Museum Neues Weimar

Mit der Neueröffnung 2019 wurde das bisherige Neue Museum Weimar in Museum Neues Weimar umbenannt – eine kleine Wortumstellung, aber mit gravierender inhaltlicher Bedeutung! Zu sehen sind nicht mehr nur Wechselausstellungen, sondern auch eine Dauerausstellung, die sich *Van de Velde, Nietzsche und die Moderne um 1900* nennt. Wer sich intensiv mit den Kunstströmungen um die Jahrhundertwende und Anfang des 20. Jahrhunderts beschäftigen möchte, sollte vor dem Bauhaus-Museum das Museum Neues Weimar besichtigen, denn die Dauerausstellung macht mit den Vorläufern des Bauhauses bekannt,

▶ Karte S. 116

stellt die Wegbereiter vor. Beide Museen bilden eine Einheit.

Der Bogen der Ausstellung im Museum Neues Weimar spannt sich von der Kunst der frühen Moderne, also von der Weimarer Malerschule bis zum Anfang des 19. Jahrhunderts, bis zu Henry van de Velde. Das war jene Zeit, als van de Velde, der Mäzen Harry Graf Kessler und Elisabeth Förster-Nietzsche (1846 - 1935), die Schwester des Philosophen Friedrich Nietzsche (1844-1900), ein hochgestecktes Ziel verfolgten: Sie wollten Weimar zum Ausgangspunkt für eine kulturelle Erneuerung in Deutschland und Europa machen.

Das heutige Museum Neues Weimar öffnete 1869 als Großherzogliches Museum. Als einer der ersten deutschen Museumsbauten gab es Einblick in die herzoglichen Kunstsammlungen. Nach dem Ende der Monarchie zeigte es als Landesmuseum Werke der Avantgarde, gegen die sich der Großherzog gesperrt hatte. 1923 fand in dem Neorenaissancebau die erste Ausstellung des Staatlichen Bauhauses statt. Das im Zweiten Weltkrieg zerstörte Gebäude verkam in der DDR zur Ruine und sollte abgerissen werden.

Der Wiederaufbau erfolgte anlässlich des Kulturstadtjahres 1999. In die internationale Aufmerksamkeit rückte das nunmehrige Neue Museum Weimar mit der seinerzeit zu sehenden Ausstellung *Aufstieg und Fall der Moderne*. Sie gehörte zu den umstrittensten, die es je in Deutschland zu sehen gab. »Weimarer Bilderstreit« schrieb das *Hamburger Abendblatt*, weil die Bilder der DDR-Künstler provozierend in dichter Reihung auf grauen Kunststoffplanen präsentiert wurden. In der Hamburger *Zeit* war von »wurschtigen Hochmut« zu lesen und die *Frankfurter Allgemeine Zeitung* verglich die Ausstellung sogar mit der »Horrortechnik, mit der die Nazis die ›Entarteten Ausstellungen‹ inszenierten«. Die Akademie der Künste sprach von einer »unvergleichlichen Arroganz« und einer »Ekelinszenierung« der Ausstellungsmacher.

Seit 2019 ist das Museum Neues Weimar Teil des »Quartiers Weimarer Moderne«. Eine große **Museumswerkstatt** lädt die

*Das Museum Neues Weimar*

Besucher zum handwerklichen Arbeiten ein, sie können sich in der Buchbinderei und in der Holzbearbeitung betätigen. Die ausgestellten internationalen Werke verkörpern den Realismus, Impressionismus und Jugendstil. Ausgehend von Friedrich Nietzsche als Vordenker und Kultfigur sind wichtige Arbeiten der frühen Moderne in Weimar zu sehen, so der Weimarer Malerschule und der von Harry Graf Kessler geförderten Avantgarde, von Claude Monet bis Max Beckmann. Mit zahlreichen Exponaten ist der Belgier Henry van de Velde präsent, der als Wegbereiter des Staatlichen Bauhauses gilt. Zum bedeutenden Interieur gehört im ersten Obergeschoss der 16-teilige Zyklus von Wandgemälden von Hofmaler Friedrich Preller dem Älteren (1804–1878) zu Homers Odyssee. Die wurden nach der Kriegszerstörung des Gebäudes gesichert und im Depot des Schlossmuseums eingelagert. Im Treppenhaus befindet sich die monumentale Plastik *Goethe und Psyche* von Carl Steinhäuser (1813 –1879), die in Rom aus Carrara-Marmor entstand und sich ursprünglich im Tempelherrenhaus im Ilmpark befand. Der Transport dieser Kolossalstatue war überaus problematisch – denn sie wiegt mehr als zehn Tonnen.

## ■ Gauforum

Hitler kam 1936 persönlich nach Weimar, um beim ersten Spatenstich für das Gauforum dabei zu sein, das eines der nationalsozialistischen Machtprojekte werden sollte. Der für das kleine Weimar überdimensionierten Anlage mussten der Park im Asbachtal und mehr als hundert Wohnhäuser weichen. Das gigantische Gebäudeensemble sollte das Pilotprojekt für weitere werden, doch es blieb bei Weimar. Hier gingen die Bauarbeiten trotz des Zweiten Weltkrieges weiter, erst 1944 wurde das Ende verkündet. Vieles von dem Geplanten blieb Utopie, doch entstanden war ein gewaltiges Gebäudeviereck mit einem 15 000 Quadratmeter großen Aufmarschplatz. Die »Halle der Volksgemeinschaft« ließen die Nationalsozialisten als Beton-Stahl-Skelett zurück, bis 2005 wurde sie fertiggestellt und unter dem Namen **Weimar-Atrium** als Einkaufszentrum mit Läden und Restaurants eröffnet. Das Gauforum gilt als »eine erhebliche Störung zwischen der Altstadt und dem nördlich angrenzenden Wohngebiet«, heißt es im Stadtentwicklungskonzept von Weimar. Aber auch: »Es ist ein historisch einmaliges Zeugnis des maßstabslosen nationalsozialistischen Städtebaus.«

*Symbol nationalsozialistischen Größenwahns: das Gauforum*

▲ Karte S. 116

Über eines der Verbrechen der Nationalsozialisten wird die Gedenkstätte Buchenwald vermutlich ab 2023 im Südflügel mit der Ausstellung *Zwangsarbeit. Die Deutschen, die Zwangsarbeiter und der Krieg* informieren, geplant ist sie als Dauerausstellung. Mehr als 20 Millionen Menschen verschleppten die Nationalsozialisten während des Zweiten Weltkrieges in das Deutsche Reich oder in die besetzten Länder. Dort mussten sie in Rüstungsbetrieben, auf Baustellen, in der Landwirtschaft oder anderen Bereichen schuften.

### ■ E-Werk

Weimars Elektrizitätswerk von 1897 lieferte nicht nur Strom in die Wohnungen, auch das im Sommer 1899 entstandene Straßenbahnnetz mit einer Länge von 6530 Metern wurde von ihm versorgt. 1937 kam für die Straßenbahn das Aus, sie wurde nach Jena verkauft, an sie erinnert noch das Straßenbahndepot im Bereich des Elektrizitätswerkes. In dem liefen bis 1996 die Heizkessel, danach war Schluss. Das Industriedenkmal wurde zur Kunst- und Kulturstätte, kurz E-Werk genannt. In dem am Rand liegenden Straßenbahndepot befindet sich die Rauminstallation **Konzert für Buchenwald** der Künstlerin Rebecca Horn (geb. 1944), geschaffen für das Europäische Kulturstadtjahr 1999. Auf zwei gegenüberliegenden Glaswänden sind auf einem kurzen Schienenstrang alte, gebrauchte Musikinstrumente mit den dazugehörigen Lederkoffern gestapelt. Horns Arbeit gilt als eine der bedeutendsten Beispiele zum Thema Holocaust in der zeitgenössischen Kunst in Deutschland. In dem Gebäude befindet sich noch das **Lichthaus-Programmkino**. Der ehemalige Maschinen- und Kesselsaal dient dem Deutschen Nationaltheater als Nebenspielstätte, die vor allem junges Publikum anzieht.

## Zum Hauptbahnhof

Vom Museum Neues Weimar geht es die fast schnurgerade Carl-August-Allee in Richtung Norden, am Bahnhofsvorplatz endet sie. Sie führt durch das planmäßig angelegte Stadtviertel, das zwischen der Jakobsvorstadt und der 1846 eröffneten Bahnstation entstand. Bis zum Ende des Zweiten Weltkrieges trug die Straße den Namen Sophienstraße, und zu DDR-Zeiten war es die Leninallee.

Aufmerksamkeit erweckt das **Doppelhaus mit der Hausnummer 8/10**, das 1884 für Jenny von Gustedt (geboren als Jeromée Rabe von Pappenheim, 1811–1890) erbaut wurde. Sie war eine von zwei unehelichen Töchtern von Jérôme Bonaparte (1784–1860), König von Westphalen. In Weimar lernte sie Goethe kennen, unterrichtete dessen Enkel Wolfgang und Walter, heiratete 1838 den späteren preußischen Landrat Werner von Gustedt und freundete sich mit Prinzessin Augusta (1811–1890) an, der späteren Königin von Preußen und ersten deutschen Kaiserin. Doch für ihr geplantes Haus bekam sie trotz ihrer Beziehungen zunächst keine Baugenehmigung: Das Renaissancebauwerk entspreche nicht, wie festgelegt, »dem Charakter von Landhäusern größerer Städte«.

Wenig weiter, mit der Nummer 9, steht das erste an dieser Straße errichtete Haus, das sogenannte **Stegmannsche Haus** (1884–1886), benannt nach seinem Besitzer, dem Architekten Carl Stegmann (1832–1895). Der hat an einem umlaufenden Terrakottafries ein Stück Stadtgeschichte festhalten lassen. Zu sehen sind Episoden vom Bau des heutigen Museums Neues Weimar, bei dem Stegmann als Bauleiter arbeitete.

In der Mitte unterbricht der Buchenwaldplatz die Allee. Auf dem steht seit 1958 das überlebensgroße **Denkmal für Ernst Thälmann** (1886–1944) von

Walter Arnold (1909–1979), das erste für den Kommunistenführer in der DDR. Der KPD-Reichstagsabgeordnete und zu DDR-Zeiten glorifizierte Vorsitzende der Kommunistischen Partei Deutschlands wurde nach mehr als elf Jahren Einzelhaft 1944 vermutlich auf direkte Anweisung von Hitler im KZ Buchenwald erschossen. Die drei- und viergeschossigen Wohnbauten an diesem Platz bildeten das erste größere Bauprojekt nach dem Zweiten Weltkrieg in Weimar, sie schließen eine durch Kriegszerstörung entstandene Baulücke. Am Ende der Carl-August-Allee, an der rechten Ecke zum August-Baudert-Platz, fasziniert seit 1888 eine **Villa** mit vergoldetem Fassadenschmuck. Die ließ sich ein Kaufmann namens Reisen erbauen, 1916 wurde sie Hotel und zu DDR-Zeiten Poliklinik.

## Hauptbahnhof

Der Hauptbahnhof bekam bis 1922 sein klassizistisches Empfangsgebäude. 1916, als es noch einen Großherzog gab, errichtete man östlich davon einen Pavillon für die großherzogliche Familie, wenn die auf Reisen gehen wollte. Heute befindet sich darin eine Spielothek.

Bis 1943 kamen auf dem Bahnhof die meisten Häftlingstransporte für das KZ Buchenwald an, die Gefangenen wurden entweder auf Lkw verladen oder mussten die rund neun Kilometer bis zum Lager zu Fuß zurücklegen. 1943 war ein direkter Anschluss des Konzentrationslagers an das Eisenbahnnetz fertig gestellt.

Am Weimarer Bahnhof herrschte zu DDR-Zeiten rege Betriebsamkeit, der Sommerfahrplan 1989 verzeichnete 116 An- und Abfahrten von Fernverkehrszügen, damit lag der Bahnhof an fünfter Stelle im Netz der Deutschen Reichsbahn.

Nach 1990 hielten viele Jahre in Weimar ICE-Züge, die direkt nach Leipzig, Dresden und Berlin sowie nach Frankfurt/Main und sogar ohne Umsteigen bis Paris fuhren. Diese direkte Anbindung an den Fernverkehr endete mit der Inbetriebnahme des Bahnhofs Erfurt als ICE-Knotenpunkt 2015. Seitdem halten in Weimar vor allem Regionalzüge. Offiziell trägt der Bahnhof den Beinamen »KulturBahnhof«, so gastiert in ihm »Das Stellwerk«, ein freies Theater.

Der Bahnhofsvorplatz bekam 1945 den Namen des Sozialdemokraten August Baudert (1860–1942), der am 8. No-

*Am Bahnhofsvorplatz, rechts das Hotel Kaiserin Augusta*

▲ Karte S. 116

*Sammlung von Lokomotiven im Eisenbahnmuseum*



vember 1918 in Weimar die Republik ausgerufen hatte und bis zur Gründung des Landes Thüringen 1920 Staatsminister im Land Weimar-Sachsen-Eisenach war. Das **Hotel Kaiserin Augusta,** in dem als berühmteste Gäste Thomas Mann, Arnold Zweig und Martin Andersen Nexø logierten, trägt den Namen der Tochter von Großherzog Carl Alexander und Maria Pawlowna. Augusta wurde als Gemahlin von Wilhelm I. von Preußen zur ersten Kaiserin Deutschlands gekrönt.

### ■ Eisenbahnmuseum Weimar

Mehr als 30 verschiedene Dampf-, Diesel- und Elektrololomotiven stehen zum Anschauen bereit, vor allem Lokomotiven der ehemaligen Deutschen Reichsbahn der DDR. Es ist Thüringens größte Sammlung an historischen Lokomotiven und die umfangreichste Sammlung an Elektrolokomotiven in Deutschland. Das Museum befindet sich östlich des Hauptbahnhofs auf dem Gelände des früheren Bahnbetriebswerks Weimar, heute ein technisches Denkmal.

## Rund um das Goethe-Schiller-Archiv

Das weithin sichtbare dreigeschossige Archiv auf der östlichen Ilmseite gilt als Schatzkammer deutscher Kulturgeschichte. In ihm werden die »Krondiamanten des deutschen Geistes« aufbewahrt, wie der Philologe Max Hecker (1870 -1948) die Handschriften von Goethe und Schiller bezeichnete.

Das Gebäude entstand, nachdem Großherzogin Sophie (1824 -1897) im Jahr 1885 testamentarisch der handschriftliche Nachlass Goethes vermacht wurde. Das Gebäude sollte, so war es der Wunsch der Großherzogin, nach dem Vorbild des Schlosses Petit Trianon im Park von Versailles entstehen. Der Sandsteinbau, heute das älteste Literaturarchiv in Deutschland, öffnete 1896. Hier werden mittlerweile Nachlässe und Autografen von mehr als 3000 Persönlichkeiten aufbewahrt, darunter Schriften von Friedrich Schiller, Christoph Martin Wieland, Johann Gottfried Herder, Achim und Bettina von Armin und Franz Liszt. Das Archiv dient Wissenschaftlern der ganzen Welt als Arbeitsstätte, aber es ist auch für Touristen interessant, denn in wechselnden Ausstellungen wird Einblick in die hier aufbewahrten Schätze gegeben. Goethes Handschriften wurden als bedeutende Sammlung der Weltliteratur in das internationale Register des »Memory of the World«-Programms der UNESCO aufgenommen. Zu den wertvollsten Stücken gehören Goethes Tragödie *Faust*, der *West-östliche Divan*, die umfangreichste Gedichtsammlung

Goethes sowie Friedrich Schillers *Demetrius*. Von Goethe besitzt das Archiv etwa 20 000 Briefe, die rund 3500 Personen an ihn gerichtet haben, sowie über 15000 Briefe, die Goethe an mehr als 1400 Empfänger adressierte. Alle bis zu Goethes Lebensende editierten Quellen, darunter seine Tagebücher und Begegnungen, werden bis zum Jahr 2039 auf der Propyläen-Forschungsplattform einsehbar und recherchierbar sein. »Ein Jahrhundertprojekt«, sagt die Klassik Stiftung dazu.

Im Jahr 2012 öffnete das Archiv nach vierjähriger Grundsanierung wieder. Dazu gehörten ein Erweiterungsbau, Werkstätten für die Restaurierung und Digitalisierung, ein neuer Eingangsbereich und neue Lesesäle.

*In der Wohnanlage der Marie-Seebach-Stiftung*

## Altenburg

130 Meter sind es vom Goethe-Schiller-Archiv in der Jenaer Straße 1 bis zur Altenburg, einer repräsentativen Villa mit der Hausnummer 8. Musikfreunde pilgern gern zu dem dreistöckigen Gebäude, sie stellen sich davor, schließen die Augen und sehen in Gedanken, wie Franz Liszt an der Seite der polnischen Adligen Carolyne von Sayn-Wittgenstein (1819 –1887) das Haus verlässt. Von 1848 bis 1861 lebte der berühmte Künstler mit der verheirateten Frau zusammen, zum Ärger der Weimarer Aristokratie, die auf Etikette Wert legte. Die kluge, aufgeschlossene Frau und der berühmte Musiker machten das Haus zu einem europabekannten künstlerischen Forum. In der Altenburg waren der berühmte preußische Architekt Gottfried Semper (1803 –1879) ebenso zu Gast wie die Komponisten Johannes Brahms (1833 –1897), der Dramatiker Friedrich Hebbel (1813 –1863) und der Hochschullehrer Hoffmann von Fallersleben (1798–1874). Liszt unterstützte in dieser Zeit ausgewählte Schüler, indem er sie in der Altenburg einquartierte wie den Komponist Peter Cornelius (1824–1874) und den Pianisten Hans von Bülow (1830 –1894). Als der wegen seiner Teilnahme am Dresdner Aufstand steckbrieflich gesuchte Richard Wagner Unterkunft suchte, gewährten ihm Liszt und von Sayn-Wittgenstein gastliche Aufnahme. Liszt verhalf Wagner zu einem falschen Pass und ermöglichte ihm so die Flucht in die Schweiz. Die Jahre von 1848 bis 1861 gelten als die produktivste Zeit in Liszts Künstlerleben. Er, der bis dahin vor allem als Pianist und Dirigent hervorgetreten war, wurde nun vorzugsweise zum Komponisten. In Weimar schrieb Liszt viele seiner Klavierwerke, unter anderem die *Klaviersonate h-Moll* und die *Ungarischen Rhapsodien 1–15*. Der Name des Gebäudes stammt von einer Fluchtburg, die es im Frühmittelalter an dieser Stelle gab. Gegenwärtig wird das dringend sanierungsbedürfti-

▶ Karte S. 116

ge Haus von der Hochschule für Musik »Franz Liszt« genutzt. Die lädt in den sogenannten »Liszt-Salon« zu Konzerten, in dem auch andere künstlerische und kulturpolitische Veranstaltungen stattfinden.

### Wohnanlage Marie-Seebach-Stiftung

Von der Altenburg läuft man fünf Minuten zu Fuß bis zur Tiefurter Allee 8, Deutschlands einzigem Altenheim für ehemalige Bühnenkünstlerinnen und -künstler. Die Stars und Sternchen von gestern verbringen hier ihren Lebensabend, sie standen jahrzehntelang im Rampenlicht, spielten Schiller und Brecht oder sangen Verdi und Wagner. Auch im Alter ist Häkeln oder Kochen nicht ihr Lebensinhalt, sie folgen den Einladungen ins Nationaltheater zu Generalproben und betätigen sich im Haus künstlerisch. Der Veranstaltungsplan nennt Lesungen, kleine Theateraufführungen, Konzerte und Ausstellungen, die öffentlich sind. Denn alle von ihnen freuen sich auch heute noch über Applaus.

Als »Altenheim für alleinstehende Schauspielerinnen und Sängerinnen« wurde die Einrichtung 1895 mit 14 Zimmern von der im 19. Jahrhundert berühmten und wohlhabend gewordenen Schauspielerin Marie Seebach (1829–1897) eröffnet. Das Grundstück stellte Großherzog Carl Alexander kostenlos zur Verfügung. Eine fast lebensgroße Bronzebüste der Seebach steht vor dem Haupthaus, geschaffen von keinem geringeren als Reinhold Begas (1831–1911), der an der Großherzoglich-Sächsischen Kunstschule Weimar unterrichtete, bevor er nach Berlin zurückkehrte und dort durch zahlreiche Arbeiten wie den Neptunbrunnen berühmt wurde.

## Auf dem Weg nach Tiefurt

Einst rollten die Kutschen vom Residenzschloss, heute Stadtschloss genannt, über die **Sternbrücke**, die heute Fußgängern und Radfahrern vorbehalten ist, zur Leibnizallee, der einstigen Schlossallee. Die führt in Richtung Osten nach Tiefurt, wo Herzogin Anna Amalia das ländliche Idyll »ohne Hofmarschall« genoss. Im Schatten von Tiefurt stehen das Schloss und der Park des nahen Kromsdorf und auch ein wenig das folgende Oßmannstedt, die beide verwaltungsmäßig Ortsteile der Landgemeinde Ilmtal-Weintal sind.

*Auf dem Jüdischen Friedhof*

*Sommerdomizil von Herzogin Anna Amalia: Schloss Tiefurt*

Rechter Hand der Leibnizallee, zwischen Carl-Alexander-Platz, Albrecht-Dürer-Straße und Otto-Bartning-Straße, entstand das Wohngebiet **Neues Bauen am Horn**. Man könnte meinen, es sei eine Hinterlassenschaft des Staatlichen Bauhauses, dabei sind die Häuser kaum 20 Jahre alt (→ auch S. 46, 148).

An der Leibnizallee, gegenüber dem Haus mit der Nummer 4, in dem der Professor für Germanistik August Heinrich Hoffmann von Fallersleben (1798–1874) mit seiner Frau Ida wohnte, befindet sich der **Jüdische Friedhof**. 1775 fand das erste Begräbnis statt, das letzte 1890. Nach jahrzehntelangem Verfall wurde der Friedhof 1983, zum Gedenken an die Programnacht am 9. November 1938, wiederhergestellt.

Weiter geht es über die Webichtallee zur Tiefurter Allee, die durch das Webicht führt. Über die damals wenig befahrende Tiefurter Allee notierte die Schriftstellerin Helene von Nostitz (1878 -1944), verheiratet mit dem Diplomaten Alfred von Nostitz-Wallwitz (1870 -1953), in ihren Memoiren *Aus dem alten Europa*: »Wie gerne ging auch Rilke hier auf und ab ... Ich sehe uns dort langsam auf der Tiefurter Allee wandern, wo die liebliche Landschaft so verlockend hereinschaut, und dann weiter nach Tiefurt gehen.«

▲ Karte S. 116

Das Ehepaar Nostitz-Wallwitz wohnte in dem Haus Nummer 4, bei ihm traf sich die damalige geistige Elite, Rainer Maria Rilke (1875 -1926) ebenso wie Gerhart Hauptmann (1862–1946) und Henry van de Velde.

Das Laubwaldgebiet **Webicht**, das nördlich steil zum Ilmtal abfällt, wird von einem sternförmigen Wegenetz durchzogen. Einer dieser Wege führte zur Fasanerie, die Herzog Carl August unterhielt. Später entstand hier eine beliebte Ausflugsgaststätte, deren letzte Reste schon vor Jahren abgerissen wurden. Goethe besuchte das Webicht in seinen letzten Lebensjahren gern mit seiner Schwiegertochter Ottilie (1796 -1872) wegen der hier herrschenden Stille.

## Schloss Tiefurt

Das bescheidene Haus entspricht so gar nicht unseren Vorstellungen von einem Schloss. Entstanden ist es für den Kammergutpächter, ab 1776 begann der Umbau zur Prinzenwohnung, und schließlich zog 1781 Herzogin Anna Amalia ein, zumindest in den Sommermonaten. Sie machte das Schlösschen zum Musenhof des klassischen Weimars. Alles, was damals einen Namen hatte, reiste nach Tiefurt. Im Tiefurter Schloss gab man sich den Schönen Künsten hin, es wurde gelesen, gemalt, musiziert und diskutiert. Die Herzogin wies Christoph Martin Wieland sogar eine kleine Wohnung zu, weil sie den gebildeten, geistreichen Mann so nah wie nur möglich bei sich haben wollte.

Herzogin Anna Amalia betätigte sich sogar als Herausgeberin einer Zeitschrift, dem *Tiefurter Journal*. Das erschien in einer Auflage von maximal elf Exemplaren, die zwei professionelle Schreiber und vier Primaner des Gymnasiums handschriftlich fertigten. Von 1781 bis 1784 sind 47 Ausgaben nachweisbar. Chefredakteur war der Kammerherr der Herzogin, Friedrich Hildebrand von Einsiedel (1750–1828), und Sekretärin Louise von Göchhausen (1752–1807), Hofdame von Anna Amalia. Die hat mit einer kleinen Episode Einzug in die Tiefurter Chronik gehalten: Goethe und sein Freund Herzog Carl August waren Späßen nicht abgeneigt, doch manchmal überschritten die beiden die Grenzen des Anstands, so trieben sie mit der kleinen und buckligen Louise von Göchhausen manchen Schabernack wie diesen: Eines Tages ließen sie die Tür zu ihrem Stübchen zumauern und tapezieren. Als das ältere Fräulein abends nach Tiefurt kam, fand sie die Eingangstür nicht und begann verzweifelt zu schreien. Die beiden Männer – wer hätte das von einem Herrn von Goethe gedacht! – amüsierten sich köstlich. Aber nicht des Schabernacks wegen benannte man im Schloss Tiefurt das Zimmer über der Küche nach der Hofdame, sondern weil sie im Leben von Herzogin Anna Amalia eine bedeutende Rolle spielte.

Die Ausstattung hat sich zum großen Teil im Original erhalten, die **Gesellschafts-, Wohn- und Schlafräume** im ersten Stock geben Einblick in die Wohnkultur der Goethezeit. Interessant ist auch ein Blick



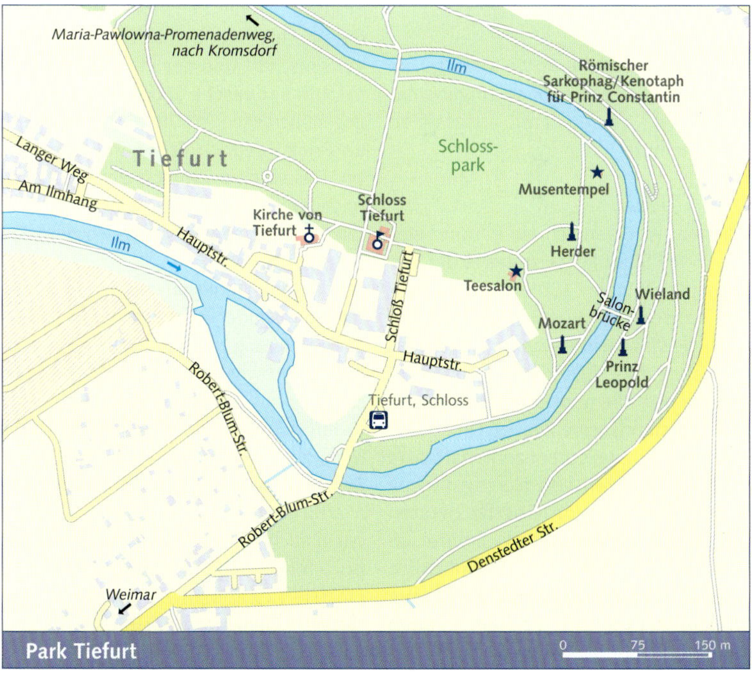

Park Tiefurt

*Der Musentempel im Park Tiefurt*

in die **Schlossküche** im Seitenflügel im Erdgeschoss, die wieder so eingerichtet wurde, wie sie seinerzeit ausgesehen haben könnte.

## Park Tiefurt

»Weimar ist eigentlich ein Park, in welchem eine Stadt liegt«, notierte der Historiker Adolf Stahr (1805–1876) im Jahr 1852 in seinem Tagebuch *Weimar und Jena*. Gewiss meinte er damit auch den ganzjährig frei zugänglichen Park Tiefurt, der vor allem zwischen 1775 und 1780 entstand. Seine heutige Größe und Aussehen als englischer Landschaftspark bekam er zur Zeit von Herzogin Anna Amalia, die sich von Goethe beraten ließ. Das Naturtheater am Ilmufer erlebte am 28. August 1871 anlässlich Goethes Geburtstags seine Eröffnung. Bäume, Hecken und Wiesen bildeten die natürliche Kulisse. Hier war oft das Liebhabertheater zu Gast, bei dem adlige und bürgerliche Laien die verschiedensten Stücke aufführten. Anna Amalia, ihre Söhne Carl August und Friedrich Ferdinand Constantin (1758 –1793) spielten gelegentlich mit, das sogenannte gewöhnliche Volk durfte dabei sein. Oft und gern war Johann Gottfried Herder in Tiefurt zu Gast, um mit der Herzogin zu diskutieren. Bereits ein Jahr nach seinem Tod ließ sie für **Herder** einen Gedenkstein aufstellen. Später bekam er, wie auch **Goethe** und Wieland, eine Büste. Doch die waren aus Holz und blieben nicht erhalten. Eine **Wielandbüste** steht am Lieblingsplatz des Dichters, die hatte später Johann Gottfried Schadow (1764 –1850) geschaffen. Die Herzogin selbst bestimmte, sie bei einem Steintisch und zwei Bänken aufzustellen. Den **Musentempel** ließ die Herzogin 1803 für sich errichten. Die in ihm stehende Statue zeigt die Zeus-Tochter Kalliope, die Muse der epischen Dichtung, der Wissenschaft und der Philosophie. Der mächtige **römische Sarkophag** auf dem gegenüberliegenden Ufer der Ilm erinnert an Prinz Friedrich Ferdinand Constantin. Das war ein Wunsch der Herzogin, nachdem ihr Sohn im Alter von 35 Jahren im Krieg gegen Frankreich dem Typhus erlegen war.

Mit einem **Denkmal** am Hang ehrte sie ihren Bruder **Prinz Leopold** (1753–1785), Herzog zu Braunschweig-Wolfenbüttel. Der war als kursächsischer Generalmajor auf tragische Weise bei einem Oderhochwasser ums Leben gekommen, als sein Kahn kenterte. Mit einem **Denkmal**, geschaffen von Hofbildhauer Martin Gottlieb Klauer, brachte die Herzogin auch ihre Verehrung für den Komponisten **Wolfgang Amadeus Mozart** (1756 –1791) zum Ausdruck. Es war das erste Denkmal für den Komponisten außerhalb seines Geburtslandes.

▸ Karte S. 127

## Maria-Pawlowna-Promenadenweg

**Route**: Vom Park Tiefurt zum Schloss Kromsdorf
**Länge**: 1,7 Kilometer
Der Rad- und Wanderweg gehört gewiss zu den kürzesten in Deutschland. Der Weg geht auf Großherzogin Maria Pawlowna zurück, die sich den Weg 1822 wünschte, weil sie gern trockenen Fußes vom Schloss Tiefurt nach Schloss Kromsdorf kommen wollte. Doch die Bauern der Gegend interessierte das nicht, jahrzehntelang musste mit ihnen verhandelt werden, bis sie Land für den Weg – seinerzeit »Großherzoglicher Promenadenweg« oder auch »Herrenweg« genannt – hergaben.
Heute ist die Strecke Teil des Ilm-Radweges. Nach dem Zweiten Weltkrieg verkam der Weg, anlässlich des Kulturstadtjahres 1999 wurde er wieder hergerichtet.
Auf zehn massiven Natursteinen sind Zitate von Goethe zu lesen wie: »Trachte jeder überall sich und anderen zu nutzen« und »Handeln ist leicht, denken schwer, nach den Gedanken handeln unbequem«.



## Schloss und Park Kromsdorf

Vermutlich um 1580 entstand das Schloss auf einem Vorgängerbau. Nachweisbar dagegen ist, dass Herzog Wilhelm Ernst von Sachsen-Weimar Ende des 17. Jahrhunderts Besitzer wurde und Großherzogin Maria Pawlowna in dem Renaissancebau ein Damenstift einrichtete.
Das restaurierte, malerische Schloss gehört heute der Gemeinde, genutzt wird es von der »Kultur- und Brauereigenossenschaft Schloss Kromsdorf«. Eine Besonderheit bietet der jederzeit zu besichtigende **Schlosspark**: Er ist ein Objekt der Kunstgeschichte. In der schlichten Mauer mit 64 Nischen sind 64 Sandsteinbüsten eingelassen, die ältesten sind nach 1666 entstanden. Zu sehen sind berühmte Männer und Frauen, Kaiser, Könige und Feldherren, auch aus der Antike. Der Sonnenkönig Ludwig XIV. ist ebenso vertreten wie Schwedens König Gustav II. Adolph. Die beiden Herren sind allgemein bekannt. Aber auch Yao, einer der Kaiser Chinas vor der Zeitenwende, steht in einer der Nischen, ferner der türkische Sultan Mohammed IV. sowie der kaiserliche Feldmarschall Graf Matthias Clam-Gallus, der Herzog von Lucera war. Frauen sind kaum vertreten, namentlich ist nur Anne Stuart genannt, die Anfang des 18. Jahrhunderts Königin von England, Schottland und Irland war. Die anderen erhielten unpersönliche Bezeichnungen wie »Griechisches Mädchen aus Pera«. Viele der Büsten haben eine verstümmelte Nase. Wurden sie Opfer von Randalen unserer Tage? Vielleicht trifft auch zu, was die Legende berichtet, dass das Schlossfräulein all denen, die sie nicht leiden konnte, in der Dunkel-

*Flanieren wie einst Großherzogin Maria Pawlowna*

*Schloss Kromsdorf*

heit mit einem Beil die Nase abschlug. Nichts von beiden: Als französische Truppen 1806 durch Kromsdorf zogen, zerstörten sie nicht nur das Schloss, sondern die Soldaten schlugen aus Jux die Nasen der Büsten ab. Später lagerte man diese Büsten ein, als sie hervorgeholt wurden, fehlten drei. Mittlerweile sind sie wieder aufgetaucht. Als erstes kam die Büste von Herzog Johann Wilhelm I. von Sachsen-Weimar (1530–1573) zurück, die in Jena gefunden wurde. Ihr folgte die Büste von Gabriel Bethlen, dem Fürsten von Siebenbürgen, die sich in einem Weimarer Kleingarten befand. Als letzte entdeckte man eine, die Ahmad al-Mansur darstellen soll, der von 1578 bis 1603 Sultan von Marokko war. Die Büste lag in einem verwilderten Garten bei Bad Berka. Im Verzeichnis bei Wikipedia wird diese Büste jedoch als Mehmed IV. bezeichnet, der von 1648 bis 1687 Sultan des Osmanischen Reiches war. Beides wird mittlerweile bezweifelt. Vermutlich zeigt die Büste Mulai Ismail, der von 1662 bis 1727 in Marokko herrschte. Die Wissenschaftler haben also noch Arbeit vor sich.

▲ Karte S. 116

## Denstedt

Franz Liszt soll oft und gern mit seinen Schülern, die er kostenlos unterrichtete, die Ilm entlang nach Denstedt gewandert sein. Vom Kromsdorfer Schloss bis zur **Kirche** in Denstedt sind es nur etwa zwei Kilometer. Aus dem mittelalterlichen Kirchengebäude sind das Chorgestühl für die Priester und das Kruzifix erhalten geblieben. Bekannt wurde die Kirche durch die Orgel von 1859/60, weil sie Franz Liszt schätzte. Mehrfach soll er auf ihr gespielt haben, von zwei »Privatkonzerten« ist in den Überlieferungen die Rede. Die Orgel blieb im Originalzustand erhalten, heute wird regelmäßig zu Konzerten geladen. Aufmerksamkeit verdient auch die **Burg Denstedt** mit einem hohen Bergfried am rechten Ufer der Ilm. Eine ursprüngliche Wasserburg wurde 1699 in ein Wohnschloss umgebaut. Ein privater Investor hat in ihm Anfang der 2020er Jahre ein Fitnesscenter eingerichtet.

*Die Liszt-Orgel in der Kirche Denstedt*

## Wielandgut Oßmannstedt

»Zu Oßmannstedt befinde ich mich ununterbrochen wohl und munter, arbeite an meinem Schreibtisch mit Sukzeß, habe ungeachtet ich wenig vor die Tür komme, Appetit und schlafe weit besser als ehemals.« Das schrieb Christoph Martin Wieland am 19. Dezember 1797 in einem Brief an seinen Verleger Georg Joachim Göschen. Der bedeutendste Prosadichter und Verserzähler der deutschen literarischen Aufklärung hatte wenige Monate zuvor das Gut in Oßmannstedt erworben. Wieland lebte mit seiner Familie im langgestreckten zweistöckigen Wohnhaus des Gutes. Er widmete sich ganz der dichterischen und publizistischen Tätigkeit, so übersetzte er antike Autoren und übertrug Shakespeares Schauspiele ins Deutsche. Die Gutsverwaltung hatte einer seiner Söhne übernommen, die Ehefrau und die Töchter waren im Haus und im Garten tätig. Nach dem Tod seiner Frau Anna Dorothea, aber auch auf Grund der finanziellen Belastung, verkaufte Wieland 1803 das Gut, in dem er unter anderem an seinen Altersromanen *Agathodaimon* und *Aristipp* arbeitete. Zwischen 1798 und 1802 gab der Klassikerverleger Göschen Wielands gesammelte Werke in einer 45 Bände umfassenden Ausgabe heraus, also noch zu dessen Lebzeiten.

Während der sechs Jahre, die Wieland in Oßmannstedt verbrachte, war das Gut Treffpunkt von Persönlichkeiten. Johann Gottfried Herder und Jean Paul (1763 –1825) waren ebenso zu Gast wie Göschen und Clemens Brentano (1778 –1842). Goethe, der im nahen Oberroßla ein heute nicht mehr existierendes Landgut besaß, kam öfter zu Besuch. Zu den letzten Gästen gehörte Heinrich von Kleist (1777–1811), der sich im Winter 1802/03 nahezu acht Wochen auf dem Gut aufhielt.

*Brunnenhaus im Park Oßmannstedt*

Im Herbst 2022 öffnete im Wielandgut die neue Dauerausstellung *Der erste Schriftsteller Deutschlands*. In den einstigen Wohnräumen wird Wieland als Prinzenerzieher, Romanschriftsteller, Chronist der Französischen Revolution und Übersetzer vorgestellt. Seinem Wunsch entsprechend wurde er in Oßmannstedt am Ufer der nahen Ilm neben seiner Frau Anna Dorothea beigesetzt. »Liebe und Freundschaft umschlang die verwandten Seelen im Leben, und ihr Sterbliches deckt dieser gemeinsame Stein« ist auf dem Grabstein zu lesen. Der Park, eine der letzten barocken Schöpfungen in Deutschland, wurde später zu einem englischen Landschaftsgarten umgestaltet.

## Ettersburg und Buchenwald

Vom Hauptbahnhof Weimar geht es nordwestlich auf der Ettersburger Straße stadtauswärts zum Schloss Ettersburg, das eine Zeitlang Sommersitz der weltoffenen Herzogin Anna Amalia war. Goethe weilte hier und er spielte selbst mit, als sein Stück *Iphigenie auf Tauris* im Schloss aufgeführt wurde. Der östlich

vom Schloss gelegene **Große Ettersberg** ist mit 482 Metern die höchste Erhebung im Stadtgebiet von Weimar. Die Gemeinde Ettersburg (700 Ew.) dagegen gehört zum Kreis Weimarer Land.
Schloss und Park Ettersburg, die Stätte der Kunst und Kultur, und unweit davon das Gelände des Konzentrationslagers Buchenwald, die Stätte des Grauens und Schreckens – größer kann der Kontrast nicht sein. Beide sind durch die »Zeitschneise« verbunden. Diese Schneisen wurden vor mehr als 250 Jahren in den Wald geschlagen, nicht als Spazier- oder Fahrwege, sondern für die höfische Jagd. Durch diese schnurgeraden Schneisen trieb man das Wild. Eine davon, die sogenannte Grünhausallee, wurde anlässlich des Kulturstadtjahres 1999 freigelegt und »Zeitschneise« benannt. Sie soll ein Weg der Mahnung und der Besinnung sein. Leider geriet die 1,3 Kilometer lange Strecke in Vergessenheit, und ein Spaziergang bereitet gegenwärtig alles andere als Freude. Doch er soll wieder hergerichtet werden.

### Schloss und Park Ettersburg

Das Ensemble steht auf der Welterbeliste der UNESCO. Herzog Wilhelm Ernst ging gern in den Wäldern dieser Gegend auf Jagd. Deshalb ließ er zwischen 1706 und 1712 ein dreiflügeliges **Jagdschloss** in schlichten Barockformen errichten, in das er die Reste der Kirche eines früheren Augustiner-Chorherrenstiftes einbeziehen ließ. Von 1723 bis 1739 kam das **Neue Schloss** als »Corps de logis« hinzu. Nach Umbauten nutzte Herzogin Anna Amalia das Schloss ab 1776 als Sommersitz, es wurde zum Treff von Literaten, Wissenschaftlern, Philosophen, Künstlern und Mitgliedern des Hofes. Man spielte Theater und traf sich zu Festen, an denen oftmals auch die Dorfbevölkerung teilnehmen durfte. Goethe und Wieland weilten in Ettersburg, ebenso Herder und der Märchenerzähler Johann Karl August Musäus. Ab 1780 zog es Herzogin Anna Amalia nach Tiefurt, und Schloss Ettersburg verwaiste. Zweimal kamen danach noch prominente Gäste. Einer war Friedrich Schiller, der in seiner Stadtwohnung mit dem Drama *Maria Stuart* nicht recht vorankam und sich deshalb im Mai 1800 nach Ettersburg zurückzog. Der Dichter befand sich in Zeitnot, die ersten vier Akte des Dramas wurden bereits geprobt, während er noch am fünften saß. Die Idee, nach Ettersburg zu fahren, erwies sich als goldrichtig. Am 14. Juni 1800 konnte *Maria Stuart* im Hoftheater uraufgeführt werden. Am 26. September 1826 erschien Goethe. Der sagte dort zu seinem Vertrauten Johann Peter Eckermann, zumindest hat der das so notiert: »Wir wollen künftig öfter hierher kommen.«
Eine neue Blütezeit erlebte das Ensemble, das aus dem Alten Schloss mit der sich anschließenden Kirche und dem vorgelagerten Neuen Schloss besteht, ab 1842. Erbgroßherzog Carl Alexander und seine Frau Sophie, Prinzessin der Niederlande, wählten es als Wohnsitz. Die Freitreppe am Neuen Schloss war ein Geschenk des niederländischen Königshauses. Später wechselte die Nutzung, bis Ende der 1970er Jahre war es Seniorenheim, danach stand es leer. Nach aufwändiger Sanierung machte das Bildungswerk Bau Hessen-Thüringen e.V. das Ensemble, das fast wieder so wie zu Goethes Zeiten aussieht, zu einer Seminar- und Tagungsstätte. Es wird zu Konzerten und Buchlesungen eingeladen, und das Schlossrestaurant gehört zu den beliebtesten in Weimar.
Der ganzjährig frei zugängliche **Park** bekam sein Aussehen als Landschaftsgarten nach 1844, gestaltet von Carl Eduard Adolph Petzold (1815–1891),

▸ Karte S. 116

*Altes (links) und Neues Schloss in Ettersburg*



einem Schüler von Hermann Fürst von Pückler-Muskau (1785–1871), der als genialster Gartenkünstler seiner Zeit galt. Bereits damals entstand der sogenannte **Pücklerschlag**, wie die lang gestreckte Wiese genannt wird, die durch Waldabholzung entstand und sich gegenüber dem Schlossensemble 900 Meter den Berghang hinaufzieht. Besonders emsig ging es hier am 6. Oktober 1808 zu, als Kaiser Napoleon Bonaparte im Anschluss an den Erfurter Fürstenkongress zur Jagd geladen hatte. »Wohl 4000 Menschen und 400 Wagen standen umher, es war ein Leben und Treiben ...«, vermerkten die Chronisten.

### Thüringer Kloß-Welt

Nur drei Kilometer sind es von Schloss Ettersburg bis zur Thüringer Kloß-Welt in Heichelheim. In dem kleinen Dorf begann die Thüringer Kartoffelgeschichte, denn 1739 ließ Herzog Ernst August I. auf seinem damaligen Kammergut Heichelheim erstmals Kartoffeln anbauen. Bald gab es in jeder Ecke des Herzogtums Klöße, jeder bereitet sie bis heute anders zu. Aus rohen und gekochten Kartoffeln bestehen sie alle, das Mischungsverhältnis und die Beimengungen unterscheiden sich. Heute soll es etwa 300 Kloß-Rezepte geben. Im **Kloßmuseum** ist viel Besonderes zu entdecken, so zum Beispiel Kartoffeleis. Technikfreaks dürften sich vor allem für die mehr als 50 nostalgischen Kraftfahrzeuge interessierten, »Kloß-Mobil« genannt.

In der Kloß-Welt Heichelheim, zu der das Museum gehört, können die eigenen Produkte gegessen und selbstverständlich gekauft werden.

## Gedenkstätte Buchenwald

Im Nordwesten von Weimar errichteten die Nationalsozialisten einen Ort des Schreckens und Grauens: das Konzentrationslager Buchenwald. Rund 260 000 Menschen aus ganz Europa wurden hier von der Eröffnung 1937 bis zur Befreiung 1945 gequält, erniedrigt, misshandelt. Mehr als 50 000 kamen ums Leben – sie verhungerten, erfroren, wurden ermordet, starben bei grausamen medizinischen Experimenten. Juden, politische Gegner, Sinti und Roma, Homosexuelle, Zeugen Jehovas und andere unerwünschte Bevölkerungsgruppen: Sie alle sollten aus der »deutschen Volksgemeinschaft«

»ausgesondert« werden, das heißt, ermordet werden.

Buchenwald war am Ende des Zweiten Weltkrieges das größte Vernichtungslager im Deutschen Reich. Nachdem die US-Amerikaner im April 1945 das KZ Buchenwald und seine Außenlager erreicht hatten, schrieb Dwight D. Eisenhower, der Oberbefehlshaber der Alliierten Streitkräfte: »Ich bin niemals im Stande gewesen, die Gefühle zu schildern, die mich überkamen, als ich zum ersten Mal ein so unbestreitbares Zeugnis für die Unmenschlichkeit der Nazis und dafür vor Augen hatte, dass sie sich über die primitivsten Gebote der Menschlichkeit in skrupelloser Weise hinwegsetzten. (...) Nichts hat mich je so erschüttert wie dieser Anblick.«

Unmittelbar nach Kriegsende richteten die Sowjets in Buchenwald ein Speziallager ein, das bis 1950 bestand. Etwa 28 000 Menschen wurden hierher verschleppt, von denen mehr als 7000 die katastrophalen Haftbedingungen nicht überlebten. Die Eingesperrten waren schuldige und vermeintlich schuldige Nationalsozialisten, aber oft handelte es sich um willkürlich Verhaftete, um Opfer von Denunzierungen. Gerichtsverfahren gab es nicht. Die eingesperrten Menschen waren von der Außenwelt isoliert, die Verpflegung kaum ausreichend. Heute ist das einstige Konzentrationslager Gedenkstätte – ein Ort der Erinnerung an Unvorstellbares, aber auch ein Ort der Mahnung. Der Buchenwaldhäftling Bruno Apitz schildert in dem erstmals 1958 veröffentlichten Roman *Nackt unter Wölfen* die Geschichte des vierjährigen polnisch-jüdischen Jungen Stefan Jerzy Zweig. Der Roman wurde in alle Weltsprachen übersetzt und 1963 in der DDR verfilmt. Eine Neuverfilmung entstand 2015.

### Mahnmale und Ausstellungen in der Gedenkstätte

Große Teile des KZ wurden ab 1952 abgerissen, darunter alle Häftlingsbaracken. Deren Standorte werden durch Steine mit den Blocknummern gekennzeichnet, die Grundrisse sind durch Schotter markiert. Die 1958 eingeweihte Nationale Mahn- und Gedenkstätte (NMG) Buchenwald konzentrierte sich weitgehend auf den Widerstandskampf der kommunistischen Häftlinge und vernachlässigte andere

*Eingangstor des Konzentrationslagers Buchenwald*

▲ Karte S. 116

*Denkmal für die ermordeten Sinti und Roma*



inhaftierte Gruppen. Das sowjetische Speziallager Nr. 2 wurde zu DDR-Zeiten totgeschwiegen, die Menschen wurden darüber in Unwissenheit gelassen. 1991 wurde die Gedenkstätte komplett neu konzipiert. Gedenktafeln und -steine erinnern heute auf dem Gelände an verschiedene Insassengruppen und einzelne ermordete Häftlinge.

»Jedem das Seine«: Diese zynische Aufschrift lasen neuankommende Häftlinge am Lagertor. Es ist noch das 1937 errichtete Original; im Westflügel befand sich das Lagergefängnis, das die Häftlinge »Bunker« nannten. Hier wurde gefoltert und gemordet. Auf dem asphaltierten Appellplatz fanden die oftmals Stunden dauernden Zählappelle statt. Das Sonderlager für sowjetische Kriegsgefangene befand sich links vom Appellplatz. Am 18. Oktober 1941 kamen die ersten 2000 Armeeangehörigen in die von Stacheldraht umzäunten sechs Baracken. Unter SS-Bewachung hatten sie im nahegelegenen Kalksteinbruch bis zu 16 Stunden am Tag zu schuften. Ein Jahr später waren von den Soldaten und Offizieren nur noch 1200 am Leben. Die Todesursache wurde in den Unterlagen fast immer mit »Auf der Flucht erschossen« angegeben.

An den Block 46, die Fleckfieber-Versuchsstation, erinnern ein Gedenkstein und der sichtbar gemachte Grundriss. 1941 wurde in Buchenwald mit medizinischen Versuchen begonnen, den Häftlingen wurden unter anderem Krankheitserreger injiziert. Hunderte von Häftlingen starben bei anderen medizinischen Versuchen.

Mehrere Ausstellungen auf dem großen Gelände informieren über die Verbrechen im KZ und den Widerstand der inhaftierten Menschen. Im historischen Kammergebäude ist die Ausstellung **Buchenwald. Ausgrenzung und Gewalt 1937 bis 1945** zu sehen. Die Kunstausstellung **Überlebensmittel – Zeugnis – Kunstwerk – Bildgedächtnis** im einstigen Desinfektionsgebäude zeigt rund 200 Exponate, die unter Lagerbedingungen von Häftlingen und später von Überlebenden geschaffen wurden. Die Dauerausstellung **Sowjetisches Speziallager Nr. 2**

**Buchenwald 1945–1950** wird in einem neuen, gegenüber einem Gräberfeld des Lagers errichteten Gebäude gezeigt. In unmittelbarer Nähe zur monumentalen **Mahnmalsanlage** befindet sich die Dauerausstellung zur **Geschichte der Gedenkstätte Buchenwald von 1945 bis zur Neukonzeption in den1990er Jahren**. Zu der Mahnmalsanlage am Südhang des Ettersberges führt vom KZ der Weg zunächst zu drei **Ringgräbern**. Zu denen wurden drei Massengräber gestaltet, in denen die SS im März und April 1945 3000 Menschen verscharrte. Die Ringgräber sind durch die **Straße der Nationen** verbunden, die 18 gemauerte Pylonen mit Feuerschalen flankieren. Die stehen für die Länder, aus denen die inhaftierten Menschen kamen. Den Mittelpunkt der Denkmalanlage bildet die vom Bildhauer Fritz Cremer (1906 -1993) im Jahr 1958 geschaffene bronzene **Buchenwald-Gruppe**, die einen Jungen und elf Figuren zeigt, von denen jede eine andere Gruppe der Inhaftierten darstellt. In dem 50 Meter hohen **Glockenturm** befindet sich unter einer Bronzeplatte Erde aus anderen Konzentrationslagern. Die Glocke im Turm, nach einem Entwurf von Waldemar Grzimek (1918–1984) geschaffen, ist die größte, die nach dem Zweiten Weltkrieg in der Glockengießerstadt Apolda gegossen wurde. Sie wiegt mehr als sieben Tonnen, ist 2,80 Meter hoch und wurde am 30. Juli 1957 hochgehievt.

### Im Norden Weimars

**Bauhaus-Museum Weimar**, Stéphane-Hessel-Platz 1; Mo, Mi–So 9.30–18 Uhr, regelmäßige Führungen Mi, Fr, Sa 11 Uhr, geführte Tour unter freiem Himmel »Quartier der Moderne« (Treffpunkt: Bauhaus-Museum) Sa 15 Uhr, offene Werkstatt im Werklabor Sa/So 10–13 Uhr.

**Museum Neues Weimar**, Jorge-Semprún-Platz 5; Mo, Mi–So 9.30–18 Uhr, Zeitfensterticket buchen. Regelmäßige Führung Sommer Mi, So 11 Uhr, Winter So 11 Uhr, offene Werkstatt im Werkcafé Sa/So 14–17 Uhr.

**Rebecca-Horn – Konzert für Buchenwald**, e-Werk, Straßenbahndepot, Am Kirschberg 4; Sommer Sa/So 11–17 Uhr.

**Eisenbahnmuseum**, Eduard-Rosenthal-Str. 49, Tel. 0157/85650586; April–Okt. Do/Fr 9–13, Sa 9–15 Uhr. Sonderfahrten zu bestimmten Terminen.
www.eisenbahnmuseum-weimar.de

**Goethe- und Schiller-Archiv**, Jenaer Str. 1; Mo–Fr 9–18, Sa/So 10–16 Uhr, Jan.–April Sa/So geschl.

**Schloss und Park Tiefurt**, Hauptstr. 14, OT Tiefurt; Sommer Di–So 10–17 Uhr. Schlosspark ganzjährig frei zugänglich.

**Wielandgut Oßmannstedt**, Wielandstr. 16, Oßmannstedt, Tel. 036462/920918, Sommer Mo, Mi–So 10–17 Uhr.

**Schloss und Park Ettersburg**, Am Schloss 1, Ettersburg, Schlosspark ganzjährig frei zugänglich.
https://schlossettersburg.de

**Thüringer Kloß-Welt**, Hauptstr. 3, Am Ettersberg, OT Heichelheim, Tel. 4412223; Di–Fr 9–17, Sa/So 10–17 Uhr.
www.thueringer-kloss-welt.de

**Gedenkstätte Buchenwald**, OT Buchenwald, Tel. 430200; museale Einrichtungen Di–So April–Okt. 10–18, Nov.–März 10–16 Uhr, Außenanlagen tgl. bis zum Einbruch der Dunkelheit zugänglich.
www.buchenwald.de

**Kalckreuth**, im Hotel Dorotheenhof, Zum Dorotheenhof 1, Tel. 4590; tgl. ab 11 Uhr. Traditionelle Thüringer Küche und eigene, durchaus ausgefallene Kreationen werden im Erdgeschoss des ehemaligen Gutshauses serviert. Viel Wert legt die Küchencrew dabei auf Saisonalität und Frische der Zutaten.

**Weitere praktische Informationen ab → S. 170**

Karte S. 116

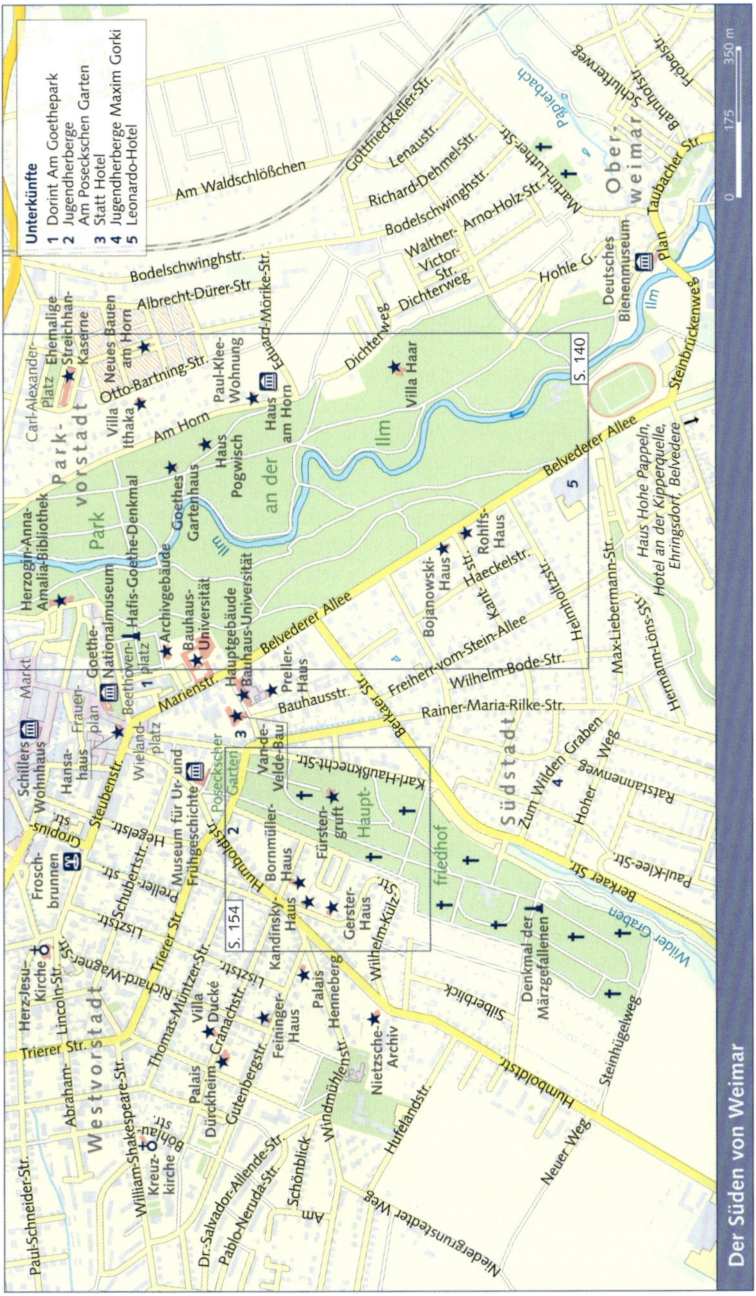


Stadtspaziergänge

# Im Süden Weimars

Für das Sehenswerte im Süden Weimars braucht man Zeit - weil viel vorhanden ist und es oftmals weit auseinander liegt. Ein Spaziergang reicht dazu nicht. Die **Bauhaus-Bauten** sind interessant, ebenso der **Historische Friedhof** (→ S. 153), der **Park an der Ilm** sowie **Schloss und Park Belvedere** (→ S. 162), das »Sanssouci der Herzöge von Weimar«. Ende des 19., Anfang des 20. Jahrhunderts dehnte sich Weimar in Richtung Süden aus, das viele Grün zog damals Gutbetuchte an die »Peripherie«. Beiderseits des Ilmparks entstanden begehrte Wohnviertel, die sie bis heute geblieben sind. Viele der Villen sind nicht nur architektonisch interessant, sondern halten auch viel Geschichte bereit. Ganz vorn rangieren jene, die mit dem Namen Henry van de Velde verbunden sind.

## Park an der Ilm

Der fast zwei Kilometer lange Ilmpark, den viele Architekturen, Monumente und Denkmäler schmücken, erreicht mit 500 Metern seine größte Breite. Manche Geschichte verzeichnet die Parkchronik wie die vom 12. Juli 1788: Goethe befand sich auf dem Weg zu seinem Gartenhaus, da stand bei der Naturbrücke plötzlich eine junge Frau vor ihm. Mit einem Knicks überreichte sie ein Papier: »Ich hätt' da eine Bittschrift, Herr Geheimrat«. Goethe gefiel das offene, freundliche Wesen der jungen Frau, die sich für ihren in Not geratenen Bruder einsetzte. Es war die 23-jährige Christiane Vulpius, eine aus einfachen Verhältnissen stammende Putzmacherin. Zwischen Goethe und Christiane entwickelte sich eine romantische Beziehung, in aller Heimlichkeit trafen sie sich regelmäßig in Goethes Gartenhaus, neun Monate lang bekam das niemand mit. Nach einem Jahr wurde Goethes und Christianes gemeinsamer Sohn August (1789 - 1830) geboren. Der Adel, aber auch mancher Freund Goethes, ignorierte daraufhin die junge Frau.

Der Park an der Ilm, im Volksmund oft kurz Goethepark genannt, grenzt östlich an die Altstadt und gehört zum UNESCO-Welterbe. Wegen seiner günstigen Lage, aber auch, weil es viel zu sehen gibt, ist er ein beliebtes Touristenziel. Impulse für die Anlage kamen aus Frankreich von Jean-Jacques Rousseau, der die Hinwendung zur Natur proklamierte und von Fürst Leopold III. Friedrich Franz von Anhalt-Dessau (1740–1817), der das mit seinem Wörlitzer Park bereits umgesetzt hatte. Herzog Carl August und Goethe hatten diesen Park bei Dessau zweimal besucht und beschlossen: So einen wollen wir in Weimar auch haben!

Für den Park gab es keinen Gesamtplan, er entstand in Etappen in mehreren Jahrzehnten. 1776 begannen die Arbeiten zunächst mit dem Wegreißen der Mau-

*Der Schlangenstein*

▲ Karte S. 137/140

ern und Zäune des alten, kleinen, nur der Hofgesellschaft zugänglichen Parks. Die neue Anlage, heute einer der schönsten Landschaftsgärten Deutschland, war von Anfang an für jeden Bürger offen. In seinem Reisetagebuch schrieb der Historiker Adolf Stahr im Jahr 1852: »Keine Mauer umschließt, kein Gitter umgrenzt diese liebliche Schöpfung ... Carl August fühlte ebenso menschlich als künstlerisch, da er nach Vollendung seines Park alle Eingänge, Brücken und Stege für jedermann öffnete.«
Ihren Respekt vor den gartenkünstlerischen Leistungen des Fürsten von Anhalt-Dessau brachten Carl August und Goethe 1782 mit dem **Dessauer Stein** nördlich der Dux-Brücke zum Ausdruck, einer etwa fünf Meter hohen Travertinplatte. Die **Dux-Brücke** entstand 1818 als direkte Verbindung zwischen dem **Römischen Haus** des Herzogs auf dem westlichen und **Goethes Gartenhaus** am östlichen Ufer der Ilm. Die letzten Feinheiten besorgte bis 1850 Herman Fürst von Pückler-Muskau, damals der wohl bedeutendste Gartengestalter, das war, als es Großherzog Carl August und auch Goethe schon viele Jahre nicht mehr gab. Die **Sternbrücke** gilt als nördlicher Anfang des Parks, sie ist Weimars älteste erhalten gebliebene Brücke. 1653 rollten über sie die ersten Kutschen, das Geländer kam 1820 hinzu, das entstand nach einem Entwurf von Oberbaudirektor Coudray. Die **Sphinxgrotte** auf dem östlichen Ilmufer umrahmt die drei Läutraquellen. Das soll, so ist zu vernehmen, Franz Liszts Lieblingsplatz gewesen sein. Die Läutra ist ein kleiner Bach, der nach wenigen Metern bereits in die Ilm fließt. Die meisten Besucher kommen vom Marktplatz und beginnen den Rundgang an der **Pompejanischen Rundbank** von 1799. **Felsentor** und **Felsentreppe** nahe der **Naturbrücke** entstanden zur Erinnerung an ein 17-jähriges Mädchen, das sich aus Liebeskummer in die Ilm gestürzt hatte. Zu den seit 1904 mit einem Denkmal geehrten Persönlichkeiten gehört der Dramatiker Shakespeare. Das erfolgte deshalb in Weimar, weil seine Stücke oft auf dem Spielplan des Hoftheaters standen. Offen bleibt die Frage, warum der ungarische Schriftsteller Sándor Petöfi (1823 – 1849), der nie in Weimar war, im Jahr 1976 weiter südlich mit einem Bronzedenkmal geehrt wird. In Ungarn war er ein bedeutender Lyriker. Die lebensgroße Bronzebüste schuf Tamás Vigh.
Unweit des Shakespeare-Denkmals befindet sich das **Borkenhäuschen**. Das ließ Goethe – zu seiner Zeit war es eine strohgedeckte Mooshütte – für ein allegorisches Spiel zum Namenstag der Herzogin Luise errichten. In den heute mit Baumrinde umkleideten Holzbau zog sich Herzog Carl August gern zurück, be-

*Shakespeare-Denkmal*

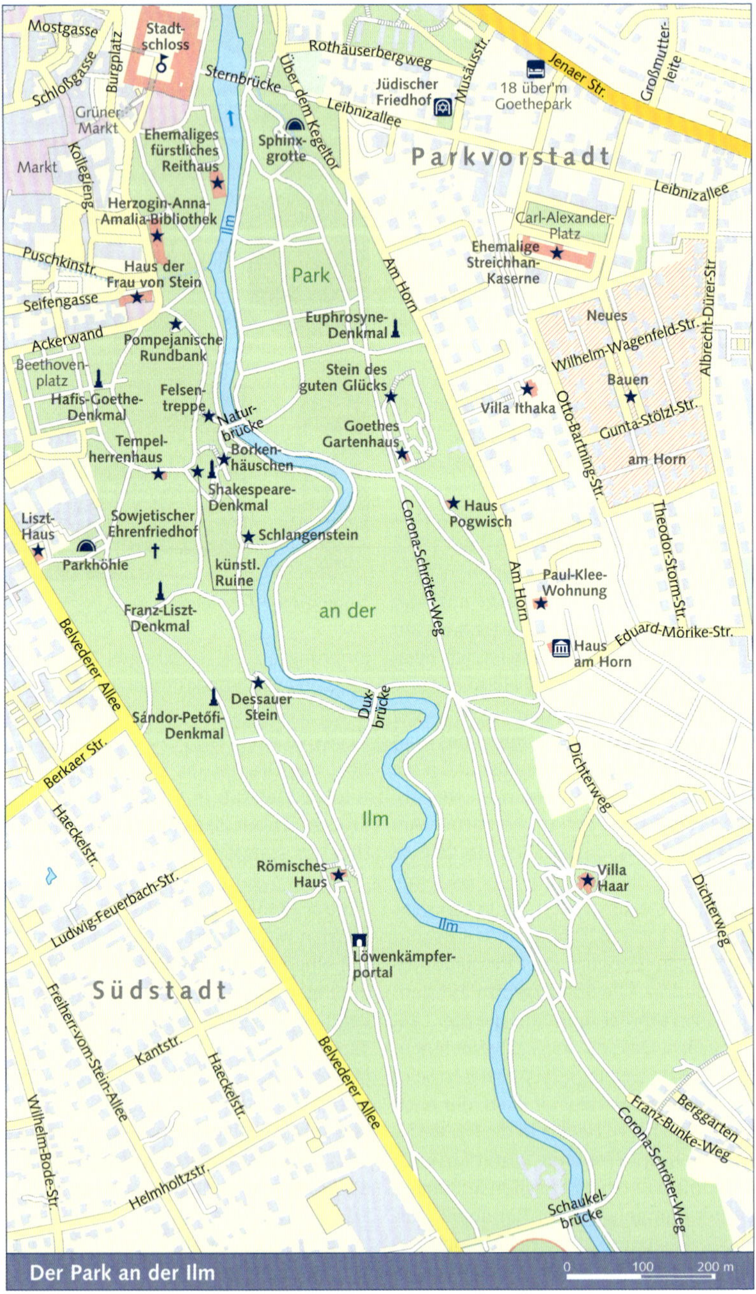


Der Park an der Ilm

vor er das Römische Haus dafür nutzte. Die künstliche Ruine von 1784 ist nichts anderes als ein Werk der schöpferischen Fantasie und entsprach der damaligen Mode. Den **Schlangenstein** ließ Herzog Carl August 1787 von seinem Hofbildhauer Klauer nach antikem Vorbild anfertigen. Er wollte damit seinen Freund Goethe ehren, der sich zu dieser Zeit in Italien aufhielt. Das Original ist kostbar und befindet sich im Römischen Haus in sicherer Verwahrung, zu sehen ist seit 1968 eine Kopie. Das **Löwenkämpferportal** ist der Eingang zu einem blinden Stollen von wenigen Metern Länge. Warum? Aus »parkgestalterischen Zwecken«, antworten die Gartengestalter. Die 14 Meter lange freitragende **Schaukelbrücke** markiert das südliche Ende des Parks.

## Parkhöhle

Etwa zwölf Meter unter dem Ilmpark verläuft ein Stollensystem, das ab 1794 entstand. Herzog Carl August war Biertrinker, vor allem herbes Schwarzbier mochte er. Er plante eine Brauerei, zur Kühlung waren die Stollen unter dem Ilmpark bestimmt. 500 Meter lang sollten sie sein und etwa 1,80 Meter hoch. Die Temperatur, so hatte man ermittelt, ließ sich konstant bei neun Grad Celsius halten. Aus der Brauerei wurde nichts, und die Stollen dienten zum Abbau von Sand und Kies, im Zweiten Weltkrieg als Luftschutzbunker. Seit 1997 ist das unterirdische Labyrinth mit zwölf Meter tiefen Gängen und Tunneln öffentlich zugänglich und erlaubt wissenswerte Einblicke in die geologischen Besonderheiten. Seit dem Jahr 2022 wird die technisch innovative Dauerausstellung *Erlebnis Parkhöhle – Durch Zeit und Klima* gezeigt, zu der das Hologramm eines sprechenden Eiszeitmenschen, der Panoramafilm *Weimar im Eiszeitalter* sowie Audio-Zeitzeugenberichte gehören.

Neben dem Eingang zur Parkhöhle befindet sich ein **sowjetischer Ehrenfriedhof**. Hier fanden mehr als 600 Angehörige der Roten Armee – Russen, Ukrainer und Angehörige anderer Nationalitäten – 1945/46 ihre letzte Ruhestätte. Sie waren kurz vor Kriegsende ums Leben gekommen oder danach an den Kriegsfolgen verstorben.

## Liszt-Haus

Das einstige Hofgärtnerhaus wurde zum Domizil von Franz Liszt. Von 1869 bis zu seinem Tod 1886 bewohnte er in den Sommermonaten die Räume des ersten Stockwerks. Die Winter verbrachte er in Rom, den Frühling in Budapest. Großherzog Carl Alexander gelang es, den berühmten Komponisten, Pianisten und Dirigenten zu einer zweiten Periode an Weimar zu binden, denn er wollte die Stadt zu einem Zentrum der Musik machen.

Liszt unterrichtete an drei Nachmittagen in der Woche begabte Schüler, ohne dafür Geld zu verlangen. Nach seinem Tod wollte der Großherzog, dass die Räume Erinnerungsstätte an den großen Künstler bleiben. Die Erbin übergab den Nachlass dem Großherzog, und so konnte bereits 1887 das Liszt-Haus als Museum öffnen.

*Originale Einrichtung im Liszt-Haus*

Wohn- und Arbeitszimmer blieben unverändert, zu den kostbaren Exponaten gehört der ungarische Reisepass von Liszt, ausgestellt 1872.
Nahe dem Liszt-Haus steht das **Liszt-Denkmal** aus weißem Carrara-Marmor, 1902 geschaffen von dem Münchner Bildhauer Hermann Hahn (1868 - 1945).

## Tempelherrenhaus

Zwischen dem Römischen Haus, den Parkhöhlen und dem Residenzschloss entstand 1786 im neugotischen Stil das Tempelherrenhaus. Dem Weimarer Hof diente es als Treff für Veranstaltungen, Ausstellungen und Konzerte. 1816 wurde auf Vorschlag von Goethe das Gebäude an der Ostseite um einen Turm erweitert. Liszt soll hier stundenlang zur Freude des Hofes gespielt haben, denn sein Haus befand sich nur wenige Meter entfernt. Anfang der 1920er Jahre nutzte das Staatliche Bauhaus das Gebäude als Atelier. Am Ende des Zweiten Weltkrieges beschädigten Bomben das Bauwerk sehr, stehen blieb nur der 1816 angebaute Turm des Tempels.

## Goethes Gartenhaus

Herzog Carl August hatte Goethe ein »Häusgen« geschenkt, um ihn an die Stadt zu binden. Überglücklich notierte der im Mai 1776: »Hab ein liebes Gärtgen vorm Tore an der Ilm schönen Wiesen in einem Tale. Ist ein altes Häusgen drinne, das ich mir reparieren lasse.« An Gräfin Auguste Louise zu Stolberg-Stolberg (1753 - 1835) schrieb er: »Es ist eine herrliche Empfindung dahausen im Feld allein zu sitzen. Morgen frühe wie schön, alles ist so still. Ich höre nur meine Uhr tacken, und den Wind und das Wehr von ferne, gute Nacht ...« Von 1776 bis 1782 wohnte Goethe in dem Haus an der Ilm, hier begann seine Liebe zu Christiane Vulpius. Das Gartenhaus blieb auch nach seinem Umzug in das repräsentative Haus am Frauenplan für ihn Rückzugs- und Arbeitsort. Die Einrichtungsgegenstände vermitteln dem Besucher unserer Tage einen Eindruck von der einfachen Lebensführung des berühmten Dichters. Das Haus war Goethe unmöbliert übergeben worden, alle Möbel fertigten die Hoftischler nach seinen Angaben, der Herzog bezahlte.
Den **Garten** legte Goethe nach seinen Vorstellungen an. Gemüsebeete und Blumenrabatten entstanden, Obstbäume und Nadelgehölze wurden gepflanzt. Das Haus und der Garten blieben nahezu unverändert erhalten, sie zeigen heute den Zustand von etwa 1820. Goethes letzter Nachkomme hatte testamentarisch verfügt, dass Haus und Garten als eigenständiges Grundstück erhalten und nicht in den Ilmpark integriert werden sollen. Am nordwestlichen Ende des Gartens steht der **Stein des guten Glücks**. Er gilt als eines der ersten nichtfigürlichen Denkmale Deutschlands - entworfen von Goethe. Der Würfel soll das Statische, Ruhende und die Kugel das Dynamische symbolisieren.
Wenige Schritte hinter Goethes Gartenhaus steht eine 1912 von Gottlieb Elster

*Goethes Gartenhaus im Park an der Ilm*

▶ Karte S. 140

(1867–1917) gefertigte **Kopie des Euphrosyne-Denkmals**, das Original von Friedrich Wilhelm Eugen Döll (1753–1816) ist auf dem Historischen Friedhof zu sehen. Mit ihm wird die bereits mit 20 Jahren verstorbene Schauspielerin Christiane Becker-Neumann (1778–1797) geehrt, die schon als Dreizehnjährige auf der Bühne des Hoftheaters stand. Nachdem ihr Vater überraschend verstorben war, kümmerte sich Goethe persönlich um ihre weitere schauspielerische Ausbildung. Sie war ihm, schrieb er in seinen Tag- und Jahresheften 1791, »das liebenswürdigste, natürlichste Talent, das mich um Ausbildung anflehte«. Von Christoph Martin Wieland sollen die Worte stammen: »Wenn sie nur noch einige Jahre so fortschreitet, wird Deutschland bald nur eine Schauspielerin haben.«

### Römisches Haus

Das Haus am westlichen Steilhang bildet eine Zierde im Ilmpark. Den Auftrag, eine herzogliche Sommerwohnung zu errichten, bekam Goethe von Herzog Carl August mit den Worten: »Den Bau des Gartenhauses übergebe ich dir ganz ... tue, als wenn du für dich bautest; unsere Bedürfnisse waren einander immer ähnlich.« Goethe ließ in das 1797 fertiggestellte Land- und Gartenhaus viel von dem einfließen, das er auf seiner Italienreise kennengelernt hatte, und so gleicht das tempelartige Bauwerk einem römischen Landhaus. Am 3. September 1825 feierte Großherzog Carl August hier seinen 50-jährigen Regierungsantritt. Der erste Gratulant war Goethe: Früh um 6 Uhr stand er vor der noch verschlossenen Tür. Drei Jahre später kam er wieder zum Römischen Haus, um sich von seinem Freund und Gönner für immer zu verabschieden. Der Großherzog war am 14. Juni 1828 plötzlich verstorben, und im Römischen Haus konnte man von seinem aufgebahrten Leichnam Abschied nehmen. In den folgenden Jahrzehnten stand das Haus leer, von der einstigen Ausstattung ist nichts erhalten. Heute ist unter anderen der als Audienzraum genutzte **Blaue Salon** zu besichtigen, im Erdgeschoss befindet sich eine **Ausstellung zur Geschichte des Ilmparks**.

*Das Römische Haus*

## Bauhaus-Universität

Das Bauhaus wurde zur Legende, als Pionier des modernen Bauens, als modernste Kunstschule des 20. Jahrhunderts. Die UNESCO hat die Stätten des Staatlichen Bauhauses zum Weltkulturerbe erklärt. In Weimar gehören dazu das von Henry van de Velde entworfene Hauptgebäude der heutigen Bauhaus-Universität, das sein Aussehen 1911 als Großherzoglich-Sächsische Hochschule für bildende Kunst bekam. Ferner gehört dazu der niedrigere Winkelbau der einstigen Kunstgewerbeschule. Zu Bauhauszeiten wurde er als Werkstattgebäude bezeichnet, heute als Van-de-Velde-Bau. Das Staatliche Bauhaus wurde 1925 aus Weimar vertrieben und siedelte nach Dessau um. In Weimar entstand die Staatliche Hochschule für Handwerk

*Hauptgebäude der Bauhaus-Universität*

und Baukunst, kurz Bauhochschule genannt, die 1996 zur Bauhaus-Universität Weimar wurde. Den Studenten stehen die vier Fakultäten Architektur und Urbanistik, Bauingenieurwesen, Kunst und Gestaltung sowie Medien zur Verfügung. Immatrikuliert sind rund 4000 Studierende. Die Bauhaus-Uni ist nach Jena und Ilmenau die drittgrößte Hochschule in Thüringen. Nach 1933, als das Bauhaus für immer schloss und die Nationalsozialisten deren Lehrer verjagten, verbreiteten diese die Bauhausideen in die ganze Welt.

### ■ Bauhaus-Hauptgebäude

Das dem Jugendstil verpflichtete Gebäude mit dem zur Belvederer Allee gerichteten Ostflügel ist der Gründungsort des Bauhauses. Es entstand zwischen 1904 und 1911 nach einem Entwurf von Henry van de Velde, der an diesem Schulbau beispielhaft die Einheit von Form und Funktion zelebrierte. Auffallend sind die eindrucksvollen Atelierfenster. Heute ist es das Hauptgebäude der Bauhaus-Universität. Bildungseinrichtungen sind keine Besichtigungsobjekte. Wer aber dennoch einen Blick in das Erdgeschoss wagt, der wird die frei schwingende **Jugenstiltreppe** sehen sowie die 1912 geschaffene **Skulptur Eva** von Auguste Rodin (1840–1917). Links davon das Wandrelief **Konfigurationen** zu sehen, das Joost Schmidt (1893–1948) anlässlich der Bauhaus-Ausstellung 1923 schuf, und auf der rechten Seite das Pendant, die Wandgestaltung **Rhythmus** von 1976, die von Hubert Schiefelbein (geb. 1930) stammt. Am Eingang befinden sich die **Büsten von Walter Gropius und Henry van de Velde**, der Schöpfer ist Siegfried Tschierschky (1898–1965). Die ebenfalls anlässlich der Bauhaus-Ausstellung geschaffenen Wandbilder

*Skulptur »Zwei Schwestern«*

▸ Karte S. 137

von Herbert Bayer (1900–1985) und Joost Schmidt aus Stuck, Putz und Glas wurden später zerstört, aber teilweise rekonstruiert.

Raum 112 ist das einstige **Direktorenzimmer von Walter Gropius**. Das 1999 rekonstruierte Zimmer entstand 1923 als »Arbeitszimmer der Zukunft« für die Bauhaus-Ausstellung. In diesem Zimmer habe Bauhausgründer Gropius nicht nur gearbeitet, ist überliefert, er soll es auch für Mittagsschläfchen genutzt haben. An der Ostseite des Gebäudes bekam die Sandstein-Skulptur **Zwei Schwestern** ihren Platz. Geschaffen hat sie 1911 Richard Engelmann (1868–1966), der als Professor für Bildhauerei an der Kunsthochschule Weimar und am Staatlichen Bauhaus tätig war.

## Prellerhaus und Brendelsches Atelier

Vom Uni-Hauptgebäude sind es keine 50 Meter bis zu diesen beiden Einrichtungen, die jahrzehntelang ein Schattendasein führten, obwohl es die einzigen erhalten gebliebenen Bauwerke aus der Frühzeit der 1860 gegründeten Kunstschule sind und somit die ältesten auf dem Bauhaus-Uni-Campus. Das 1870/71 erbaute Haus ist nach dem Bauherrn, dem Landschaftsmaler Carl August Louis Preller (1822–1901), benannt, der ein entfernter Verwandter des gleichnamigen Direktors der Fürstlichen freien Zeichenschule war. Es entstand als Atelierhaus, in dem Henry van de Velde sein erstes Büro in Weimar einrichtete, um die heute UNESCO-geschützten Bauhausbauten zu planen. Später wohnten auch Studenten des Staatlichen Bauhauses darin.

Das gründlich sanierte **Prellerhaus** mit der Adresse Geschwister-Scholl-Straße 6 wird oft verwechselt mit der Villa Belvederer Allee 8, dem einstigen Wohnhaus des gleichnamigen Direktors der

*Prellerhaus (hinten) und Brendelsches Atelier*

Fürstlichen freien Zeichenschule. Fälschlicherweise wird das oft auch als »Prellerhaus« bezeichnet. Das »richtige« Prellerhaus auf dem Campusgelände wurde 2007/08 umfassend saniert, wie auch das **Brendelsche Atelier** dahinter. Das flache Gebäude mit der filigranen Stahlkonstruktion und einem gläsernen Walmdach ließ der Kunstschuldirektor Albert Heinrich Brendel (1827–1895) erbauen. Kein Haus weit und breit erlebte so viele Veränderungen wie dieses Atelier, es wurde versetzt, um 90 Grad gedreht, es wurden Teile abgerissen, und es wurde angebaut. Seit Jahren nutzt den Flachbau ebenfalls die Bauhaus-Universität.

## Van-de-Velde-Bau

Dem Bauhaus-Hauptgebäude gegenüber befindet sich das Haus der ehemaligen »Großherzoglich Sächsischen Kunstgewerbeschule«, 1905/06 geschaffen von Henry van de Velde und deshalb auch Van-de-Velde-Bau genannt. Hinter den Fenstern im Obergeschoss des Südflügels befand sich das Privatatelier von Henry van de Velde. Hier war zur Bauhaus-Ausstellung 1923 im Foyer und im Treppenhaus von Oskar Schlemmer

*Der Van-de-Velde-Bau*

(1888–1943) eine malerisch-plastische Ausgestaltung entstanden, die Kunstkritiker als das Beste und Interessanteste bezeichneten, das auf der Ausstellung zu sehen war. Das Kunstwerk wurde später abgeschlagen und übertüncht. Seit 1999 ist eine teilweise Rekonstruktion des 15 Meter breiten und bis zu sechs Meter hohen Figurenfrieses wieder zu sehen, der vom Erdgeschoss in den Obergeschoss reicht. Schlemmer leitete am Bauhaus die Steinbildhauerwerkstatt.

## Feininger-Radweg

**Route**: Rundweg, Weimar/Bauhaus-Universität–Niedergrunstedt–Gelmeroda–Vollersroda–Possendorf–Buchfart–Mellingen–Oberweimar–Weimar/Bauhaus-Universität
**Länge**: rund 30 km; Ausschilderung mit einem stilisierten Radfahrer über einem gelben Querbalken. Gut beraten ist, wer sich mit einem Prospekt zum Radweg auf die Reise begibt.

Der Rundkurs folgt den Spuren des amerikanischen Bauhaus-Künstlers Lyonel Feininger, der mit Fahrrad, Skizzenblock und Stift oft im Weimarer Land unterwegs war und seine Lieblingsmotive später in Holzschnitten, Zeichnungen, Lithografien und Ölgemälden verarbeitete. Glastafeln zeigen Reproduktionen seiner Bilder, die man mit den Originalen vor Ort vergleichen kann. Vom Hauptgebäude der Bauhaus-Universität gelangt man, vorbei am Historischen Friedhof, zum **ehemaligen Wohnhaus der Familie Feininger**, Gutenbergstraße 16, an die eine Gedenktafel erinnert. In **Niedergrunstedt** war die Kirche St. Mauritius Feiningers Motiv, auch der Innenraum mit dem Pyramidenkanzelaltar und der barocken Ausmalung des Hofmalers Ernst Rensch ist sehenswert. Im Hofatelier gleich nebenan stellen Künstler aus und beleben den Ort mit zahlreichen Veranstaltungen. Weithin grüßt der schlanke, achteckige Turm der Kirche in **Gelmeroda** (→ S. 167), die es Feininger besonders angetan hatte. 13 Gemälde entstanden von ihr, eine Ausstellung im Innenraum thematisiert das Schaffen des Künstlers. Die Chorturmkirche in **Possendorf** mit ihrem wertvollen Schnitzaltar von 1505 und den gotischen Spitzbogenfenstern inspirierte Feininger auch nach Rückkehr in die USA zu zahlreichen Arbeiten. Von der **Vollersrodaer Kirche** aus dem 15. Jahrhundert malte Feininger vier Bilder. Wer eine Pause braucht, folgt dem Wegweiser zum **Waldgasthaus Balsamine**. In idyllischer Lage werden leckere, frisch zubereitete Ge-

▶ Karte S. 137

richte und Getränke gereicht. Der nächste Ort **Buchfart** wartet mit einer Rarität auf, einer überdachten Holzbrücke von 1818. Gleich daneben klappert die historische Mühle, deren Produkte im Mühlenladen zu kaufen sind. Den Turm aus farbigen Rohren in **Mellingen**, Feiningerturm genannt, konnte der Künstler nicht kennenlernen. Den schuf der Schweizer Marcel Kalberer erst zum Kulturstadtjahr 1999. Die wuchtige Dorfkirche St. Georg dagegen sowie verschiedene Dorfansichten waren weitere Motive Feiningers. Nun schlängelt sich der Radweg entlang der Ilm bis nach **Oberweimar**, einst vor den Toren Weimars gelegen. Feininger malte die Kirche St. Peter und Paul sowie die historische Steinbrücke, die ihn magisch anzog. Vorbei am **Bienenmuseum** (→ S. 161) werden der **Park an der Ilm** (→ S. 138) und das Stadtzentrum erreicht. Eine Übersichtskarte findet sich auf der Seite www.weimarer-land.travel/feininger-radweg).

## Am Horn entlang

»Am Horn« ist ein alter Flurname in Weimar, das Land zieht sich auf einem Hügel oberhalb der Ilm wie ein Horn entlang. Der westliche Rand fällt zum Ilmpark ab, die Straße »Am Horn« bildet die Grenze. Den nördlichen Abschluss bildet die Leibnizallee. Einst gab es hier Weinberge und Gärten, erst Ende des 19. Jahrhundert entdeckten betuchte Weimarer die Gegend und machten sie einer begehrten Wohnadresse, später kamen Künstler und Literaten dazu. Viele stattliche Villen entstanden, die noch heute die Blicke auf sich ziehen. Doch seit 1923 stiehlt ihnen ein kleines Haus die Show, das wie eine weiße Schachtel aussieht, aber in die Architekturgeschichte als **Haus am Horn** einging. Es ist die einzige in Weimar realisierte Bauhausarchitektur. Teile dieser Gegend waren lange Zeit öffentlich nicht zugänglich, seit Mitte des 19. Jahrhunderts gibt es Am Horn auch die **Streichhan-Kaserne**, ein Bau des Oberbaudirektors des Herzogtums, Carl Heinrich Ferdinand Streichhan (1814–1884), Nachfolger von Coudray. Nach dem Zweiten Weltkrieg ließ sich in dieser Gegend die östliche Siegermacht nieder, deren militärisches Sperrgebiet bis zur Albrecht-Dürer-Straße reichte. Nach dem Abzug der russischen Truppen 1993 wurde der Hauptbau der Kaserne restauriert und umgebaut, und die Hochschule für Musik »Franz Liszt« bezog darin ihren zweiten großen Standort in der Stadt.

*Die ehemalige Streichhan-Kaserne gehört heute zur Musikhochschule*

*Haus im Quartier »Neues Bauen am Horn«*

Das ehemalige Lazarett und die Gewehrkammer wurden Studentenwohnheim, das alte Offizierskasino nutzt die Bauhaus-Universität. Doch weithin bekannt wurde dieser Teil Weimars durch ein neues Wohngebiet, das die Traditionen des Bauhauses fortführt.

### Neues Bauen am Horn

Die 1923 geplante Bauhaus-Siedlung oberhalb des Parks an der Ilm scheiterte, doch rund 100 Jahre später hat Weimar eine vergleichbare Siedlung. Als nach der Einheit Deutschlands die letzten russischen Truppen in Richtung Osten verschwunden waren, lag das damals für die Bauhaus-Siedlung vorgesehene Land brach. An der Bauhaus-Universität kam die Idee auf, die einst gescheiterten Pläne wieder aufzugreifen. Vor diesem historischen Hintergrund entstand ein lebendiges Stadtquartier. »Neues Bauen am Horn« steht für Modernität, keine Parzelle gleicht in der Größe und auch im Zuschnitt einer anderen. Fußläufig ist das Wohngebiet über die Sternbrücke erreichbar. Heute hat die Siedlung den Villencharakter einer Vorstadt, entstanden sind fast ausschließlich Einfamilienhäuser. Besonders glücklich schätzen sich jene, die in malerischer Hanglage mit Blick über Weimar ihr Haus errichten konnten.

### Villa Haar

Viele Häuser Weimars erzählen interessante Geschichten, so auch die herrschaftliche Villa Haar, die sich hinter Bäumen versteckt. Sie entstand 1885 im Stil der italienischen Neorenaissance, als Vorbild diente die Villa d'Este in Tivoli bei Rom. Benannt ist das Bauwerk mit der postalischen Anschrift Dichterweg 2a nach der Familie Haar, den letzten Besitzern. Dr. Georg Haar und seine Ehefrau Felicitas, die am Ende des Zweiten Weltkrieges, im Juli 1945, freiwillig aus dem Leben schieden, vermachten ihr gesamtes Vermögen der Stadt Weimar, angefangen von den wertvollen russischen Ikonen, die ins Stadtschloss kamen, bis zu der Villa am Rand des Ilmparks. Die Bedingung im Testament lautete: Ihr Wohnhaus soll ein Kinderheim für Kriegswaisen werden. Im Oktober 1945 zogen die ersten Kinder in die Villa Haar, die von den DDR-Behörden den Namen der Ehefrau des Kommunistenführers Ernst Thälmann bekam und fortan Rosa-Thälmann-Kinderheim hieß. Weil das Haus mit dem weitläufigen Park nicht mehr den heutigen Anforderungen entspricht, die an ein Kinderheim gestellt werden, erfolgte die Umwandlung in ein modernes Veranstaltungs- und Tagungszentrum.

### Haus Am Horn

Das »Versuchshaus Am Horn« gilt als das erste Fertighaus der Welt und somit als Prototyp aller Kataloghäuser. Es befindet sich an der östlichen Seite des Parks an der Ilm, unweit von Goethes Gartenhaus und gehört zu den Bauhausbauten, die auf der UNESCO-Welterbeliste stehen. Errichtet wurde es 1923 für die von der Landesregierung geforderte Bauhaus-Leis-

▲ Karte S. 137

tungsschau, geschaffen von dem damals jüngsten Bauhausmitarbeiter Georg Muche (1895–1987). Es war für eine drei- bis vierköpfige Familie gedacht. Um einen vier Meter hohen, quadratischen Raum gruppieren sich die Wohnräume, das Kinderzimmer, die Küche und das Bad. Das eingerichtete Haus entstand als Experimentierbau für neue Wohnformen, neue Bauweisen und neue Baumaterialien. Die Meinungen dazu waren jedoch sehr kontrovers, so wurde das bungalowähnliche Bauwerk sogar als »öffentliche Latrine« und »weiße Bonbonschachtel« bezeichnet. In der Kritik stand vor allem, dass sich ein solch eingerichtetes Haus nur Wohlhabende leisten können – und die bemängelten das fehlende Dienstmädchenzimmer.Ab 1924 befand sich das Haus am Horn im privaten Besitz, es erfolgten viele bauliche Veränderungen, die Einrichtungsgegenstände wurden verkauft. Bis 1998 war das Haus bewohnt, danach wurde es nach den Auflagen der Denkmalpflege saniert und weitestgehend wieder so hergerichtet, wie es 1923 ausgesehen hatte. Problematisch gestaltete sich jedoch die Möblierung, denn die Originale waren nicht auffindbar, und Rekonstruktionen gestalteten sich anhand der mangelhaften Unterlagen schwierig. Im Jahr 2019 übernahm die Klassik Stiftung das Haus am Horn, das seitdem wieder regelmäßig geöffnet ist. Eine Dauerausstellung informiert über seine Geschichte und das Anliegen, das das Staatliche Bauhaus mit dem Bau verfolgte. Der Schöpfer des Hauses, Georg Muche, besuchte zu DDR-Zeiten wiederholt Weimar, 1979 verlieh ihm die damalige Hochschule für Architektur und Bauwesen die Ehrendoktorwürde.

### Paul-Klee-Wohnung

Der Schweizer Maler und Grafiker Paul Klee (1879 –1940) bewohnte in dem schlichten Haus mit der Adresse Am Horn 53 von 1921 bis 1925 im ersten Stock eine Vier-Zimmer-Wohnung. Paul Klee und seine Frau Lily waren gesellige Menschen, wenn sie Gäste hatten, spielte er Geige und sie als Pianistin auf dem Flügel. Bevor Lily Klee nach Weimar kam, hatte ihr Mann in einem Brief von der neuen Wohnung geschwärmt: »Der reine Landaufenthalt, auf der Höhe über dem Park. Der Weg ins Atelier führt durch diesen. Quer durch, an Goethes Gartenhaus vorbei, über die Ilm zur Ruine hinauf.« Die Nationalsozialisten ließen von dem

*Das Haus am Horn*

Bauhausmitarbeiter Klee 102 Werke aus Museen und Sammlungen als »entartete Kunst« entfernen.

## Haus Pogwisch

Es ist wohl das letzte der erhalten gebliebenen Weinberghäuser des klassischen Weimar. Es liegt südlich zu Goethes Gartenhaus, also im östlichen Teil des Ilmparks. 1806 erwarb das fast quadratische Haus Gräfin Eleonore Maximiliane Ottilie Henckel von Donnersmarck (1756–1843), die Oberhofmeisterin von Großherzogin Maria Pawlowna und Großmutter von Ottilie von Pogwisch. Die wiederum war die Schwiegertochter von Goethe. August, der einzige Sohn des Dichters, wohnte in dessen Gartenhaus. Da beide Grundstücke aneinandergrenzen, kamen sich Ottilie und August näher und heirateten 1817. Aus der Ehe gingen die Kinder Walther (1818–1885), Wolfgang (1820–1883) und Alma (1827–1844) hervor. Vor dem Zweiten Weltkrieg kam das Haus ins Gerede. In den Sommermonaten bewohnte es von 1927 bis zu ihrem Tod die Ex-Fürstin Sophie von Albanien (1885–1936) mit einer Freundin und Haushälterin. Die Frau war die Gemahlin des Prinzen Wilhelm zu Wied (1876–1945), der 1914 für ein halbes Jahr als Fürst von Albanien regierte. Heute nutzt das Pogwisch genannte Haus die Klassik Stiftung für Gäste.

## Villa Ithaka

Die pompöse Villa mit der Adresse Am Horn 25 ließ sich der seinerzeit bekannte Dramatiker Ernst von Wildenbruch (1845–1909) in den Jahren 1906/07 im neobarocken Stil errichten. Sie gehörte seinerzeit zu den modernsten Bauten, weil sie bereits Toiletten mit Wasserspülung und eine zentrale Dampfheizung besaß. Die Villa steht am Ende des Grundstücks und ist von der Straße aus kaum noch zu sehen, weil nach der Einheit ein Investor den großen Garten mit Neubauten zugestellt hat. Architekt des Hauses ist Paul Schultze-Naumburg (1869–1949), von dem unter anderem das Schloss Cecilienhof in Potsdam stammt. 1932 war Schultze-Naumburg für die NSDAP in den Reichstag eingezogen, als Direktor der Weimarer Hochschule für Baukunst, bildende Künste und Handwerk veranlasste der stramme Nationalsozialist, dass aus dem Schlossmuseum Arbeiten von Otto Dix, Ernst Barlach, Emil Nolde und anderer namhafter Künstler entfernt wurden. Von Schultze-Naumburg stammt auch das Grabmal für

*Haus Pogwisch*

▸ Karte S. 137

Ernst von Wildenbruch auf dem Historischen Friedhof in Form eines dorischen Tempels. Ein 1915 enthülltes Denkmal für den Dramatiker schuf der Bildhauer Richard Engelmann (1868–1966), von dem auch die beiden Plastiken *Ruhende Frau* und *Zwei sitzende Frauen* am Bauhaus-Universitäts-Hauptgebäude stammen. Zu DDR-Zeiten wollte man nichts von Wildenbruch wissen, in dessen Historiendramen Könige und Fürsten im Mittelpunkt standen, und entfernte das Denkmal 1976. Seit 1995 steht es im Poseckschen Garten.

## Links und rechts des Wielandplatzes

Überlebensgroß tritt dem Gast Christoph Martin Wieland entgegen. Der Pädagoge, Dichter, Schriftsteller und Übersetzer hatte 15 Jahre lang im nahen Haus Marienstraße 1 gelebt. Die Bronzestatue, geschaffen von Hanns Gasser (1817–1868), zeigt Wieland in der Kleidung der damaligen Zeit, in der linken Hand hält er sein wohl bedeutendstes Werk, das Versepos *Oberon*. Enthüllt wurde das Denkmal am 4. September 1857, dem 100. Geburtstag von Großherzog Carl August, zusammen mit dem Goethe-Schiller-Denkmal auf dem heutigen Theaterplatz. König Maximilian II. von Bayern stiftete einen Großteil des Geldes und stellte die Bronze dafür bereit. Die sollen von Kanonen stammen, die im griechischen Unabhängigkeitskrieg 1827 erbeutet worden waren. Das Wieland-Denkmal wurde wenige Jahre später zum **Wielandbrunnen**, und der Platz bekam den Namen jenes Mannes, dem Weimar viel verdankt. Markantestes Bauwerk an der Ecke zum Frauenplan ist das **Hansahaus** von Rudolf Zapfe (1860 - 1934), ein Wohn- und Geschäftshaus von 1905 im Jugendstil mit geschwungenen Formen, Balkonen und Erkern.

*Jugendstil am Hansahaus*

### Beethovenplatz

Keine 300 Meter sind es vom Wielandplatz in östlicher Richtung bis zum Beethovenplatz mit dem **Hafis-Goethe-Denkmal**, das kulturelle Toleranz symbolisieren soll. Im Juli 2000 haben es der Staatspräsident des Iran und der deutsche Bundespräsident eingeweiht. Die zwei Stühle erinnern an die Begegnung Goethes mit dem Werk des persischen Nationaldichters Hafis (1326 - 1390). Goethe inspirierten dessen Arbeiten zu seiner Gedichtsammlung *West-östlicher Divan*. Die Westseite des Beethovenplatzes begrenzt das **Dorint-Hotel**, in das die frühere Russische Gesandtschaft und die Dingelstedt-Villa mit den beiden achteckigen Türmen einbezogen wurden. Benannt ist die Villa nach Franz von Dingelstedt (1814 - 1881), der von 1857 bis 1967 Generalintendant des Weimarer Hoftheaters war, danach die Wiener Hofoper und dann das Wiener Burgtheater leitete. Das **Archivgebäude** an der Südseite des Platzes, das sich im Stil eines italienischen Palazzos präsentiert, war während der Erbauungszeit 1882 bis 1884 eins der modernsten seiner Art.

*Die Herz-Jesu-Kirche*

## Steubenstraße

Vom Wielandplatz geht westlich die viel befahrene Steubenstraße ab, die bis zum Ende des Zweiten Weltkrieges SA-Straße hieß. Die Amerikaner besorgten in ihrer nur wenige Wochen dauernden Besatzungszeit die Umbenennung. Denn der Preuße Friedrich Wilhelm von Steuben (1730 – 1794) war in der Armee von George Washington zum General aufgestiegen und wesentlich am Sieg im Unabhängigkeitskrieg beteiligt. Das Haus mit der **Nummer 32** ist von Interesse, weil sich in ihm die Wohnung von Bauhaus-Gründer Walter Gropius befand. Der emigrierte nach Schließung der Bildungseinrichtung nach London und von dort drei Jahre später in die USA, nach Cambridge (Massachusetts).

Ist die Gropiusstraße überschritten, verdient der **Froschbrunnen** hinter der Staatlichen Gemeinschaftsschule einen Blick. Den fertigte um 1910 Bildhauer Arno Zauche (1875 – 1941), an seinen jetzigen Standort kam der Brunnen 1938 vom Jakobsplan. Im Neorenaissance-Doppelhaus mit der **Nummer 38/40** wohnte Georg Muche, der sich mit dem Musterhaus »Am Horn« ein bleibendes Denkmal in Weimar gesetzt hat. Schräg gegenüber, am Haus Prellerstraße 2, erinnert eine **Gedenktafel an Rudolf Steiner** (1861 – 1925). Der spätere Begründer der Waldorfschulen wohnte Ende des 19. Jahrhunderts als Mitarbeiter des Goethe-Schiller-Archivs in dem neoklassizistischen Haus.

## Herz-Jesu-Kirche

Die Steubenstraße endet am August-Frölich-Platz mit der katholischen Herz-Jesu-Kirche. Das 1891 geweihte neogotische Gotteshaus ähnelt, vor allem wenn man die Kuppel und den Glockenturm betrachtet, sehr dem berühmten Dom von Florenz. Architekt war Max Meckel (1847 – 1910). Die kleine Kirchgemeinde hatte zwei prominente Mitglieder, die Komponisten Johann Nepomuk Hummel und Franz Liszt.

Die im Jahr 2011 eingeweihte »Franz-Liszt-Gedächtnisorgel« steht neben dem liturgischen Gebrauch auch der Hochschule für Musik »Franz Liszt« zur Verfügung, die sie für Konzerte und Unterrichtszwecke nutzt.

Der Platz trägt den Namen des Politikers August Frölich (1877 – 1966), der nach dem Zweiten Weltkrieg bis zur Auflösung des Landes Thüringen durch die DDR-Behörden im Jahr 1952 Präsident des Landtages war.

## Museum für Ur- und Frühgeschichte

In diesem Museum wird tief in die Geschichte eingetaucht, zu sehen sind altsteinzeitliche Funde aus Bilzingsleben und Reste einer frühen Form des Neandertalers aus Weimar-Ehringsdorf. Die gehören zu den ältesten Nachweisen menschlicher Existenz in Mitteleuropa. Werkzeuge, Jagdtierknochen und Feuerstellen geben Einblick in das Leben der Menschen in der Altsteinzeit. Ausgestellt

▲ Karte S. 137

sind auch Goldschmiedearbeiten aus dem Grab einer germanischen Fürstin, das in Haßleben entdeckt wurde und der goldene Schmuck aus dem Grab einer ostgotischen Prinzessin, der in Oßmannstedt bei Weimar gefunden wurde und aus der Völkerwanderungszeit stammt. Zum Museum gehört das **archäologische Freigelände** im Stadtteil Ehringsdorf, eine der bedeutendsten Fundstellen dieser Art. Seit 1908 werden hier Reste von Neandertalern entdeckt. Das Gelände ist von April bis Oktober frei zugänglich. Vom Hainweg führt der ausgeschilderte Ernst-und-Kurt-Lindig-Weg zum Freigelände, wo mehrere Informationstafeln stehen. Zu Fuß braucht man vom Museum bis hierher etwa eine Stunde, das Gelände ist auch erreichbar mit der Buslinie 1.

Das Museum für Ur- und Frühgeschichte befindet sich im Poseckschen Wohnhaus an der Straße, die den Namen Am Poseckschen Garten trägt, gegenüber liegt der Historische Friedhof. Der Name geht auf den Kammerherrn Friedrich Carl Christian von Poseck (1785 –1850) zurück. Der bezog 1827 das seinerzeit zweitgrößte Wohnhaus in Weimar, dessen Hausgarten zum heutigen Park wurde.

*Im Museum für Ur- und Frühgeschichte*

## Hauptfriedhof

Als der Jakobsfriedhof als alleinige Begräbnisstatte in Weimar nicht mehr ausreichte, wurde 1818 südlich außerhalb der Stadt der »Neue Friedhof vor dem Frauentor« angelegt. Heute ist es der Hauptfriedhof von Weimar, der neuere Teil entstand 1862 in Richtung Süden und Westen, der nördliche Teil wurde zum »Historischen Friedhof«. Das **Denkmal für die Märzgefallenen** von Bauhausdirektor Walter Gropius wird vom Volksmund »gefrorene Blitze« genannt, Gropius selbst sprach von einem »Blitzstrahl aus dem Grabesboden als Wahrzeichen des lebendigen Geistes«. Das Denkmal ist den Weimarer Opfern des Kapp-Putsches von 1920 gewidmet. Die Nationalsozialisten zerstörten es 1935, nach dem Zweiten Weltkrieg entstand es in etwas veränderter Form wieder. Gemeinschaftsgräber erinnern an Tote des Konzentrationslagers Buchenwald und der Bombenangriffe im April 1945.

### ■ Historischer Friedhof

Der älteste Teil des »Neuen Friedhofs vor dem Frauentor« bildet heute den Historischen Friedhof. Die parkähnliche Anlage mit alten Bäumen gehört mit der Fürstengruft und der mit ihr verbundenen Russisch-Orthodoxen Kirche zum UNESCO-Weltkulturerbe, hier ruhen Persönlichkeiten, die fast alle mit dem Weimarer Kultur- und Geistesleben verknüpft sind. Auf dem Rasen beiderseits des zur Fürstengruft führenden Hauptweges blieben zahlreiche verwitterte Grabsteine und Eisenkreuze stehen.

Im Nordosten wurde die einstige Friedhofskapelle nach dem Ersten Weltkrieg zur **Gedächtnishalle** umfunktioniert. Hinter der **Russisch-Orthodoxen Kirche** befindet sich der **Urnenhain der Marie-Seebach-Stiftung**. Hier fanden mehr als

150 verdiente Bühnenkünstler, die in der Wohnanlage der Stiftung ihren Lebensabend verbracht hatten, ihre letzte Ruhestätte. Nahebei steht das **Euphrosyne-Denkmal** aus dem Jahr 1800, das an die mit 20 Jahren verstorbene Schauspielerin Christiane Becker-Neumann erinnert, die auf dem Jakobsfriedhof bestattet wurde. Das Denkmal, das sich gegenüber dem Schloss befand und 1950 an seine jetzige Stelle kam, entstand auf Anregung von Goethe, der die Schauspielerin in seiner Elegie *Euphrosyne* verewigte. Nachdem ihn 1797 in Zürich die Todesnachricht ereilt hatte, schrieb er an Karl August Böttiger, den Direktor des Weimarer Gymnasiums: »Ich leugne nicht, dass der Tod der Becker mir sehr schmerzlich gewesen. Sie war mir in mehr als einem Sinne lieb.« In der Umgebung befinden sich die Ehrengräber der Stadt, darunter die namhafter Dichter und Musiker, unter ihnen der 1949 verstorbene Verleger Gustav Kiepenheuer und der 1956 verstorbene Dirigent Hermann Abendroth.

## Fürstengruft

Die Gruft – die Grablege des Herzoghauses Sachsen-Weimar-Eisenach – bildet das Herzstück der Friedhofsanlage. Errichtet wurde der klassizistische Bau 1825/26 auf Geheiß von Großherzog Carl August. Dessen Vorgabe: »Etwas

Der Historische Friedhof von Weimar

sehr Einfaches, bloß ein dem Bedürfnis gewidmetes Totenmagazin zu errichten, das Gezierte wollen wir für die Wohnung der Lebenden sparen.« 1824 wurden 27 im Residenzschloss eingelagerte Särge in die Gruft überführt. Durch eine von antiken Säulen getragene Vorhalle geht es in den Kapellenraum mit der sternenbekrönten Kuppel und den Büsten von Goethe und Schiller. Eine Treppe führt in das Gruftgewölbe. Hier sind 33 Särge des Fürstenhauses zu sehen, darunter der von Carl August, dessen Bronzesarkophag von Oberbaudirektor Coudray stammt. Nahe der Treppe befinden sich die Eichensärge von Goethe und Schiller. Der älteste Sarg ist der von Wilhelm IV. aus dem Jahr 1661, die letzte Beisetzung in der Gruft erfolgte 1905, als die erst 20 Jahre alte Großherzogin Caroline, die erste Gemahlin von Großherzog Wilhelm Ernst, beerdigt wurde.

Viel Aufregung verbindet sich mit den Särgen von Goethe und Schiller. Der von Goethe wurde 1970 in aller Stille geöffnet. Als das 28 Jahre später bekannt wurde, gab es wegen »antihumanistischer Erbpflege« viel Geschrei. Doch das Gegenteil war der Fall. DDR-Wissenschaftler konservierten die sterblichen Überreste Goethes, um sie weiterhin für die Nachwelt zu erhalten. Im Jahr 2008 sorgte der Sarg von Friedrich Schiller für enormes Aufsehen, weil festgestellt wurde, dass im Sarg von Schiller kein Schiller liegt (→ S. 54).

*Die Russisch-Orthodoxe Kirche*

## ■ Russisch-Orthodoxe Kirche

Großherzogin Maria Pawlowna wünschte als Tochter des russischen Zaren Paul I. in einer russisch-orthodoxen-Kirche in heimatlicher Erde bestattet zu werden. So hatte sie es testamentarisch verfügt. Die Kirche wurde an die Fürstengruft angebaut und mit dieser durch einen unterirdischen Wanddurchbruch verbunden. In einem Bericht des Hofmarschallamtes ist dazu zu lesen: »... mittels Durchbauung der Mauer der Großherl. Fürstengruft der Sarg Ihrer Kaiserl. Hoheit dicht neben dem Sarg des höchstseligen Großherzogs Carl Friedrich zu stehen kam!« Der Entwurf für die Kirche wurde aus Russland geliefert. Ihre fünf vergoldeten Zwiebeltürme bilden einen schönen Kontrast zur schlichten klassizistischen Fürstengruft. Maria Pawlowna verstarb an einem 23. Juni. Scheint an diesem Tag die Sonne, dann fallen bei entsprechendem Stand die Strahlen durch das mittlere bunte Glasfenster über dem Portal und die durchbrochene Bodenplatte auf den Sarkophag der Großherzogin. Ausgedacht hat sich diese symbolische Verbindung zum Leben Baumeister Carl Heinrich Ferdinand Streichhan. Genutzt wird die Kirche von der russischen Gemeinde.

# Letzte Ruhestätte Prominenter

Ein Spaziergang über den ältesten Teil des »Friedhofes vor dem Frauentore« gleicht einem Blick in das enzyklopädische Familienalbum Weimars. Einige Berühmtheiten wie Lucas Cranach der Ältere und Goethes Frau Christiane liegen auf dem Jakobskirchhof. Als der geschlossen wurde, erfolgten die Beerdigungen ab 1818 auf dem neuen Friedhof. Dessen ältester Teil, der nördliche, heißt heute »Historischer Friedhof«. Auf dem haben sich die letzten Ruhestätten jener erhalten, die Rang und Ansehen besitzen, die als prominent in Weimar gelten. Vom Eingang Am Poseckschen Garten geht es zur westlichen Friedhofsmauer, zur Grabstelle von Goethes langjähriger Vertrauten Charlotte von Stein (1742–1827), Hofdame von Herzogin Anna Amalia. Das Reliefporträt am Grab fertigte viele Jahre nach ihrem Tod der namhafte Bildhauer Adolf von Donndorf, als Vorlage diente ein Selbstporträt der Frau von Stein. Nebenan befindet sich die Grabstätte der Familie Kirms. Franz Kirms (1750–1828), Hofrat unter Großherzog Carl August, hatte mit 73 Jahren die 44-jährige Erdmuthe Sophie Krackow, Kammerfrau von Maria Pawlowna, geheiratet. Ihr Haus ist heute bekannt als Kirms-Krackow-Haus (→ S. 103). Wie viele andere, so besaß auch Kirms eine Beziehung zu Goethe: Er war dessen rechte Hand bei der Leitung des Theaters.

Weiterlaufend kommt man zum Grab von Clemens Wenzeslaus Coudray (1775–1845), der als Oberbaudirektor wesentlich für die klassizistische Prägung Weimars sorgte. Seine Grabplatte hatte Coudray selbst entworfen, von ihm stammt auch der Entwurf für Schillers Sarg. Etwas weiter kommt der Begräbnisplatz der Familie Schwabe. Seine letzte Ruhestätte fand hier unter anderem Bürgermeister Carl Leberecht Schwabe (1778–1851), der die Gebeine von Schiller aus dem Kassengewölbe exhumieren ließ. Johannes Daniel Falk (1768–1826) und seine Frau Caroline (1780–1841) haben für ihre Grabstätte die Inschrift selbst gedichtet: »Während Gott ihr sieben der eigenen Kinder nahm, war sie fremden Kindern eine Mutter.« Beide sorgten sich um Kriegswaisen und gelten als Begründer der sozialen Fürsorge in Deutschland.

Nebenan befindet sich die Grabstätte der Familie Goethe. Doch die Familie ist im Tod nicht vereint: Der Sarg des Dichters steht in der Fürstengruft, Ehefrau Christiane (1765–1816) ruht auf dem Jakobsfriedhof, und Sohn August (1789–1830) wurde in Rom beerdigt. Bestattet wurden hier unter anderem Schwiegertochter Ottilie (1796–1872), die Goethe-Enkel Walther (1818–85), Wolfgang (1820–83) sowie Alma, die 1844 in Wien, einen Monat vor ihrem 17. Geburtstag, an Typhus verstorben war. Alma wurde in Wien beigesetzt und 40 Jahre später auf den Historischen Friedhof überführt. Das in Rom von Jens Adolph Jerichau (1816–1883) gefertigte Grabdenkmal zeigt die schlafende Alma; es ähnelt sehr dem Grabmal Johann Friedrich Overbecks in der Kirche San Bernardo in Rom.

An der Mauer weiterlaufend wird das Grab von Johann Nepomuk Hummel (1778–1837) erreicht, seinerzeit der berühmteste Klaviervirtuose Europas. Hummel war Schüler von Mozart, Beethoven und Haydn, nach Weimar hatte ihn Großherzogin Maria Pawlowna als Hofkapellmeister geholt. Auf Einladung von Goethe spielte er bei Feierlichkeiten oft im Wohnhaus des Dichterfürsten auf dem Flügel. Bei ihm ruhen seine Frau und seine Schwiegertochter.

Bevor es zur östlichen Friedhofsmauer geht, kommt das Grab von Hofmalerin Louise Seidler (1786 – 1866). Sic ist Kunslfreunden auch deshalb ein Begriff, weil sie in Dresden Georg Friedrich Kersting Modell für dessen berühmtes Bild *Die Stickerin* stand, das sich im Weimarer Stadtschloss befindet.

Die schöne Parkanlage mit alten Bäumen lockt auch manchen Weimarer ab und zu auf den Friedhof. Der Weg vieler führt auch zum etwas abseits der östlichen Friedhofsmauer, in Höhe der Fürstengruft liegenden Grabstätte von Johann Peter Eckermann (1792–1854), einem der engsten Vertrauten Goethes. Auf einer schlichten Stele ist das zu lesen: »Hier ruht Eckermann, Göthe's Freund.« Weiter nördlich befindet sich die Grabstelle von Friedrich Wilhelm Riemer (1774 – 1845), Hauslehrer von Goethes Sohn. Riemer war Lehrer am Gymnasium und Oberbibliothekar. Goethe mochte ihn sehr, und so durfte ihn Riemer viermal auf seine Reisen nach Karlsbad begleiten. Bei Goethes Eheschließung mit Christina Vulpius 1806 war Riemer Trauzeuge. Auf dieser Friedhofsseite befindet sich auch die letzte Ruhestätte von Johann Heinrich Meyer (1759 – 1832), damals kurz »Kunschtmeyer« genannt. Goethe hatte den Kunstschriftsteller und Maler in Rom kennengelernt und holte ihn nach Weimar. Für Goethes Wohnhaus fertigt Meyer die Entwürfe für die Deckengemälde im Juno- und Urbinozimmer sowie das Deckengemälde des Treppenhauses.

*Grab der Charlotte von Stein auf dem Historischen Friedhof*

## Das südliche Villenviertel

Im Süden der Stadt, das Viertel begrenzen die Wilhelm-Shakespeare-Straße, die Trierer Straße und die Belvederer Allee, sind viel Grün und noble Villen zu sehen. Beliebt ist die Gegend wegen ihrer ruhigen Lage. Ende des 19., Anfang des 20. Jahrhunderts zog es Beamte des Hofes und mit ihm verbundene Unternehmer hierher, später kamen Künstler dazu. Nach dem Ende der Monarchie 1918 verließen zahlreiche adlige Familien Weimar, und die hochherrschaftlichen Villen standen zum Verkauf. In der Zeit des Nationalsozialismus flatterten in vielen Gärten Hakenkreuzfahnen, nach dem Zweiten Weltkrieg fanden die Sowjets Gefallen an den Häusern und beschlagnahmten etliche für ihre Dienststellen oder als Wohnung für Generäle. Bis 1963 waren Teile dieser Gegend deshalb nicht zugänglich.

### Cranachstraße

Diese Straße entlangzulaufen lohnt: Das Haus **Nummer 9** fällt durch seine Blütenornamente im Jugendstil auf. Die hatte sich der Bauherr Friedrich Nicolas Bornmüller (1862 -1948) vom Weimarer Architekten Rudolf Zapfe (1860 -1934) gewünscht, denn Bornmüller war ein wichtiger Botaniker.

*Die Villa Ducké in der Cranachstraße*

▸ Karte S. 137

Das Haus **Nummer 10** auf der gegenüberliegenden Straßenseite fällt ebenfalls mit einer zauberhaften Jugendstilfassade von Zapfe sowie aufwändigen Stuckaturen auf. Eigentümer war der Großherzogliche Hoflieferant Gustaf Raumer, dem die Drogerie am Markt 9 gehörte. Das Haus mit der **Nummer 15** ist deshalb von Bedeutung, weil in ihm von 1905 bis 1935 der Kunstsammler und Musedirektor Harry Graf Kessler wohnte. Ein wenig weiter wird das Haus mit der Nummer 47 erreicht, das **Palais Dürckheim**. Das ließ sich Graf Friedrich von Dürckheim-Montmartin 1912/13 nach einem Entwurf des berühmten Henry van de Velde erbauen. Bis Anfang 1990 gingen die Weimarer hier allerdings ungern vorbei, denn die Villa war der Weimarer Sitz der DDR-Staatssicherheit. Schräg gegenüber steht die **Villa Ducké** (Nummer 42). Die ließ sich der Schuhfabrikant Georg Ludwig Ducké 1912 errichten. 1945 war der sowjetische Stadtkommandant von dem Haus so angetan, dass er die Bewohner ausquartierte und mit seinen Mitarbeitern einzog.

### Kreuzkirche

Am Ende der Cranachstraße, einige Schritte nach rechts in die Böhlaustraße laufend, steht man vor der Kreuzkirche. Die Weimarer nennen sie fast nur »Englische Kirche«, denn 1899 wurde das Gotteshaus für die anglikanische Gemeinde errichtet. Großherzog Carl Alexander stellte großzügig das Bauland kostenfrei zur Verfügung, den Entwurf lieferte Weimars bekannter Jugendstilarchitekt Rudolf Zapfe. Doch für die Kirche - vielleicht war es der Wunsch der Gemeinde - fertigte er einen neogotischen Entwurf. Im Ersten Weltkrieg war die Ausländerfeindlichkeit groß, die

*Die Kreuzkirche*



Kreuzkirche wurde geplündert und beschädigt, danach übernahm sie die evangelische Kirchengemeinde. Die ließ die Kirche 1961 um den **Glockenturm** mit einem Geläut der Apoldaer Glockengießerei Schilling erweitern.

## Gutenbergstraße

Parallel zur Cranachstraße verläuft die Gutenbergstraße. Architekturfreunden empfiehlt sich ein Abstecher dorthin, konkret zum Haus mit der Nummer 1a. Das **Palais Henneberg** entwarf 1913/14 Henry van de Velde für Alfred Freiherrn von Henneberg, es gilt als eines der Vorbilder der Postmoderne. Heute befindet sich in der Villa ein Waldorfkindergarten. Im Haus **Gutenbergstraße 16** wohnte im ersten und zweiten Stock von 1919 bis 1925 der Bauhauskünstler Lyonel Feininger. »Daß wir dieses Haus bekommen, ist mir wie ein Traum«, teilte er im Juli 1919 seiner Frau Julia mit, »wir haben elektrisch und Gas im Hause ...«

Von der Gutenbergstraße quert man die Humboldtstraße und erreicht nach wenigen Schritten die **Wilhelm-Külz-Straße**. Im Haus mit der Nummer 3 wohnte ab Herbst 1923 der aus Russland stammende Maler und Grafiker **Wassili Kandinsky** (1866–1944), einer der Bauhausmeister. »Weimar war damals eine charmante, ja beinahe idyllische Stadt, ein verträumter Ort mit Park und Allee, der eine jedem Künstler so wohltuende Ruhe ausstrahlte«, schrieb er seiner Frau Nina. Die Arbeiten von Kandinsky gehörten bei den Nationalsozialisten zur »entarteten Kunst«, sie wurden aus den öffentlichen Sammlungen entfernt. In der vornehmen, 1910 erbauten **Villa Nummer 7** wohnte der Komponist **Ottmar Gerster** (1807–1969), der von 1948 bis 1951 Rektor der städtischen Musikschule war, die seinen Namen von ihrer Gründung bis 2016 trug. Diese Information bekommt, wer die Gedenktafel am Haus entdeckt.

## Nietzsche-Archiv

Friedrich Nietzsche gehört zu den großen, aber auch umstrittensten Philosophen des späten 19. Jahrhunderts. Seine letzten drei Lebensjahre verbrachte der Schwerkranke mit seiner Schwester Elisabeth Förster-Nietzsche in der backsteinernen Villa Silberblick in Weimar. Der Name »Archiv« ist historisch geprägt und die Klassik Stiftung konnte sich bis

*Die Villa Silberblick mit dem Nietzsche-Archiv*

heute nicht zu einer Änderung durchringen, obwohl er auch zeitlich überholt ist: Der schriftliche Nachlass von Nietzsche befindet sich schon lange im Goethe-Schiller-Archiv. Das Haus Humboldtstraße 36 ist ein **Museum**, einmal wegen Nietzsche, aber auch deshalb, weil es 1903 Henry van de Velde umgebaut hat. Das von ihm geschaffene Raumensemble ist als Gesamtkunstwerk fast vollständig erhalten.

Nietzsche galt während der Kaiserzeit mit seinen Ideen für viele als Wegweiser in eine bessere Zeit. Bis zum Ersten Weltkrieg war die Villa Treffpunkt der intellektuellen Elite Europas, Thomas Mann und Romain Rolland zählten zu den Gästen. Die Nationalsozialisten vereinnahmten Nietzsche, Hitler und der italienische Faschistenführer Benito Mussolini besuchten gemeinsam die Villa in Weimar. Die Arbeiten an einer von Hitler 1937 persönlich genehmigten Nietzsche-Gedächtnishalle wurden zu Beginn des Zweiten Weltkrieges eingestellt. Zu DDR-Zeiten galt Nietzsche als Persona non grata, für Besucher ist die Villa Silberblick seit 1991 geöffnet.

▸ Karte S. 137

## Die Belvederer Allee entlang

Die großherzogliche Familie wollte auf schnellstem Wege Schloss und Park Belvedere erreichen, deshalb wurde die Marienstraße um eine geradlinige Straße verlängert: die Belvederer Allee. Die meisten Häuser auf der rechten Straßenseite kamen fast alle vor rund 100 Jahren hinzu. Älteren Datums ist das mit der **Hausnummer 8**. In dem wohnte die letzten neun Jahre vor seinem Tod der Hofmaler Friedrich Preller der Ältere (1804–1878), der Direktor der Freien Zeichenschule geworden war, an der er einst selbst gelernt hatte. An dem Neorenaissancehaus muss man weit nach oben schauen, um die Gedenktafel für Preller zu entdecken.

An der Ecke zur Kantstraße ist die **Villa im italienischen Stil** zu sehen, die sich der Oberbibliothekar Paul von Bojanowski (1834 –1915) errichten ließ, der mehr als 30 Jahre das *Oppositions-Blatt oder Weimarische Zeitung* herausgab.

Gegenüber der Bojanowski-Villa erweckt das trutzige **Haus von Friedrich Gerhard Rohlfs** (1831–1896) Aufmerksamkeit, weil es aus Traventinstein errichtet wurde, der im nahen Ehringsdorf abgebaut wurde. Rohlfs war anerkannter Afrikaforscher, Großherzog Carl Alexander war so stolz auf ihn, dass er Rohlfs das Grundstück schenkte. Der Großherzog weilte wiederholt als Gast in dem Haus, aber auch der Entdecker von Troja, Heinrich Schliemann und der Zoologe Alfred Brehm.

## Oberweimar

Auf dem Weg nach Belvedere macht die Belvederer Allee einen Knick. Wer hier nach links in den Steinbrückenweg einbiegt, gelangt in das 1922 eingemeindete Oberweimar. Oder man unternimmt diesen Abstecher auf dem Rückweg, dann sollte kurz vor dem Haus Hohe Pappeln rechts in die Wiesenstraße eingebogen werden. Die vierbogige **Steinbrücke** von 1720 in der Ortsmitte von Oberweimar hatte es Lyonel Feininger angetan. In mehreren Kreidezeichnungen und auf einem Ölgemälde hielt er sie fest. Die nahe **St.-Peter-und-Paul-Kirche** war 1361 für ein Zisterzienserinnenkloster errichtet und danach mehrfach umgebaut worden, so ist der Turm eine Ergänzung aus den Jahren 1516 bis 1518. Die Kirche ist Weimars ältestes Gotteshaus und die 1509 gegossene Glocke die älteste erhaltene in Weimar.

### Deutsches Bienenmuseum

Das älteste Bienenmuseums Deutschlands wurde 1907 in Weimar als »Reichs-Bienenmuseum« gegründet, an seinem jetzigen Standort befindet es sich seit 1956. In Weimar besitzt die Bienenzucht Tradition. Die Figurenbeuten, das sind lebensgroße, geschnitzte und bemalte Bienenstöcke in Menschen- und Tiergestalt, stammen alle von Weimarer Züchtern. Es soll die größte Sammlung dieser Art auf der Welt sein. Die Dauerausstellung gibt Einblick in die Biologie der Biene, so ist zu erfahren, wie ein Bienenstaat aufgebaut ist. Erläutert wird ferner die Geschichte der Imkerei bis zur Honigschleuder unserer Tage.

*Eingang zum Bienenmuseum*

*Auch heute noch ein Hingucker: Haus Hohe Pappeln*

### Haus Hohe Pappeln

Henry van de Velde wirkte 15 Jahre in Weimar, hinterlassen hat er in der Stadt neben den beiden Bauhaus-Universitätsbauten auch das private Wohnhaus für seine Frau, die fünf Kinder und sich. Das Haus gilt als Gesamtkunstwerk, es vereint Architektur, Raumausstattung, bildende Kunst und den Garten. Der Künstler setzte neue Maßstabe, die »ungewohnte architektonische Form erstaunte« nicht nur, wie van de Velde über sein Wohnhaus schrieb, sondern »schockierte Spaziergänger« sogar. Der Architekt und Designer war seiner Zeit weit voraus. Nachdem ihn Großherzog Wilhelm Ernst von Sachsen-Weimar-Eisenach nach Weimar geholt, schrieb van de Velde ihm nach seinem Amtsantritt 1902: »Ich fasse die Aufgabe, die Seine Königliche Hoheit mir vertraut haben, nicht anders auf, als dass ich beitragen soll, den Stil des 20. Jahrhunderts zu gestalten.« Henry van de Velde war vielseitig, ein »Alleskünstler«, sagten seine Bewunderer anerkennend. Sein Wohnhaus kam zu dem Namen, weil es unter hohen Pappeln stand. In seiner Biografie

*Schloss Belvedere*

*Geschichte meines Lebens* hat van de Velde viel über seine Weimarer Zeit geschrieben. Bereits zu Beginn des Ersten Weltkrieges gab er zwangsweise seine Direktorenstelle an der Kunstgewerbeschule auf und verließ 1917 das Land, in dem er so lange tätig gewesen war. Als Ausländer war er nicht mehr gern gesehen. Die *Allgemeine Thüringer Landeszeitung Deutschland* schrieb am 3. April 1923: »Weimar wird den Namen van de Velde so leicht nicht vergessen können; auch er gehört zu den wenigen, die den Ruhm der Goethestadt wirklich vermehrt haben ...«

Ist das Haus Hohe Pappeln erreicht, sind es noch etwa 1,5 Kilometer bis zum Schloss Belvedere.

## Schloss Belvedere

Was Versailles für Paris, Schönbrunn für Wien und Sanssouci für Potsdam, das ist Belvedere für Weimar. Das **Barockschloss** mit den vier Kavalierhäusern daneben, die Orangerie und weitere Nebengebäude ließ sich Herzog Ernst August I. (1688–1748) als Lust- und Jagdschloss errichten. Der gelbe Anstrich ist seit der Erbauungszeit typisch für das Schloss, das eine Zeitlang auch Herzogin Anna Amalia nutzte. Großherzog Carl August bestimmte 1811: »Ich habe meinem Sohn ganz Belvedere, nur mit Ausnahme des Gasthauses, der Orangerie, der Treibhäuser und des Küchengartens, zur freien Disposition gegeben, deswegen kann er von allen übrigen Gebäuden und Grundstücken machen, was, und benutzen, wie er will.« Sein Sohn, das war Erbprinz Carl Friedrich (1783–1853), dessen Gemahlin die russische Großherzogin Maria Pawlowna war.

Letzte Bewohnerin des Schlosses war die 1904 verstorbene Erbgroßherzogin Pauline von Sachsen-Weimar-Eisenach. Danach diente es bis 1919 noch als Sommerresidenz. Seit 1923 werden die Schlossräume museal genutzt, im heutigen **Rokokomuseum** wird Kunsthandwerk aus dem 18. Jahrhundert gezeigt, vor allem Porzellan als Zeugnis höfischer Kultur. Mit Beispielen vertreten sind alle namhaften Thüringer Porzellanmanufakturen des 18. Jahrhunderts: Volkstedt, Wallendorf, Ilmenau und Limbach ebenso wie Gotha und Kloster Veilsdorf.

In der Nähe des Schlosses befindet sich das **Musikgymnasium**, ein modernes Ge-

*Im Schlossmuseum*

▸ Karte S. 163

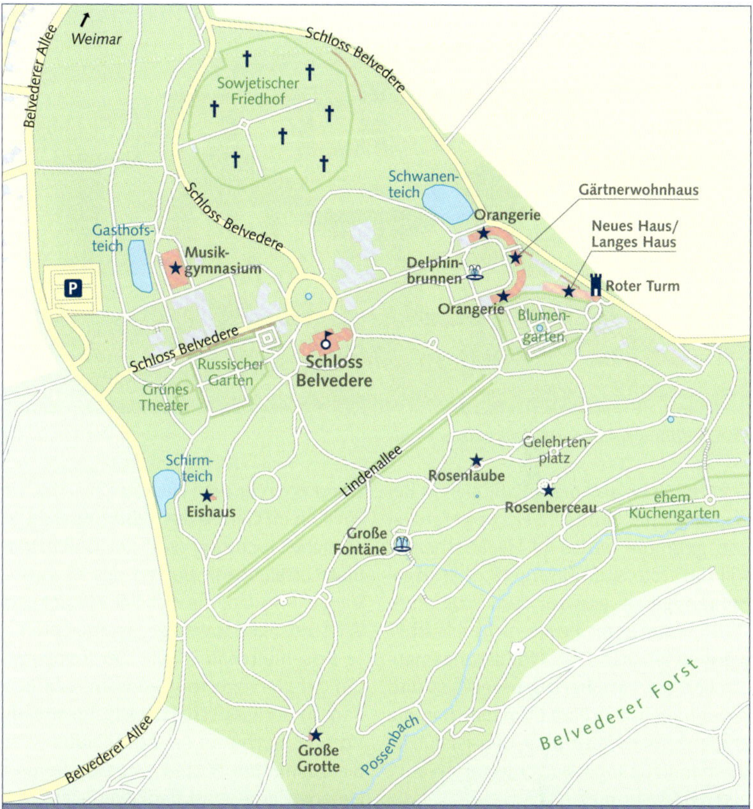

Schloss und Park Belvedere



bäude mit viel Glas und einem Musiksaal im Erdgeschoss, der einem antiken Theater nachempfunden wurde. Bis zu 120 musikalisch hochbegabte Mädchen und Jungen werden in dem staatlichen Spezialgymnasium ab der 5. Klasse gezielt auf das spätere Musikstudium vorbereitet.

## Park Belvedere

Großherzog Carl Friedrich und Maria Pawlowna gaben dem bis dahin verwilderten Park sein heutiges Aussehen. Sie ließen vor rund 200 Jahren Wege und Schmuckplätze anlegen sowie Gartenarchitekturen aufstellen. Auch der ausschließlich der Herzogsfamilie vorbehaltene und deshalb eingezäunte **Russische Garten** entstand seinerzeit, mit dem Amorgarten links und dem Lindengarten rechts. Dort, wo beide Gartenteile die Hauptachse verbindet, wurde eine kleine Laube mit Flora, der römischen Göttin des Frühlings, errichtet, weil es eine solche Laube im russischen Vorbild Pawlowsk auch gibt. Der grüne Anstrich der Laube ist historisch belegt, man fand die Information auf einer alten Rechnung. Bei der Durchsicht der Unterlagen kam überhaupt so manches zu Tage, beispielsweise erfuhr man aus alten Briefen, dass

*Der Delphinbrunnen vor dem Gärtnerhaus*

Goethe 1777 an einem Parkteich in Begleitung einer Hofdame Fische gefangen und gebraten hatte. Im Heckentheater soll die erste Aufführung 1824 stattgefunden haben, was auf dem Programm stand, konnte bis heute nicht ermittelt werden. Vorhandene Umfassungsmauern ließ der Großherzog beseitigen und seitdem geht der Park unmerklich in die angrenzende Natur über und ist für jedermann zugänglich. Der Irrgarten kam erst 1843/44 hinzu.

Besonders idyllisch ist es um die **Orangerie** mit dem Gärtnerwohnhaus in der Mitte. Diesen Bereich schmücken in der warmen Jahreszeit Palmen und Agaven, Feigen und Zypressen, im Orangeriehof sprudelt der **Delphinbrunnen**. In der kalten Jahreszeit stehen die Gewächse zum Schutz in der Orangerie und sind dort zu besichtigen. Im Gärtnerwohnhaus befindet sich eine Ausstellung, die einen Überblick über die Orangeriekultur in Weimar bietet, angefangen von den botanischen Forschungen von Herzog Carl August bis zur Gegenwart. An die Orangerie grenzt der **Rote Turm**, den Goethe und Großherzog Carl August als botanisches Kabinett nutzten. Bis 1818 stand er unter dem Namen Chinesischer Pavillon im Garten des Wittumspalais. In südlicher Richtung wird der **Gelehrtenplatz** erreicht mit Büsten des Klassiker-Viergestirns Goethe, Schiller, Herder und Wieland. Für das wenige Schritte entfernte **Rosenberceau** diente der Rosengarten der Herzöge von Leeds im Ashridge Park in der Grafschaft Hertfordshire als Vorbild. Vorbei an der **Rosenlaube** – die die steinernen Büsten von Goethe und Herzog Carl August flankieren – erreicht man die **Große Fontäne**. Den südwestlichen Teil des Parks schmücken die **Große Grotte**, eine um 1815 errichtete künstliche Ruine in Form einer verfallenen Kapelle, und die **Kleine Grotte**. Wenn man die Stufen zum Altan der Großen Grotte hinaufsteigt, hat man einen schönen Blick. Das **Eishaus** mit Blumenkorb und Steinbank entstand um 1863 als letztes architektonisches Detail im Park. Es diente einst als Eiskeller für die Schlossküche. Der Park von Belvedere sei »vortrefflich gelungen«, äußerte 1845 der berühmte Gartenkünstler Graf Hermann von Pückler-Muskau. Im Jahr 2021 war der Park Belvedere Außenstandort der Bundesgartenschau in Erfurt.

▲ Karte S. 163

# Auf russischen Spuren

Mit großem Jubel feierte Weimar im Spätherbst 1894 den Einzug der russischen Großfürstin Maria Pawlowna. Die hatte in St. Petersburg den Erbprinzen und späteren Großherzog Carl Friedrich von Sachsen-Weimar-Eisenach geheiratet. 2000 Kilometer sind es von St. Petersburg bis Weimar, 34 Tage reiste das Paar in einer viersitzigen, in St. Petersburg erbauten Kutsche. Die ist heute im Kutschenmuseum in Auerstedt zu sehen.
Wie die Menschen zum Empfang der Zarentochter jubelten, zeigt ein Gemälde von Friedrich Preller dem Älteren, das sich im Weimarer Stadtschloss befindet. Die umfangreiche Mitgift der Pawlowna war schon einige Tage zuvor eingetroffen: 79 Pferdewagen hatten 144 Kisten nach Weimar transportiert. Russland war durch die familiären Bindungen zum wichtigen Verbündeten des Großherzogtums Sachsen-Weimar-Eisenach geworden.

Russische und sowjetische Spuren gibt es in Weimar viele. Dazu gehört das Gebäude der 1816 eröffneten Gesandtschaft des Russischen Reiches am Beethovenplatz, die bis 1909 bestand. Es wurde nach der Einheit in das Dorint-Hotel integriert. In der Zeit des Nationalsozialismus und in den Jahren nach dem Zweiten Weltkrieg lagen dunkle Wolken über den einst so guten Verbindungen. Im Konzentrationslager Buchenwald wurden 8483 sowjetische Kriegsgefangene ermordet. Und nach dem Zweiten Weltkrieg errichteten die Sowjets auf diesem Gelände ein Internierungslager, in dem etwa 7100 Deutsche zu Tode kommen. 49 Jahre lang waren sowjetische und später russische Armeeangehörige in Weimar präsent. Daran erinnern die sowjetischen Friedhöfe im Park an der Ilm und am Rand des Schlossparks Belvedere.

Zu den russischen Spuren in Weimar gehören eine umfangreiche Sammlung russischer Ikonen im Stadtschloss und Kunstschätze aus dem Besitz der Großfürstin im Rokokomuseum im Schloss Belvedere. Erbherzog Carl Friedrich überraschte seine Gemahlin mit dem Russischen Garten im Park Belvedere, der sie an den »Höchsteigenen Garten« der Sommerresidenz in Pawlowsk erinnern sollte, wo sie einen Teil ihrer Kindheit verbracht hatte. Wie das Original ist auch die Kopie in Weimar umzäunt, denn die Anlage war im Gegensatz zum Schlosspark Belvedere nur für die großherzogliche Familie zugänglich. Aber schon seit rund 100 Jahren stehen sowohl in Weimar als auch in Pawlowsk die Eingangstüren für alle offen. Bestattet wurde die Großherzogin in der eigens für sie errichteten Russisch-orthodoxen Kirche auf dem Historischen Friedhof. Damit sie in echtem heimatlichen Boden ruht, wurden einige Wagenladungen Erde aus Russland herbeigeschafft.

*Im Russischen Garten des Parks Belvedere*

EXTRA

*Lyonel Feininger machte die Gelmerodaer Kirche berühmt*

## Kirche Gelmeroda

Ein kleiner Abstecher von 4,5 Kilometer führt vom Schloss Belvedere zur Dorfkirche im Weimarer Stadtteil Gelmeroda. Das Gotteshaus wirkt unscheinbar, bekommt aber dennoch viel Beachtung, denn der deutsch-amerikanische Künstler Lyonel Feininger (1871-1956) hat die Kirche in der Welt bekannt gemacht. Feininger, einer der ersten Meister am Bauhaus und bis 1925 Leiter der Druckwerkstätten, hatte sie oft gemalt. Besonders der hohe, spitze Turmhelm beeindruckte und inspirierte ihn. Mit dem Fahrrad kam Feininger angeradelt. Dem österreichischen Grafiker Alfred Kubin schrieb er: »Es gibt Kirchen in gottverlassenen Nestern, die mit das Mystischste sind, was ich von sogenannten Kulturmenschen kenne!« Eine der Arbeiten aus solch einem »gottverlassenen Nest«, das 1913 entstandene Gemälde *Gelmeroda III* befindet sich im Besitz der National Gallery of Scotland in Edinburgh.Die um 1200 erbaute Gelmerodaer Kirche, die Elemente aus Romanik, Gotik, Barock und Moderne vereint, wurde 1994 die erste Autobahnkirche in den neuen Bundesländern. Im Inneren wird eine **Ausstellung zum Leben und Werk Lyonel Feiningers** präsentiert. Seit dem Kulturstadtjahr 1999 verwandelt sie eine Lichtinstallation jeden Freitag bis Sonntag vom Einbruch der Dunkelheit bis 22 Uhr in eine leuchtende Skulptur.



### Im Süden Weimars

**Park an der Ilm**, ganzjährig frei zugänglich.

**Parkhöhle im Park an der Ilm**, Eingang nahe Liszt-Haus; Mo, Mi–So Sommer 10–18, Winter 10–16 Uhr.

**Liszt-Haus**, Marienstr. 17; Mo, Mi–So Sommer 10–18, Winter 10–16 Uhr.

**Goethes Gartenhaus**, Park an der Ilm, Di-So Sommer 10–18, Winter 10–16 Uhr, Zeitfensterticket buchen.

**Römisches Haus**, im Park an der Ilm, Sommer Mo, Mi–So 10–17 Uhr.

**Haus am Horn**, Am Horn 61; Mo, Mi–So Sommer 10–18, Winter 10–16 Uhr, Zeitfensterticket buchen.

**Museum für Ur- und Frühgeschichte Thüringens**, Humboldtstr. 11, Tel. 818330; Di 9–18, Mi–Fr 9–17, Sa/So 10–17 Uhr. http://alt-thueringen.de

**Fürstengruft**, Historischer Friedhof am Poseckschen Garten; Mo, Mi–So Sommer 10–18, Winter 10–16 Uhr.

**Russisch-Orthodoxe Kirche**, Historischer Friedhof am Poseckschen Garten, Tel. 0173/3527122; Mo, Mi–So April–Okt. 10–18, Nov.–März 10–16 Uhr. www.rok-weimar.de

**Nietzsche-Archiv,** Humboldtstr. 36; Mo, Mi–So Sommer 10–18, Winter 10–16 Uhr.

**Haus Hohe Pappeln**, Belvederer Allee 58; Mo, Mi–So Sommer 10–18 Uhr, Winter 10–16 Uhr.

**Schloss und Park Belvedere,** Weimar-Belvedere; Sommer Di–So 10–18 Uhr. Gärtnerwohnhaus/Orangerie Sommer Di–So 10–18 Uhr. Langes Haus der Orangerie mit wechselnden Ausstellungen Jan.–Ende März Sa/So 11–16 Uhr, Ende März–Mitte April Fr–So 11–17 Uhr. Schlosspark ganzjährig frei zugänglich.

**Deutsches Bienenmuseum**, Ilmstr. 3, Tel. 4920401; April–Okt. Mi–So 10–18 Uhr, Jan.–März 10–17 Uhr. http://lvthi.de/dbm

**Café Bauhaus.Atelier**, Geschwister-Scholl-Str. 6a, Tel. 583000; Mo–Fr 11.30–17.30, Sa 13–17 Uhr. Nettes kleines Café im Informationszentrum der Bauhaus-Universität, wo auch die Bauhausspaziergänge starten. www.bauhaus-uni.de

**Koriat Kuchenmanufaktur**, Steubenstr. 48, Tel. 8552899; Di–So 10–18 Uhr. Köstliche Kuchen und Torten nach alten Familienrezepten des israelischen Inhabers. www.koriat.de

**Weitere praktische Informationen → S. 170**

Die beste Bildung findet ein gescheiter Mensch auf Reisen.

*Johann Wolfgang von Goethe*

*An der Ecke Geleitstraße/Eisfeld*

# WEIMAR-INFORMATIONEN

# Allgemeine Informationen

## Stadtinformationen

**Tourist-Information**, Markt 10, 99423 Weimar, Tel. 7450; Jan.–März Mo–Fr 9.30–17, Sa/So 9.30–14 Uhr; April–Dez. Mo–Sa 9.30–18, So 9.30–14 Uhr.
www.weimar.de

**Klassik Stiftung Weimar**, Markt 10 (in der Tourist-Information), Markt 10, Tel. 545407; geöffnet wie Tourist-Information.
www.klassik-stiftung.de

**Buchenwald Information**, Markt 10 (in der Tourist-Information), Markt 10, Tel. 747540; geöffnet wie Tourist-Information.
Siehe auch: www.foerderverein-buchenwald.de

## Weimar card

Kräftig sparen können Touristen bei ihrer Stadterkundung mit der WeimarCard, die viele Leistungen kostenfrei oder rabattiert anbietet. Der Eintritt in die meisten Museen und Ausstellungen der Stadt ist ebenso enthalten wie die Teilnahme an einer öffentlichen Stadtführung sowie die kostenfreie Nutzung sämtlicher Stadtbuslinien. Ermäßigungen gibt es beim Besuch einer Veranstaltung des Deutschen Nationaltheaters sowie bei verschiedenen Stadtrundfahrten. Die Karte kostet für 48 Stunden 32,50 Euro, sie ist online erhältlich, vor Ort in der Tourist-Information, den Einrichtungen der Klassik Stiftung sowie in den meisten Hotels. Die **Weimar card plus** enthält alle Vergünstigungen der Weimar card und berechtigt zusätzlich zum Besuch von 15 Schlössern, Burgen und Ausstellungen in Thüringen. Sie gilt für vier Tage und kostet 59,90 Euro. Ein Begleitheft gibt einen detaillierten Überblick über die Leistungen.
www.weimar.de

## Wichtige Telefonnummern

**Vorwahl Weimar**: 03643
**Polizei-Notruf**: 110
**Polizei Weimar**, Am Kirschberg 1, Tel. 8820
**Rettungsdienst/Feuerwehr**: 112
**Kassenärztlicher Notfalldienst**: 116 117
**Apotheken-Notdienst**: 0800/0022833
**Kartensperr-Notruf**: 116 116

## Notfälle

**Notaufnahme des Klinikums Weimar**, Henry-van-de-Velde-Str. 2, Tel. 571000.
www.klinikum-weimar.de

## Post

**Hauptpost**, Goetheplatz 7–8, Tel. 0180/23333.

## Fundbüro

**Stadtverwaltung**, Schwanseestr. 17, Tel. 7628991.

## Feiertage

1. Januar (Neujahr), Karfreitag, Ostermontag, 1. Mai (Tag der Arbeit), Christi Himmelfahrt, Pfingstmontag, 3. Oktober (Tag der deutschen Einheit), 31. Oktober (Reformationstag), 25./26. Dezember (Weihnachten)

## Medien

### ■ Radio

**Antenne Thüringen**, Schwanseestr. 143, Tel. 552552, Hörertelefon 0800/5552550. Beliebter privater Sender, der mit einem bunten Programm aufwartet. Über UKW 97,9 MHz, die Radio-App für iPhone und Android oder im Webplayer.
www.antennethueringen.de

**Radio Lotte**, Goetheplatz 12, Tel. 401000. Nichtkommerzielles Bürgerradio für Weimar und Umgebung mit News, Sendezeiten, Terminen und Veranstaltungstipps. Über UKW 106,6 MHz, Kabel 107,9 MHz und im Livestream.
www.radiolotte.de

### ■ Zeitungen

Die Weimarer lesen vor allem die einheimischen Tageszeitungen, die **Thüringer Allgemeine** (TA) und die **Thüringische Landeszeitung** (TLZ), beide mit mehrseitigem Lokalteil.

*Die Haupthalle des Weimarer Hauptbahnhofs*



## An- und Abreise

### Mit der Bahn

Seit der Inbetriebnahme des ICE-Knotenpunkts Erfurt ist Weimar im Fernverkehr nicht mehr direkt, sondern nur noch mit Umsteigen zu erreichen. Regelmäßig in kurzen Abständen fahren Regionalbahnen von Erfurt nach Weimar, die Fahrt dauert rund 15 Minuten.
www.bahn.de
www.vmt-thueringen.de

### Mit dem Fernbus

Von zahlreichen deutschen Städten fahren Fernbusse nach Weimar, so von Hamburg, Düsseldorf, Köln, Frankfurt/Main, Nürnberg, Stuttgart, München, Berlin, Amsterdam, Zürich. Ausstieg ist am Hauptbahnhof.
www.busliniensuche.de
www.checkmybus.de

### Mit dem Pkw

Aus Westen und Osten wird Weimar über die Autobahn A4, Abfahrt 49/Weimar erreicht. Aus Norden und Süden fährt man auf der Autobahn 9 bis Hermsdorfer Kreuz, dann auf der Autobahn 4 bis Abfahrt 49/Weimar. Von dort sind es noch 5 km bis zur Innenstadt. Die Bundesstraßen 7 und 85 kreuzen Weimar.

### Mit dem Fahrrad

Sportliche erreichen Weimar auf dem Radweg **Thüringer Städtekette** oder dem **Ilmtal-Radweg**. Für eine Stadtbesichtigung muss man nicht sein gesamtes Gepäck mitschleppen, sondern nutzt die **Gepäckboxen** in der Schwanseestraße, am Durchgang zur Weimarhalle. Von dort sind es nur wenige Minuten bis zur Altstadt. Neun solcher fahrradfreundlichen Boxen stehen gegen eine geringe Gebühr bereit, vorhanden sind außerdem Steckdosen zum kostenlosen Aufladen von E-Bike-Akkus.

### Mit dem Flugzeug

Der Flughafen Erfurt-Weimar ist 25 km entfernt, der Flughafen Leipzig 120 km.

# Unterwegs in Weimar

## Mit öffentlichen Verkehrsmitteln

Weimar verfügt über ein gut ausgebautes öffentliches Verkehrsnetz. Neun Buslinien verbinden alle Stadtteile mit dem Zentrum, die meisten Linien führen über den Goetheplatz und den Hauptbahnhof mit Umsteigemöglichkeiten in andere Buslinien. Mit dem Bus erreicht man auch die am Stadtrand gelegenen Sehenswürdigkeiten. Linie 1 fährt nach Belvedere, Linie 3 nach Tiefurt, Linie 4 nach Ettersburg und Linie 6 nach Buchenwald. Ein Einzelfahrschein kostet zurzeit 2,30 Euro, er berechtigt zur Fahrt in Richtung Ziel inklusive Umsteigen und ist eine Stunde gültig. Kinder ab Einschulung bis 14 Jahre zahlen 1,50 Euro. Etwas günstiger sind die Abschnitte der 4-Fahrtenkarte, für diese sind 8,30 Euro bzw. für Kinder 5,30 Euro zu zahlen. Für Vielfahrer lohnt eine Tageskarte zu 5,80 Euro

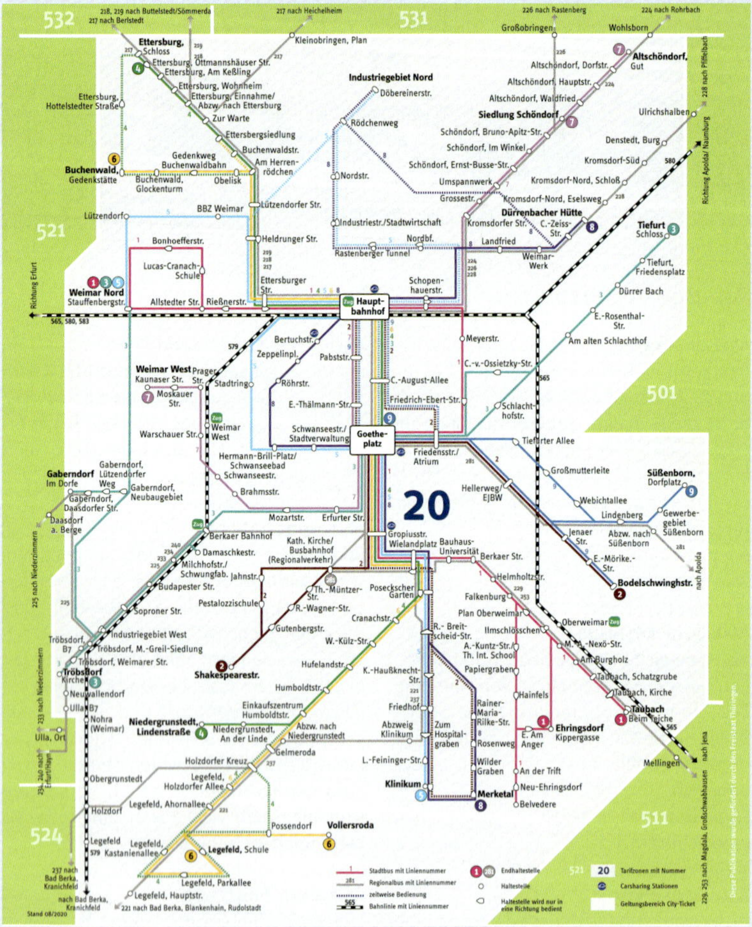


*Busverbindungen in Weimar*

oder eine Gruppentageskarte für bis zu 5 Personen) zu 11,40 Euro. www.sw-weimar.de

## Mit dem Fahrrad

Fahrradfahren wird auch in Weimar immer beliebter, auch wenn man in der Innenstadt das Fahrrad nicht unbedingt benötigt, da alle Sehenswürdigkeiten in fußläufiger Entfernung voneinander liegen. Die etwas außerhalb der Stadt liegenden Schlösser und Parks Tiefurt und Belvedere lassen sich aber bequem mit dem Drahtesel erreichen. Per E-Bike ist die leicht hügelige Landschaft noch besser zu bewältigen.

Auf dem **Ilmtal-Radweg** (123 km Länge von der Quelle der Ilm bis zur Mündung in die Saale, www.ilmtal-radweg.de) folgt man dem Lauf des Flüsschens Ilm von Weimar über Kromsdorf, Tiefurt, Wielandgut Oßmannstedt, Apolda, Eberstedt bis Bad Sulza und weiter bis zur Mündung der Ilm in die Saale (Strecke Park an der Ilm–Oßmannstedt–Apolda–Bad Sulza → S. 208, Strecke Weimar–Mellingen–Buchfart–Bad Berka–Tannroda–Kranichfeld → S. 214. In südlicher Richtung radelt man nach Bad Berka und weiter nach Blankenhain, weiter führt der Radweg flussaufwärts bis zur Quelle der Ilm in Allzunah.

Der rund 30 km lange **Feininger-Radweg** folgt als Rundkurs den Spuren des Bauhaus-Künstlers Lyonel Feininger in Weimar und im Weimarer Land (→ S. 146).

**Fahrradverleih**:

**Tourist-Information**, Markt 10, Tel. 7450, www.weimar.de

**Grüne Liga Thüringen**, Goetheplatz 9b, Eingang Rollplatz im Hof, Tel. 492796. www.grueneliga-thueringen.de

**Dorint Am Goethepark**, Beethovenplatz 1–2, Tel. 8720. www.dorint.com/weimar

**Leonardo Hotel Weimar**, Belvederer Allee 25, Tel. 7220. www.leonardo-hotels.de

**Call a Bike** am Weimarer Hauptbahnhof, Anmeldung und Buchung: www.callabike.de

## Mit dem Pkw

Das Auto kann man bei seinem Aufenthalt in Weimar getrost stehen lassen. Die meisten Sehenswürdigkeiten befinden sich im Stadtzentrum und sind gut zu Fuß zu erreichen. Zu den etwas außerhalb liegenden Parks Belvedere, Tiefurt und Ettersburg sowie nach Buchenwald fahren Stadtbusse. Gäste sind gut beraten, sich am städtischen Parkleitsystem zu orientieren und möglichst nicht in die Altstadt zu fahren, da dort der Parkraum begrenzt und zudem auch teurer ist. Die Ordnungsamtsmitarbeiter sind schnell zur Stelle, um Falschparkern ein Knöllchen zu verpassen.

**P+R-Parkplätze**:

**Großparkplatz Marcel-Paul-Straße**, für Pkw, Busse und Wohnmobile von B7 (kostenfrei) und An der Sackpfeife für Pkw, B85

**Parkplatz Am Friedhof**, Berkaer Straße für Pkw

**Parkplatz Hermann-Brill-Platz** (am Stadion) für Caravans und Wohnmobile

**Kostenpflichtige Tiefgaragen und Parkhäuser**:

**Am Goethehaus**, Beethovenplatz

**Atrium**, Friedenstraße

**Hauptpost**, Gerhart-Hauptmann-Straße

**congress centrum weimarhalle**, Oskar-Schlemmer-Straße

**Strom-Ladestationen für E-Autos**: Rund 20 Ladesäulen stehen im Stadtgebiet zur Verfügung, kostenlose Ladung ist am Kaufland, Humboldtstr. 90–92, möglich.

## Taxi

**Taxistände** gibt es u.a. am Theaterplatz, am Goetheplatz und am Hauptbahnhof. In Hotels und Restaurants ruft man gern ein Taxi, für eigene Vorbestellungen:

**Taxi-Weimar GbR**, Seifert und Partner, Tel. 903600.

**Taxitransport Weimar**, Tel. 510157.

**Taxizentrale Roswitha Hieber**, Tel. 0800/8202020.

## Stadtführungen und Rundfahrten

Individualreisende können jeden Tag ohne Anmeldung an einer **Stadtführung** teilnehmen. Täglich um 10 und um 14 Uhr (Nov.–Febr. tgl. 11 Uhr) begleiten lizensierte Stadtführer die Gäste auf einer zweistündigen Stadterkundung. Für Besucher mit wenig Zeit wird um 11 Uhr eine einstündige **Kurzführung** angeboten. Karten dafür erhält man in der Tourist-Information, Markt 10, wo auch der Treffpunkt ist. Freitags um 14.30 Uhr startet an der Bauhaus-Universität ein **zweistündiger Rundgang zum Bauhaus**, der am Museum Neues Weimar endet. Im Ticketpreis inkludiert ist der Eintritt in Bauhaus-Museum, Museum Neues Weimar und Haus am Horn.

Der **Belvedere-Express** fährt mehrmals täglich zu rund 20 Sehenswürdigkeiten der Stadt und nach Belvedere, am Sonntag auch zum Haus am Horn, dort finden jeweils Außenführungen statt. Im Bus läuft ein Film mit Erläuterungen zu den Stationen. Die Touren (1,5 Stunden) starten auf dem Marktplatz vor dem Hotel Elephant. www.belvedere-express.de

Anke und Stefan von Radio Lotte moderieren die einstündigen Stadtrundfahrten zu rund 30 sehenswerten Stationen mit dem **Panorama-Cabrio-Bus**, die täglich vom Markt, vor dem Hotel Elephant, abfahren. www.city-tour-weimar.de

Alle Blicke auf sich zieht die 8,60 m lange weiße **Stretchlimousine** vom Typ Ford Lincoln Town Car, die für Stadtrundfahrten mit Chauffeur und Stadtführer für 1–2,5 Stunden gemietet werden kann, die Gäste werden an einem zu vereinbarenden Ort abgeholt (nähere Auskünfte in der Tourist-Information).

Romantiker entdecken die Stadt wie zu Goethes Zeiten bei einer **Kutschfahrt**. Verschiedene Touren von ein bis drei Stunden sind im Angebot, der Kutscher ist gleichzeitig der Stadtführer (Infos in der Tourist-Information).

## Reisen mit Handicap

In Weimar wird viel dafür getan, dass auch Menschen mit Behinderungen und mobilitätseingeschränkte Personen die Stadt besuchen und genießen können. Informationen zu entsprechenden Angeboten sind in der Tourist-Information erhältlich oder man informiert sich auf den Websiten www.weimar.de und www.klassik-stiftung.de.

Die Tourist-Information bietet **Stadtführungen in Gebärdensprache** an. Eine ausgebildete Gebärdensprachdolmetscherin führt auf einem speziell für Gehörlose angepasstem Rundgang durch die reiche Kulturgeschichte Weimars. Auch in den Museen der Klassik Stiftung Weimar sind Führungen in Gebärdensprache möglich.

In Zusammenarbeit mit dem Behindertenverband wurden für mobilitätseingeschränkte Gäste, Gehbehinderte und Rollstuhlfahrer spezielle Stadtrundgänge konzipiert, die sich durch unterschiedliche Strecken, angepasstes Tempo und kleine Gruppen (max. 10 Personen) auszeichnen. Für alle, die Weimar individuell entdecken möchten, eignet sich der multimediale **iGuide**, mit dem rund 30 Sehenswürdigkeiten beschrieben sind.

Einige Weimarer **Museen** sind barrierefrei zugänglich wie das Bauhaus-Museum, das Museum Neues Weimar, die Herzogin-Anna-Amalia-Bibliothek und das Schiller-Museum. In den historischen Häusern wie in den Wohnhäusern von Goethe und Schiller oder in den Schlössern Tiefurt, Belvedere ist das nicht oder nur bedingt möglich Für **Blinde und Sehbehinderte** liegen an der Kasse verschiedener Museen Tastpläne zur besseren Orientierung aus. Assistenzhunde sind in allen Einrichtungen erlaubt. Für **Besucher mit Hörgeräten** stehen Induktionsschleifen bereit, über die man den Audioguide direkt über das Hörgerät empfangen kann. Zusätzlich erleichtern Lesebroschüren die Verarbeitung des Gehörten. Eine gute Orientierung bietet ein Merkblatt, in dem die Klassik Stiftung alle Details zur Barrierefreiheit in ihren Museen auflistet.

Zahlreiche **Hotels** offerieren rollstuhlgerechte Zimmer. Im ÖPNV verkehren Niederflurbusse, die auch mit Rollstuhlrampen ausgerüstet sind. In ganz Weimar sind auf den Parkplätzen solche für mobilitätseingeschränkte Menschen ausgewiesen.

# Unterkünfte

Die Weimarer Hotellerie hält mit 50 Beherbergungsstätten für jeden Gast und Geldbeutel das Passende bereit. Das Angebot reicht vom First-Class-Hotel wie dem historischen Hotel Elephant am Markplatz über mehrere Hotels der 3- und 4-Sterne-Kategorie bis hin zu familiären Pensionszimmern. Rund 4700 Betten werden angeboten, davon rund 2200 in den zwölf Hotels der Stadt. Vorhanden sind auch vier Jugendherbergen (Ausweis des Deutschen Jugendherbergswerks notwendig) mit 480 Betten und zwei Hostels mit 22 Mehrbettzimmern. Das an die Farben und Symbole des Bauhauses angelehnte **Hotelleitsystem** führt zu den Übernachtungsorten. Dabei stehen das gelbe Dreieck für die nördliche Route, das rote Quadrat für die Altstadt und der blaue Kreis für die südliche Route. Neben Direktbuchungen in den gewünschten Hotels und Pensionen können die Übernachtungen auch zum tagesaktuellen Preis in der Tourist-Information gebucht werden. Soweit nicht anders angegegen, sind die Unterkünfte in der Innenstadt auf der Karte S. 177 eingetragen.

## Kulturförderabgabe

Wie vielerorts inzwischen üblich, erhebt die Stadt für private Übernachtungen in Hotels eine sogenannte Kulturförderabgabe, auch Bettensteuer genannt. Erwachsene Gäste zahlen in Hotels mit weniger als 50 Betten 1,50 Euro pro Person und Nacht bei Einzelbelegung des Zimmers und 1,10 Euro pro Person und Nacht bei Mehrfachbelegung. In Beherbergungsbetrieben mit mehr als 50 Betten werden 3 Euro pro Person und Nacht bei Einzelbelegung und 2,25 Euro pro Person und Nacht bei Mehrfachbelegung des Zimmers fällig. Geschäftsreisende und Kinder unter 18 Jahren zahlen keine Kulturförderabgabe.

## Hotels

**Hotel Elephant**, Markt 19, Tel. 8020; 99 Zimmer, DZ ab 130 Euro. Das erste Haus am Platz und das bereits seit 1696! Viele Persönlichkeiten der älteren und neueren Weltgeschichte stiegen hier ab. Die Inneneinrichtung im Art-Déco- und Bauhaus-Stil erinnert an die 1920er- und 1930er-Jahre, Gemälde und Skulpturen schmücken die Lobby, jedes Zimmer ist mit Kunstwerken ausgestattet. Das Hotel versteht sich als offener Ort und bereichert mit seinen Veranstaltungen das kulturelle Leben in der Stadt. www.hotelelephantweimar.de

**Konsumhotel Dorotheenhof**, Zum Dorotheenhof 1, Tel. 4590; DZ ab 129 Euro exkl. Frühstück. Umgeben von einem Park mit alten Bäumen, Obstwiesen und einem Weinanbaugebiet bietet das ehemalige Gutshaus im Stadtteil Schöndorf im Norden

*Jeder findet sein Hotelzimmer*

von Weimar Ruhe und Erholung von der städtischen Hektik. Das Hotel verfügt über einen feinen Spa- und Wellnessbereich mit verschiedenen Saunen und Behandlungsräumen. www.wellnesshotel-weimar.de

**Dorint Am Goethepark Weimar**, Beethovenplatz 1–2, Tel. 8720; 143 Zimmer, DZ ab 119 Euro exkl. Frühstück. Zwei klassizistische Villen und ein Neubau bilden das elegante Hotelensemble am Park an der Ilm. Vorhanden sind ein Wellnessbereich sowie zwei Restaurants. www.dorint.com

**Best Western Premier Hotel Russischer Hof**, Goetheplatz 2, Tel. 7740; 126 Zimmer, DZ ab 118 Euro. Das traditionsreiche Haus empfängt seit 1806 Gäste, darunter solch berühmte Persönlichkeiten wie Franz Liszt, Richard Wagner, Clara und Robert Schumann sowie Hoffmann von Fallersleben. Damals wie heute zieht das Kaffeehaus mit eigener Konditorei Leckermäuler an. www.russischerhof-weimar.de

**Hotel Anna Amalia garni**, Geleitstr. 8–12, Tel. 49560; 53 Zimmer, DZ ab 105 Euro. Familiengeführtes Mittelklassehotel, das mit hellen, farblich abgestimmten Zimmern gefällt. Ideal im Stadtzentrum zwischen Goethe- und Herderplatz gelegen. https://hotel-anna-amalia.de

**Kaiserin Augusta**, Carl-August-Allee 17, Tel. 2340; 134 Zimmer, DZ ab 98 Euro. Ideal für Bahnreisende, denn das Hotel liegt gegenüber dem Bahnhof. Komfortable Zimmer, persönliche Atmosphäre. Bis zu den Sehenswürdigkeiten im Stadtzentrum sind es 10 Min. zu Fuß, der Bus fährt ab Hauptbahnhof ins Stadtzentrum. Karte → S. 116. www.hotel-kaiserin-augusta.de

**Hotel an der Kipperquelle**, Kippergasse 20, Tel. 808888; 12 Zimmer, DZ ab 89 Euro. Vor allem Radtouristen mögen das idyllisch gelegene, familiengeführte Hotel garni mit seinen individuellen Zimmern, denn es liegt direkt am Ilmradweg. Mit dem Bio-Frühstück gelingt der gesunde Start in den Tag. www.kipperquelle-weimar.de

**Schloss Ettersburg**, Am Schloss 1, Tel. 7428420; 28 Zimmer, DZ ab 86 Euro exkl. Frühstück. Das ehemalige Sommerschloss der Weimarer Herzoginmutter Anna Amalia ist als Kulturschloss und Hotel zu neuem Leben erweckt worden. Ein Kleinod ist der in die Natur übergehende Schlosspark. Karte → hintere Umschlagklappe www.schlossettersburg.de

**Hotel-Pension Am Goethehaus**, Frauentorstr. 13, Tel. 516879; 20 Zimmer, 2 Fewo, DZ ab 85 Euro, Fewo ab 130 Euro. Ideale Lage mitten in der Altstadt und zu den fußläufig erreichbaren Sehenswürdigkeiten. Modern eingerichtete Zimmer mit Blick auf den Frauenplan oder auf den Oppelschen Garten. Eine der Ferienwohnungen (für 4 Personen) verfügt über eine Terrasse. www.pension-am-goethehaus.de

**Grande Albergo Giancarlo**, Puschkinstr. 1, Tel. 9083942; 20 Zimmer, DZ ab 85 Euro. Italienisches Flair in der Altstadt. Individuelle Zimmer in unterschiedlichen Farben und Ausstattungen. Von der Dachterrasse schöner Blick auf Frauenplan und Schillerstraße. http://giancarlo-weimar.de

**Leonardo Hotel Weimar**, Belvederer Allee 25, Tel. 7220; 294 Zimmer, DZ ab 83 Euro. 4-Sterne-Hotel am Ilmpark, mit Schwimmbad, Sauna und Fitness. Bis ins Zentrum läuft man etwa 10 Min. oder man nutzt den Bus Linie 1. Karte → S. 137 www.leonardo-hotels.de/weimar

**Boutique-Hotel Amalienhof**, Amalienstr. 2, Tel. 5490; 32 Zimmer, DZ ab 78 Euro. Persönlich geführtes Hotel mitten im Zentrum, die Zimmer sind teilweise mit antiken Möbeln eingerichtet. Besonders schön sitzt es sich auf der lauschigen Dachterrasse mit Blick zum Goethehaus. www.amalienhof-weimar.de

**Hotel Am Frauenplan garni**, Brauhausgasse 10, Tel. 49440; 48 Zimmer, DZ ab 75 Euro exkl. Frühstück. In Sichtweite des Goethehauses laden moderne Zimmer zum Übernachten ein, die nach bekannten Weimarer Persönlichkeiten benannt sind. https://hotel-am-frauenplan.de

**Statt Hotel**, Amalienstr. 19, Tel. 8774660; 15 Zimmer, DZ ab 70 Euro. Moderne und gemütliche Zimmer fernab des Mainstreams

Hotels und Pensionen im Weimarer Zentrum

mit vielen individuellen Details. Viel Wert wird auf persönlichen Service gelegt. Karte → S. 137
www.statthotel-weimar.de

**Soibelmanns Hotel Weimar**, Ernst-Busse-Str. 4, Tel. 4550; 90 Zimmer, DZ ab 66 Euro. Im Stadtteil Schöndorf im Norden Weimars gelegenes Hotel garni mit einfachen, preiswerten Zimmern. Die Haltestelle der Buslinie 7 Richtung Zentrum befindet sich direkt vorm Hotel. www.soibelmanns.de

**Alt-Weimar**, Prellerstr. 2, Tel. 86190; 17 Zimmer, DZ ab 60 Euro, exkl. Frühstück. Lichte Zimmer in Anlehnung an den Bauhausstil in einem historischen Gebäude.
www.alt-weimar.de

## Pensionen

**La Casa dei Colori**, Eisfeld 1a, Tel. 49560; DZ ab 80 Euro exkl. Frühstück. Der Name ist Programm, jedes Zimmer dominiert eine andere Farbe. Der Gast entscheidet je nach Vorliebe, ob er lieber warmes Rot, kühles Blau oder sanftes Gelb bevorzugt. Einfach bei der Buchung angeben!
www.casa-colori.de

**Die kleine Residenz**, Grüner Markt 4, Tel. 743270; 7 Zimmer, DZ ab 80 Euro. Vis-à-vis vom Schloss erwartet die Pension im ältesten Kaffeehaus der Stadt Gäste. Die hellen, modern und geschmackvoll eingerichteten Zimmer, teilweise mit eigener Terrasse, sind beliebt.
www.residenz-pension.de

**Pension Appartementhaus Savina**, Meyerstr. 60, Tel. 86690; 14 Zimmer, DZ ab 75 Euro, exkl. Frühstück. Gemütliche Pension in einer ruhigen Nebenstraße zwischen Bahnhof und Innenstadt. Die Zimmer verfügen über eine kleine Küche. Auch eine Sauna ist im Haus vorhanden. Karte → S. 116
www.appartementhaus-savina.de

**18 über'm Goethepark**, Jenaer Str. 18, Tel. 801901; 7 Zimmer, 2 Fewo, DZ ab 75 Euro, Fewo 20–40 Euro/Pers. je nach Belegung. Kleine Pension unweit des Parks an der Ilm, 7 Minuten Fußweg bis ins historische Zentrum. Karte → S. 140
www.weimarferien.de

## Ferienwohnungen

**Design Apartments Weimar**, Fuldaer Str. 85, Tel. 2518426; 3 Fewo, ab 125 Euro. Hier ist das Besondere zu Hause: Die Möbel in den Apartments haben angesagte und bekannte Designers sowie Absolventen der Bauhaus-Universität gestaltet. Bei Gefallen können diese vor Ort oder im Online-Shop erworben werden. Im Westen der Stadt, nahe dem Berkaer Bahnhof.
www.hierwargoethenie.de

**Ferienwohnungen Kunze**, Teichgasse 16, Tel. 517110, 3 Fewo, ab 70 Euro. 55 $m^2$ große Wohnungen für bis zu 4 Personen in ruhiger, zentraler Lage.
www.ferienwohnung-kunze.de

**Am Herderplatz**, Herderplatz 1, Tel. 541812, 3 Fewo, ab 75/55 Euro. Die unterschiedlich großen, mit allem Komfort ausgestatteten Ferienwohnungen für 2 bis 8 Personen befinden sich gegenüber der Herderkirche in einem der ältesten Häuser der Stadt. Ab 2 Nächten wird es preiswerter.
www.schlafen-in-weimar.de

**Familienhotel**, Seifengasse 8, Tel. 4579888, 11 Fewo, ab 64 Euro. Fast neben dem Goethehaus sind bestens ausgestattete, ökologische Ferienwohnungen entstanden. Alle Möbel sind aus massivem Holz gefertigt. Holz, Lehm und Hanfstroh sorgen für ein gesundes Raumklima. Wohnungen von 22 bis 70 $m^2$ für 3 bis 7 Personen, Restaurant *Gretchen* im Haus.
www.familienhotel-weimar.de

*Im Familienhotel wird es nicht langweilig*

*Stadtrundfahrt mit dem Belvedere-Express*

**Eckermannhaus**, Brauhausgasse 13, Tel. 202020; 4 Fewo, ab 60 Euro. Wo einst Goethes Freund Johann Peter Eckermann wohnte, können heute Gäste in unmittelbarer Nähe zum Goethehaus übernachten. Die Ferienwohnungen variieren von 26 m² für 2 Personen bis zu 75 m² für bis zu 8 Personen. www.eckermannhaus.de

## Hostels und Jugendherbergen

**Jugendherberge Maxim Gorki**, Zum Wilden Graben 12, Tel. 850750, 73 Zimmer, Ü/F ab 29,90 Euro. Am Ortseingang von Weimar in einer Wohngegend gelegen, verfügt die Jugendherberge über 2- bis 6-Bettzimmer, die alle mit Dusche und WC ausgestattet sind. Karte → S. 137
www.weimar-gorki.jugendherberge.de

**Jugendherberge Am Poseckschen Garten**, Humboldtstr. 17, Tel. 850792; 23 Zimmer mit 101 Betten, Ü/F ab 27,90 Euro. Zentrumsnahe Übernachtung in Zimmern von 2 bis 8 Betten. Bett&Bike-Unterkunft für Radfahrer. Karte → S. 137
www.weimar-posgarten.jugendherberge.de

**Hummel Hostel**, Steubenstr. 19 A, Tel. 0176/ 62760939; 1 EZ, 1 DZ, 39 Betten in MZ, ab 24 Euro/Pers. exkl. Frühstück. Preiswerte Alternative für Rucksacktouristen und Gruppen. Im Stadtzentrum gelegen, mit Speise- und Aufenthaltsraum sowie schönem Garten mit Grillmöglichkeit.
www.hummel-hostel.de

**Labyrinth Hostel**, Goetheplatz 6, Tel. 811822; 14 Zimmer, ab 14 Euro/Pers. exkl. Frühstück. Von Künstlern gestaltete individuelle Einzel-, Doppel- und Mehrbettzimmer, Gemeinschaftsküche.
www.weimar-hostel.com

## Camping/Wohnmobilstellplatz

**Parkplatz für Caravans und Wohnmobile**, Hermann-Brill-Platz, Am Stadion.

**Campingplatz Ettersburg**, Badweg 1, Ettersburg, Tel. 0176/22841464; April–Okt., 30 Stellplätze für Wohnmobile, 30 Zeltstellplätze, Stellplatz ab 23 Euro. 8 km nördlich von Weimar. Kleiner, familiärer Platz am Fuße des Ettersberges, mit Freibad.
www.camping-weimar.de

**Campingplatz Stausee Hohenfelden,** Am Stausee 3, Hohenfelden, Tel. 036450/ 42081; 115 Stellplätze für Wohnwagen/ Wohnmobile, 100 Zeltstellplätze, 35 Ferienhäuser in Holzbauweise, Stellplatz ab 21 Euro. 15 km von Weimar entfernt. Idyllische, ruhige Lage am Wasser. Vielfältiges Freizeitangebot wie Wandern, Rad- und Bootfahren, Baden, Reiten, Aktivpark mit Kletterwald, Avenida Therme und Thüringer Freilichtmuseum.
www.campingplatz-hohenfelden.de

# Gastronomie

Weimars kulinarisches Angebot ist vielfältig, es reicht von traditioneller, bodenständiger Thüringer Küche über internationale bis zu junger, frischer und gehobener Gastronomie (→ S. 61).

## Gehobene Küche

**AnnA**, Markt 19 (im Hotel Elephant), Tel. 802639; tgl. 12–14 und ab 18 Uhr. Küchenchef Johannes Wallner kocht klassische, modern und zeitgemäß interpretierte Gerichte unter Verwendung regionaler Produkte sowie internationale Spezialitäten. Das Restaurant vermittelt das Flair der 1920/30er Jahre. www.hotelelephantweimar.de

**Franz**, Goetheplatz 2 (im Grand Hotel Russischer Hof), Tel. 774814; Di–Sa ab 18 Uhr. Das Restaurant bietet kulinarische Erlebnisse für den Gaumen, serviert werden Klassiker der österreichischen Küche oder das wechselnde Menü »Franz« mit korrespondierenden Weinen. http://russischerhof-weimar.de

**Restaurant Andreas Scholz**, Prellerstr. 2 (im Hotel Alt Weimar), Tel. 861922; Mi–So ab 18 Uhr. Für das besondere Erlebnis: Im schönen Ambiente mit bleiverglasten Motivfenstern, Stuckdecke und Holztäfelung serviert Gourmetkoch Andreas Scholz 3-9-Gänge-Menüs, auch mit ausgesuchter Weinbegleitung. Die Gerichte können auch einzeln bestellt werden. www.restaurant-andreas-scholz.de

*Gehört unbedingt zu einem Weimar-Besuch: die Bratwurst auf die Hand*

**Kalckreuth** und **Roter Salon**, im Hotel Dorotheenhof, Zum Dorotheenhof 1, Tel. 4590; tgl. ab 11 Uhr (Roter Salon Di–Sa ab 17.30 Uhr). Traditionelle Thüringer Küche und eigene, durchaus ausgefallene Kreationen werden im Erdgeschoss des ehemaligen Gutshauses serviert. Im Roten Salon geht es etwas gediegener zu, der passende Ort für einen genussvollen Abend. Viel Wert legt die Küchencrew auf Saisonalität und absolute Frische der Zutaten. www.wellnesshotel-weimar.de

## Klassiker

**Anno 1900**, Geleitstr. 12a, Tel. 903571; tgl. ab 12 Uhr. Kleines, feines Restaurant-Café im Wintergartenstil der vorigen Jahrhundertwende, gereicht werden aus hochwertigen Zutaten bereitete Gerichte und Pasta. Ein besonderer Leckerbissen sind die regelmäßig stattfindenden Pianoabende. www.anno1900-weimar.de

**Gasthaus Zum Weißen Schwan**, Frauentorstr. 23, Tel. 908751; tgl. ab 11 Uhr. Schon Goethe weilte oft und gern in dem historischen Gasthaus gleich neben seinem Wohnhaus. Es gibt frische Thüringer Küche und natürlich Goethes Lieblingsgericht: Tafelspitz in Kalbsfond mit Petersilienkartoffeln, Wurzelgemüse und Meerrettich. https://weisserschwan.de

**Erbenhof**, Brauhausgasse 10, Tel. 4944442; tgl. ab 17 Uhr, Frühstücksbüffet 7–10 Uhr. Saisonale und frische Angebote der klassischen Thüringer Küche, angeboten werden Thüringer Klöße, Thüringer Wild, Fleisch aus der eigenen Schafzucht sowie vegetarische Gerichte. Mit schöner Innenhofterrasse. www.erbenhof.de

**Gretchens Restaurant & Café**, Seifengasse 8 (im Familienhotel), Tel. 4579888; Di–So ab 17.30 Uhr. Kleine, aber feine Speisekarte mit von der mediterranen und asiatischen Küche beeinflussten Gerichten.

Die süßen Kreationen liefert die Koriat-Kuchenmanufaktur. Hübsche kleine Terrasse auf dem Dach.
www.gretchens-weimar.de

**Gasthaus Scharfe Ecke**, Eisfeld 2, Tel. 202430, Mi–So 11–14.30 und ab 17 Uhr. Die Kloßmarie vor der Tür weist auf die wohl besten handgemachten Thüringer Klöße der Stadt, die zu Sauerbraten oder Roulade mit Rotkohl gereicht werden. Die Klöße schmecken übrigens auch ohne Fleisch, nur mit viel Soße.

**Jagemanns Restaurant**, Herderplatz 16, Tel. 901200; tgl. ab 11 Uhr. Nach der Schauspielerin Karoline Jagemann benanntes Restaurant, die hier im Deutschritterhaus lebte. Gereicht werden sowohl traditionelle Thüringer Küche als auch internationale Kreationen.
https://jagemanns.de

**Sächsischer Hof**, Eisfeld 12, Tel. 401384; tgl. ab 11 Uhr. Das Traditionshaus bietet bodenständige Thüringer Küche. Idyllischer Biergarten und Terrasse mit Blick auf die Stadtkirche.
www.saechsischer-hof-weimar.de

## Internationales

**La Tarte – Bistrot français & Restaurant**, Jakobstr. 5–7, Tel. 2117326; tgl. ab 17.30 Uhr. Die bretonische Inhaberin kocht typisch französische Landhausküche, unkompliziert und schmackhaft aus frischen Zutaten. Köstlich sind die hausgemachten Tartes flambées, unterschiedliche Flammkuchen.
www.latarte.eu

**El Burrito**, Brauhausgasse 22, Tel. 902910; tgl. ab 17 Uhr. Spanische und mexikanische Spezialitäten wie Tapas, Tacos, Chili con carne, Fajitas, Tortilla und Paella. Stimmungsvolles, farbenfrohes Ambiente.
www.el-burrito.de

**Ristorante & Pizzeria Versilia**, Frauentorstr. 17, Tel. 770359; Mo/Di, Do/Fr ab 17, Sa/So ab 12 Uhr. Italienisches Lebensgefühl bei Pizza aus dem Steinofen, handgemachter frischer Pasta und ausgewählten Weinen aus allen Weinregionen Italiens.
www.ristorante-versilia.de

*Café am Museum Neues Weimar*

**Ristorante Pomodoro**, Theaterplatz 1A, Tel. 903209; tgl. ab 11 Uhr. Italienische Köstlichkeiten, Pizza, Pasta, Fisch- und Fleischspezialitäten sowie Eis. Im Sommer schöne Terrasse mit Blick auf das Goethe-und-Schiller-Denkmal.
www.ristorante-pomodoro-weimar.de/

**Crêperie du Palais**, Am Palais 1, Tel. 401581, Do–So ab 12 Uhr. Herzhafte Galettes, Elsässer Flammkuchen, Quiches und Tartes: ein kleines Stück Frankreich in Weimar. www.creperie-weimar.de

## Günstig und gut

**Residenz Café & Restaurant**, Grüner Markt 4, Tel. 59408; tgl. ab 9 Uhr. Gesehen und gesehen werden! In Weimars ältestem Kaffeehaus treffen sich Einheimische und Gäste der Stadt seit mehr als 160 Jahren.
www.residenz-cafe.de

**ACC Café & Restaurant**, Burgplatz 1, Tel. 851161; tgl. ab 12 Uhr. Im gleichnamigen Kulturzentrum wird jeden Tag frisch gekocht, dabei kommt zum Einsatz, was der Obst- und Gemüsemarkt gerade hergibt. Zwischen 12 und 15 Uhr ist ein wechselndes, preiswertes Mittagsgericht zu haben, am Wochenende nur geringfügig teuer als Mo–Fr. Angenehm sitzt man auf der Terras-

*Treffpunkt für Einheimische und Gäste: das »Resi«*

se unter Linden mit Blick auf das Schloss. http://acc-cafe.de

**Franz & Willi Burgerhaus**, Rittergasse 21, Tel. 4433069, Do–So ab 17 Uhr. Weimars erstes Burgerhaus. Alles frisch aus eigener Herstellung: Pattys, Saucen, Brötchen, Salate. Auch vegetarische und vegane Alternativen.
www.franzundwilli.de

**Suppenbar Estragon**, Herderplatz 3, Tel. 908599; Mo–Sa ab 12 Uhr. Für den kleinen Hunger zwischendurch: drei verschiedene Suppen in unterschiedlichen Größen, darunter ein veganes Gericht sowie täglich frische Veggi-Bowls und gefüllte vegetarische Paninis. Und alles bio!

## Cafés

**Café am Frauentor**, Schillerstr. 2, Tel. 511322; tgl. ab 9 Uhr. Das wohl meistbesuchte Café Weimars punktet mit seiner idealen Lage an der Ecke Schillerstraße/ Frauentorstraße und der schönen Terrasse mit Blick auf Goethes Wohnhaus. Die Kuchenauswahl ist riesig: Thüringer Schmandkuchen, Schwarzwälder Kirschtorte, Schokoladen-Mousse-Torte, Aprikosentarte, Schoko-Walnuss-Torte, Waldbeer-Sahne-Torte oder Streuselkuchen. Täglich 18 Sorten der köstlichen Kuchen und Torten aus der hauseigenen Konditorei können probiert werden. Wer lieber herzhaft isst: Es sind auch Thüringer und internationale Spezialitäten im Angebot.
www.cafe-frauentor.de

**Café Rose**, Herderplatz 15, Tel. 814674; Mo–Sa 7–18 Uhr. Immer gut besucht ist das Café am Herderplatz, im Sommer sitzt man draußen mit Blick auf die Herderkirche. Die Bäckerei-Konditorei produziert rund 130 Torten und Blechkuchen, davon 15 bis 17 im täglichen Wechsel. Dazu das klassische Bäckereisortiment mit 20 verschiedenen Brot- und 30 verschiedene Brötchensorten.
www.rose-weimar.de

**Koriat Kuchenmanufaktur**, Steubenstr. 48, Tel. 8552899; Di–So 10–18 Uhr. Ein Genuss sind die Kuchen und Tarte des gebürtigen Israeli Aviv Koriat, die von der heimatlichen Backkunst und orientalischen Einflüssen geprägt sind. Aus einfachen, frischen Zutaten entstehen köstliche Kreationen wie Mandelcreme-Kirsche-Rhabarber-Tarte, Nuss-Karamell-Tarte oder orientalischer Orangenkuchen. Leider gibt es nur wenige Plätze in dem Ladencafé. Zu haben sind die süßen Leckereien auch im ACC-Café-Restaurant und im Café Gretchens im Familienhotel.
www.koriat.de

**Kaffeehaus**, Goetheplatz 2 (im Grand Hotel Russischer Hof), Tel. 7740; tgl. ab 12 Uhr.

*Sehr beliebt ist die Koriat Kuchenmanufaktur*

Café im Wiener Stil, in dem man ausgesuchte Torten und Kuchen schlemmen kann. Die Spezialität des Hauses ist die Tortenkreation »Maria Pawlowna« aus Schokomousse und Feigenessig.
www.russischerhof-weimar.de
**Caféladen**, Karlstr. 8, Tel. 777777; tgl. ab 9 Uhr. Für eine kleine Pause: Kaffeespezialitäten aus der eigenen Rösterei, Frühstücksangebot, feine Torten und Schleckereien für den kleinen Hunger tagsüber. Verkauf von 50 Sorten Kaffee, Trüffel, Schokolade sowie Kaffeebereitern und Zubehör.
www.cafeladen.de
**Biebereis Eiscafé**, Windischenstr. 18, Tel. 01520/3530000; tgl. 12–18 Uhr. Rund 50 eigene Eissorten hat Felix Bieber kreiert, die Renner sind Schoko-Brownie und Mega-Mango. In der Saison ist am Wochenende auch die Biebereis-Manufaktur in der Erfurter Str. 35 geöffnet (Fr–So 11–18 Uhr).
https://biebereis.de
**Eiscafé Giancarlo**, Schillerstr. 11, Tel. 804790; tgl. ab 9–20 Uhr. Mediterrane Lebensart zum Entspannen und Genießen am Gänsemännchenbrunnen in der Schillerstraße. Und dazu Eis, Frühstück, Kaffee- und Kuchenspezialitäten sowie Dolci »Made in Italia«.
www.gelateria-giancarlo.de
**Café du Jardin**, Jakobstr. 10, Tel. 2176210, Mi–So ab 11 Uhr. Der historische Innenhof und Biedermeiergarten des Kirms-Krackow-Hauses sind ein idyllischer Ort zum Verweilen bei einem Petit café, verschiedenen Tartes und Tartelettes oder original französischem Baguette. In der Vinothek Werkstück kann Weimarer Wein probiert und gekauft werden.
www.latarte.eu
**Café Bauhaus.Atelier**, Geschwister-Scholl-Str. 6a, Tel. 583000; Mo–Fr 11.30–17.30, Sa 13–17 Uhr. Nettes kleines Café im Informationszentrum der Bauhaus-Universität, wo auch die Bauhausspaziergänge starten.
www.bauhaus-uni.de



## Sehenswertes

### Museen der Klassik Stiftung Weimar

Zu den Museen und Einrichtungen der Klassik Stiftung Weimar gehören 21 Museen und Einrichtungen in Weimar sowie vier in Thüringen. Die Museen stehen als »Klassisches Weimar« auf der Welterbeliste der UNESCO. Die Sommer- und Winteröffnungszeiten der Museen der Klassik Stiftung wechseln mit der Umstellung der Uhrzeit auf Sommer- bzw. Winterzeit, also ab dem letzten Sonntag im März bzw. dem letzten Sonntag im Oktober. Der Eintritt für Kinder und Jugendliche unter 16 Jahren ist frei. Für Schüler zwischen 16 und 20 Jahren gibt es Sonderpreise.
Aus konservatorischen Gründen ist für bestimmte Einrichtungen die Besucherzahl limitiert, es sind deshalb **Zeitfenstertickets** (maximal zwei Wochen im Voraus) zu buchen. Das gilt für die Herzogin-Anna-Amalia-Bibliothek, das Bauhaus-Museum, das Museum Neues Weimar, das Goethe-Nationalmuseum, Goethes Gartenhaus sowie das Schiller-Museum inklusive Sonderausstellungen. Für alle anderen Häuser können Tickets vor Ort erworben werden. Das **Kombi-Ticket Moderne** berechtigt zum einmaligen Besuch im Bauhaus-Museum, im Museum Neues Weimar, im Haus am Horn, im Nietzsche-Archiv und im Haus Hohe Pappeln, allerdings muss ein Zeitfenster dazu gebucht werden. Weitere Informationen beim Besucherservice der Klassik Stiftung, Tel. 545400.
www.klassik-stiftung.de
**Bauhaus-Museum Weimar**, Stéphane-Hessel-Platz 1; Mo, Mi–So 9.30–18 Uhr, regelmäßige Führungen Mi, Fr, Sa 11 Uhr, geführte Tour unter freiem Himmel »Quartier der Moderne« (Treffpunkt: Bauhaus-Museum) Sa 15 Uhr, offene Werkstatt im Werklabor Sa/So 10–13 Uhr. Das 2019 zum 100. Gründungsjubiläum eröffnete Museum gibt

einen Einblick in die Wirkungsgeschichte des Bauhauses in seinen ersten Jahren.

**Erlebnisportal Weimar**, Platz der Demokratie 4; Di–So Sommer 10–18, Winter 11–17 Uhr. Interaktive Rauminstallation am Studienzentrum der Herzogin-Anna-Amalia-Bibliothek.

**Fürstengruft**, Historische Friedhof am Poseckschen Garten; Mo, Mi–So Sommer 10–18, Winter 10–16 Uhr. Die Särge der Angehörigen des Hauses Sachsen-Weimar vereint mit denen der Dichterpersönlichkeiten Goethe und Schiller.

**Goethes Gartenhaus**, Park an der Ilm; Di–So Sommer 10–18, Winter 10–16 Uhr, Zeitfensterticket buchen. Goethes erster Wohnsitz in Weimar, Haus und Garten blieben sein ganzes Leben sein geliebtes Refugium.

**Goethe-Nationalmuseum**, Goethes Wohnhaus und Ständige Ausstellung, Frauenplan 1; Di–So Sommer 9.30–18, Winter 9.30–16 Uhr, Zeitfenster-Ticket buchen. Kurzführung 30 Minuten Sommer Do, Sa, So 13 Uhr. Historisches Wohnhaus mit originalen Einrichtungsgegenständen sowie Ausstellung zum Leben und Werk des großen deutschen Dichters.

**Goethe- und Schiller-Archiv,** Jenaer Str. 1; Mo–Fr 9–18, Sa/So 10–16 Uhr, Jan.–April Sa/So geschl., regelmäßige Führungen Mai–Dez. jeden 1. Sa im Monat 14 Uhr, wissenschaftliche Nutzung Mo–Do 9–18, Fr 9–16 Uhr. Das »Gedächtnis« der klassischen Zeit.

*Eingangstür von Goethes Wohnhaus*

**Haus am Horn**, Am Horn 61; Mo, Mi–So Sommer 10–18, Winter 10–16 Uhr, Zeitfensterticket buchen. Das einzige in Weimar gebaute und erhaltene Zeugnis des Bauhauses. Es entstand zur Bauhaus-Ausstellung 1923.

**Haus Hohe Pappeln**, Belvederer Allee 58; Mo, Mi–So Sommer 10–18 Uhr, Winter 10–16 Uhr. Das private Wohnhaus des Architekten Henry van de Velde beeindruckt als Gesamtkunstwerk des Jugendstils.

**Herzogin-Anna-Amalia-Bibliothek**, Rokokosaal und Renaissancesaal, Platz der Demokratie 1; Di–So Rokokosaal 9.30–18 Uhr, Renaissancesaal Sommer Di–So 9–18 Uhr. Zeitfensterticket buchen. Im Tagesverkauf stehen ca. 70 Eintrittskarten zur Verfügung, pro Person werden maximal 4 Karten abgegeben. Kurzführung 30 Minuten, So halbstündlich 15–17 Uhr. Wechselnde Ausstellungen im Renaissancesaal. Das historischen Bibliotheksgebäude mit dem Rokokosaal gehört zum Welterbe der UNESCO.

**Kutschenmuseum Auerstedt**, Schlosshof 6, Auerstedt, Tel. 036461/87762; Besichtigung auf Anfrage. Fuhrpark der Weimarer Herzöge und Großherzöge.

**Liszt-Haus**, Marienstr. 17; Mo, Mi-So Sommer 10–18, Winter 10–16 Uhr. Franz Liszt lebte von 1869 bis 1886 mehrere Monate im Jahr im ehemaligen Hofgärtnerhaus. Der Musiksalon mit dem Bechsteinflügel und das Arbeitszimmer sind original erhalten.

**Museum Neues Weimar**, Jorge-Semprún-Platz 5; Mo, Mi–So 9.30–18 Uhr, Zeitfensterticket buchen, regelmäßige Führung Sommer Mi, So 11 Uhr, Winter So 11 Uhr, Offene Werkstatt im Werkcafé Sa/So 14–17 Uhr. Präsentiert wird Kunst und Design um 1900 von der Weimarer Malerschule bis Henry van de Velde.

**Nietzsche-Archiv**, Humboldtstr. 36; Mo, Mi–So Sommer 10–18, Winter 10–16 Uhr. Regelmäßige Führung Do 15 Uhr. Friedrich

Nietzsche verbrachte in der Villa Silberblick seine letzten Lebensjahre.

**Park an der Ilm**; ganzjährig frei zugänglich. Historischer Parkspaziergang Sommer Mo, Do 15 Uhr, Lyrischer Parkspaziergang So 15 Uhr. Von Goethe und Herzog Carl August zwischen 1778 und 1828 angelegter Landschaftspark.

**Parkhöhle im Park an der Ilm**, Eingang nahe Liszt-Haus; Mo, Mi–So Sommer 10–18, Winter 10–16 Uhr, Stollenführung stündlich, ab 4 Personen. Stollensystem aus dem 18. Jahrhundert unter dem Park an der Ilm.

**Rebecca-Horn – Konzert für Buchenwald**, e-Werk, Straßenbahndepot, Am Kirschberg 4, Sommer Sa/So 11–17 Uhr. Rauminstallation zum Holocaust der bekannten Künstlerin Rebecca Horn.

**Römisches Haus**, im Park an der Ilm, Sommer Mo, Mi–So 10–17 Uhr. Land- und Gartenhaus im Park an der Ilm, Rückzugsort von Herzog Carl August.

**Schiller-Museum Bauerbach**, Friedrich-Schiller-Str. 1, Grabfeld OT Bauerbach; März–Okt. Di–So 10–17 Uhr. Hier lebte Schiller 1782/83 nach seiner Flucht aus Stuttgart einige Monate bei der Familie von Wolzogen.

**Schillers Wohnhaus** und **Schiller-Museum**, Schillerstr. 12, Tel. 545400; Di–So Sommer 9.30–18, Winter 9.30–16 Uhr, Zeitfensterticket buchen. Kurführung 30 Minuten, Sommer Do, Sa, So 14 Uhr, Führung Winter Sa 11 Uhr, offene Werkstatt Studiolo für Klein und Groß Sommer Fr 13–16 Uhr. Hier verlebte Schiller seine letzten drei Lebensjahre.

**Schloss Kochberg,** Im Schlosshof 3, Großkochberg; Sommer Mo, Mi–So 13–18 Uhr, Winter geschlossen. **Liebhabertheater Schloss Kochberg**, Theaterkarten Tel. 036743/22532 (Sommer), 03647/414581 (Winter), Schlosspark ganzjährig frei zugänglich. Anwesen der Familie von Stein, das durch die Goethes Bekanntschaft mit Charlotte von Stein bekannt wurde.

**Schloss und Park Belvedere**, Weimar-Belvedere, Sommer Di–So 10–18 Uhr. Regelmäßige Führung Sommer Di 15 Uhr, kulturgeschichtlicher Spaziergang Sommer Sa 15 Uhr. Gärtnerwohnhaus/Orangerie Sommer Di–So 10–18 Uhr, Langes Haus der Orangerie mit wechselnden Ausstellungen Jan.–Ende März Sa/So 11–16 Uhr, Ende März–Mitte April Fr–So 11–17 Uhr, Schlosspark ganzjährig frei zugänglich. Barocke Sommerresidenz der herzoglichen Familie, eingerichtet mit kunsthandwerklichen Ausstellungsstücken, Porzellanen und Fayencen. In der Orangerie sind Ausstellungen zur Gartenkultur zu sehen.

*Goethehaus im Ilmpark*

**Schloss und Park Ettersburg**, Am Schloss 1, Ettersburg, Schlosspark ganzjährig frei zugänglich. Jagd- und Sommersitz der herzoglichen Familie, weitläufiger Landschaftspark mit dem Pücklerschlag.

**Schloss und Park Tiefurt**, Hauptstr. 14, OT Tiefurt, Sommer Di–So 10–17 Uhr. Schlosspark ganzjährig frei zugänglich. Landsitz von Herzogin Anna Amalia, die ihn zum »Musenort« der Weimarer Hofgesellschaft machte.

**Stadtschloss Weimar mit Schlossmuseum**, Burgplatz 4, im Rahmen von Gesamtinstandsetzungs- und Umbaumaßnahmen sowie Neukonzeption geschlossen. Ab 2024 sind Teilöffnungen geplant. Führung durch die Dichterzimmer Sommer Sa 10, 11.30 und 13 Uhr.

*Die Sehenswürdigkeiten sind gut ausgeschildert*

**Studienzentrum** (Forschungsbibliothek), Platz der Demokratie 4; Mo–Fr 9–20, Sa 9–17 Uhr. Hier können die Bestände der Herzogin-Anna-Amalia-Bibliothek ausgeliehen und benutzt werden.

**Wittumspalais**, Am Palais 3; Di–So Sommer 10–18, Winter 10–16 Uhr. Kurzführung 30 Minuten, Sommer Do, Sa, So 15 Uhr, regelmäßige Führung Winter Sa 15 Uhr. Führung mit Musik Sommer jeden 4. So im Monat 11 Uhr. Witwensitz der Herzoginmutter Anna Amalia und Ort kulturvoller, sogenannter Tafelrunden.

**Wielandgut Oßmannstedt**, Wielandstr. 16, Oßmannstedt, Tel. 036462/920918; Sommer Mo, Mi–So 10–17 Uhr. Auf dem Landgut nahe Weimar verbrachte Wieland 1797–1803 produktive Jahre in Ruhe und Abgeschiedenheit.
www.wielandgut-ossmanstedt.de

## Weitere Museen und Besichtigungen

**Albert-Schweitzer-Gedenk- und Begegnungsstätte**, Kegelplatz 4, Tel. 202739; Mo–Mi und jedes erste Wochenende im Monat Sa/So Mai–Okt. 12–17, Nov.–April 12–16 Uhr. Dem großen humanistischen Arzt gewidmete Ausstellung.
www.albert-schweitzer-komitee.de

**Deutsches Bienenmuseum**, Ilmstr. 3, Tel. 4920401; April–Okt. Mi–So 10–18 Uhr, Jan.–März 10–17 Uhr. Rund 1200 Ausstellungsstücke rund um die Bienen.
http://lvthi.de/dbm

**Eisenbahnmuseum**, Eduard-Rosenthal-Str. 49, Tel. 0157/85650586; April–Okt. Do/Fr 9–13, Sa 9–15 Uhr. Zu besichtigen sind rund 30 verschiedene Dampf-, Diesel- und Elektroloks sowie Personen-, Güter- und Sonderwagen der Deutschen Reichsbahn. Sonderfahrten zu bestimmten Terminen.
www.eisenbahnmuseum-weimar.de

**Gedenkstätte Buchenwald**, OT Buchenwald, Tel. 430200, museale Einrichtungen Di–So April–Okt. 10–18, Nov.–März 10–16 Uhr, Außenanlagen tgl. bis zum Einbruch der Dunkelheit zugänglich. Mahnende Erinnerung an das Konzentrationslager der Nationalsozialisten und das Internierungslager der Sowjets. www.buchenwald.de

**Ginkgo-Museum,** Windischenstr. 1, Tel. 805452, März–Okt. Mo–Fr 10–17.30, Sa/So 10–15.30 Uhr, Nov.–Febr. Mo–Fr 10–15.30, Sa/So 12–14 Uhr. Dem Mythos Ginkgo auf der Spur.
www.ginkgomuseum.de

**Haus der Weimarer Republik – Forum für Demokratie**, Theaterplatz 4, Tel. 9089024; tgl. 9–19 Uhr. Dauerausstellung zur Weimarer Republik gegenüber dem Deutschen Nationaltheater, in dem die erste demokra-

*Die Albert-Schweitzer-Gedenkstätte*

*Im Garten des Kirms-Krackow-Hauses*



tische Verfassung auf deutschen Boden angenommen wurde. www.hdwr.de

**Jakobskirche**, Rollplatz 4, Tel. 903185; April–Okt. Mo–Sa 10–16, So 11–16 Uhr, Nov.–März tgl. 11–14 Uhr. https://weimar-evangelisch.de

**Kirms-Krackow-Haus**, Jakobstr. 10, Tel. 03650/30460; April–Okt. Fr 14–17, Sa/So 10–17 Uhr, Garten mit Gartenpavillon tgl. ab 9 Uhr bis zum Einbruch der Dunkelheit geöffnet. Traditioneller Ackerbürgerhof mit 400-jähriger Geschichte, Museum zur gehobenen bürgerlichen Wohnkultur des 18. Jahrhunderts. www.thueringerschloesser.de

**Museum für Ur- und Frühgeschichte Thüringens**, Humboldtstr. 11, Tel. 818330; Di 9–18, Mi–Fr 9–17, Sa/So 10–17 Uhr. Moderne Ausstellung zu 400 000 Jahren Menschheitsgeschichte und Archäologie in Thüringen. www.alt-thueringen.de

**Palais Schardt**, Scherfgasse 3, Tel. 902279; April–Okt. Di und Fr, an Tagen mit Kulturveranstaltungen 16.30–18 Uhr sowie nach Vereinbarung. Stadtpalais, in dem Charlotte von Stein ihre Kindheit verbrachte. https://goethepavillon.de

**Pavillon-Presse**, Scherfgasse 5, Tel. 53544; Mo und Fr 13–17 Uhr, Führungen jeweils 14 und 16 Uhr. Druckgrafisches Museum mit historischen Druckmaschinen. www.pavillon-presse.de

**Präsentation Bach in Weimar**, im Torhaus der Bastille, Stadtschloss Weimar, Burgplatz 4, Tel. 545400; Di–So 10–17 Uhr. Im ältesten Teil des Schlosses ist gegenwärtig eine multimediale Ausstellung über die Weimarer Jahre Bachs zu sehen. www.thueringerschloesser.de

**Russisch-Orthodoxe Kirche**, Historischer Friedhof am Poseckschen Garten, Tel. 0173/3527122; Mo, Mi–So April–Okt. 10–18, Nov.–März 10–16 Uhr. www.rok-weimar.de

**Stadtkirche St. Peter und Paul** (Herderkirche), Herderplatz, Tel. 903185; April–Okt. Mo–Fr 10–18, Sa 10–12, 14–16, So 11–12, 14–16 Uhr, Nov.–März tgl. 11–12, 14–16 Uhr, Kirchenführung Mo und Fr April–Okt. 17 Uhr, Nov.–März 14 Uhr, Altarführung Sa April–Okt. 16 Uhr, Nov.–März 15 Uhr, Turm- und Glockenführung April–Okt. Di 17 Uhr. https://weimar-evangelisch.de

**Stadtmuseum**, Karl-Liebknecht-Str. 5–9, Tel. 82600; Di–So 10–17 Uhr. Städtische Geschichte und Sonderausstellungen. https://stadtmuseum.weimar.de

**Thüringer Kloß-Welt**, Hauptstr. 3, Am Ettersberg, OT Heichelheim, Tel. 4412-223; Di–Fr 9–17, Sa/So 10–17 Uhr. Wissenswertes und Kurioses rund um den Thüringer Kloß.

*Führung in der Herderkirche*

www.thueringer-kloss-welt.de

**Weimar Haus**, Schillerstr. 16, Tel. 901890; tgl. 9.30–18 Uhr. Eine Zeitreise durch 5000 Jahre Weimarer Geschichte auf unterhaltsame Art, mit Kulissen, Wachsfiguren und Spezialeffekten.
www.weimarhaus.de

## Galerien

**Kunsthalle Harry Graf Kessler,** Goetheplatz 9b, Tel. 499519; Di–So 10–17 Uhr. Ausstellungshalle der Stadt Weimar im ehemaligen Großherzoglichen Museum für Kunst und Kunstgewerbe, in der vor allem zeitgenössische Künstler ein Forum finden. Auch Sonderausstellungen des Stadtmuseums.
https://stadtmuseum.weimar.de

**ACC Galerie**, Burgplatz 1–2, Tel. 85126; tgl. 12–18 Uhr, Fr/Sa bis 20 Uhr. Atelierprogramme mit verschiedenen Künstlern sowie vier bis fünf Ausstellungen pro Jahr aus der nationalen und internationalen Künstlerszene. Weiterhin Vorträge, Lesungen und andere Veranstaltungen.
www.acc-weimar.de

**Galerie Markt 21**, Markt 21, Tel. 502755; tgl. ab 10 Uhr. Monatlich wechselnde Ausstellungen von zeitgenössischen Künstlern aller Altersgruppen und aller Genres im Obergeschoss des C-Kellers.
www.c-keller.de

**Atelier raumkleid**, Geleitstr. 9, Tel. 251-0815; Mi–Fr 11–18, Sa 11–16 Uhr. Atelier für Architektur, Kunst und Design mit Spezialisierung auf Rauminszenierungen.
www.atelier-raumkleid.de

**Galerie Eigenheim**, Gärtnerhaus, Weimarhallenpark, Asbachstr. 1, Tel. 489962, Do–Sa 16–19 Uhr. Forum für zeitgenössische Kunst und Kommunikation. Themen-Ausstellungen sowie zahlreiche Veranstaltungen wie Konzerte, Gespräche und Lesungen.
www.galerie-eigenheim.de

**Galerie Hebecker**, Schillerstr. 18, Tel. 853741; Di–Fr 10–18, Sa 10–16 Uhr. Die Galerie hat sich auf Kunst des 20. Jahrhunderts spezialisiert.
www.hebecker.com

**Galerie Profil**, Geleitstr. 11, Tel. 499801, Mi–Fr 12–18, Sa 10–16 Uhr. Zeitgenössische Kunst aus den Bereichen Malerei, Graphik, Plastik und Objekte. Ein Schwerpunkt sind Künstler aus den Jahren 1946–1951.
www.galerie-profil.de

**Bildhauerkunst Thüringen**, Untergraben 5, Tel. 0160/1438203; Do/Fr 13–18 Uhr. Die noch junge Galerie für Bildhauerkunst, die vom Eiermannbau in Apolda nach Weimar gezogen ist, präsentiert Kunstobjekte Thüringer Künstler und veranstaltet Workshops.
www.bildhauerkunst-thueringen.de

**Weimarer Mal- und Zeichenschule**, Seifengasse 16, Tel. 505524. Fortführung der Tradition der im 18. Jahrhundert entstandenen Freyen Zeichenschule, die von Goethe und Herzog Carl August gefördert wurde. Vielfältige künstlerisch-praktische Angebote für Kinder, Jugendliche und Erwachsene, die von namhaften Künstlern aus dem In- und Ausland geleitet werden.
www.malschule-weimar.de

**Kunstverein Hofatelier**, Schulweg 4, OT Niedergrunstedt, Tel. 512517, Sa/So 13–17 Uhr. Wechselnde Ausstellungen von Vereinsmitgliedern und regionalen Künstlern in der alten Schule von Niedergrunstedt. Am Wochenende lädt das Ateliercafé zu Kaffee und Kuchen.
www.hofatelier-weimar.de

# Weimar am Abend

Ausschweifendes Nachtleben bis zum frühen Morgen sollte man in Weimar nicht erwarten, dennoch hat die kleine Stadt einiges an abendlicher Unterhaltung zu bieten. Dazu tragen auch die zahlreichen Studierenden der beiden Hochschulen bei, die frischen Wind in die Kneipen, Klubs und Bars bringen. Ein Muss ist der Besuch einer Aufführung im Deutschen Nationaltheater. Seit Goethes Zeiten begeistert das Haus mit vielbeachteten Inszenierungen, immer mehr auch an unkonventionellen Aufführungsorten. Kleinkunstbühnen, Kabarett und Programmkinos sorgen für Vielfalt. Den obligatorischen Absacker kann man sowohl in der urigen Kneipe als auch in der gediegenen Hotelbar zu sich nehmen.

## Theater und Konzerte

**Deutsches Nationaltheater** und **Staatskapelle Weimar**, Theaterplatz 2, Tickets Tel. 755334. Traditionsreiches Mehrspartentheater mit Hauptbühne, Studiobühne und Foyer. Zur Aufführung kommen Oper, Operette, Schauspiel und Tanztheater sowie Kinder- und Jugendstücke.
www.nationaltheater-weimar.de

**Redoute**, Ettersburger Str. 61, Tel. 755334. Spielstätte des Nationaltheaters im ehemaligen »Haus der Offiziere«. Ausweichspielstätte wegen der seit 2021 laufenden Sanierungsarbeiten am Haupthaus.
www.nationaltheater-weimar.de

**E-Werk mit Maschinen- und Kesselsaal**, Am Kirschberg 4, Tel. Abendkasse 748900. Spielstätte des Deutschen Nationaltheaters, wo vor allem Stücke zeitgenössischer Autoren und experimentelles Theater gezeigt werden.
www.nationaltheater-weimar.de

**congress centrum weimarhalle**, UNESCO-Platz 1, Tel. 745100. Ständige Spielstätte der Staatskapelle Weimar mit regelmäßigen Klassik-Konzerten, zahlreichen weiteren Veranstaltungen wie Rock- und Popkonzerte, Ballett und Gastspiele von Künstler aller Genres. www.weimarhalle.de

**Hochschule für Musik »Franz Liszt«**, Platz der Demokratie 2/3, Tel. 550. Die Studierenden der Musikhochschule bieten einen abwechslungsreichen Einblick in ihre Ausbildung. Konzerte finden im Festsaal Fürstenhaus, im Saal am Palais, in der Altenburg oder im Musikgymnasium Belvedere statt. Durchgeführt werden eigene Konzertreihen wie Musik bei Liszt (im Sommer Mi 12 Uhr im Liszt-Haus), Soireen in der Altenburg (So 17 Uhr) oder Franz am Dienstag (Di 17 Uhr im Festsaal Fürstenhaus).
www.hfm-weimar.de

*Gerade im Sommer gibt es viele Kulturveranstaltungen*

**Stadtkirche St. Peter und Paul**, Herderplatz 8, Tel. 851518. Regelmäßig Orgelkonzerte, Termine auf der Website.
https://weimar-evangelisch.de

**Theater im Gewölbe**, im Lucas-Cranach-Haus, Markt 11/12, Tel. 777377. Die Aufführungen des Privattheaters thematisieren vor allem das »Goldene Zeitalter«, die Klassikerzeit.
www.theater-im-gewoelbe.de

**Clubtheater Weimar**, Jakobstr. 18, Tel. 0151/17158168. Ambitioniertes Amateurtheater, das mit eigenen Stücken im Jugend- und Kulturzentrum mon ami auftritt.
www.clubtheater-weimar.de

**Stellwerk**, Schopenhauerstr. 2, Tel. 490800. Junges, experimentelles Theater für ein junges Publikum mit nichtprofessionellen Jugendlichen unter professioneller Anleitung.
www.stellwerk-weimar.de

## Kleinkunst

**ACC**, Burgplatz 1–2, Tel. 851261. Galerie für zeitgenössische Kunst, die ein abwechslungsreiches Programm mit verschiedenen Veranstaltungsreihen, Theateraufführungen, Gesprächen, Lesungen und Performances bietet.
www.acc-weimar.de

**mon ami**, Goetheplatz 11, Tel. 847711. Das Jugend- und Kulturzentrum überrascht mit Kleinkunst unterschiedlicher Genres: Konzerte, Theater, Comedy, Tanz, Partys.
www.monami-weimar.de

**Galli-Theater,** im Restaurant Shakespeares, Windischenstr. 4–6, Tel. 778251. Privates Theater mit heiter-frivolen Stücken, Komödien, Märchen und Shows für Erwachsene und Kinder.
https://galli-weimar.de

**Deutsches Institut für Kabarett und Kleinkunst**, Am Jakobskirchhof 8, Tel. 01575/16196523. Unterhaltung, Show, Konzerte, Soloabende und Kabarett am Aufführungsort Projekt eins (Schützengasse 2).
www.kleinkunst-institut.de

**Palais Schardt & Goethepavillon**, Scherfgasse 3, Tel. 902279. Musik-, Theater- und Literaturprogramme, Lustwandeln bei Kerzenschein im Geburtshaus von Charlotte von Stein.
www.goethepavillon.de

**Künstlergarten**, Theaterplatz 4; tgl. ab 9 Uhr. Blühender Garten und Künstlercafé in einem, in den Sommermonaten abends Auftritte von jungen Bands und Sängern.

## Kino

**Cinestar in der Schützengasse**, Schützengasse 14, Tel. 475711. 6 Kinosäle mit 984 Plätzen, täglich werden 15 Filme gezeigt.
www.cinestar.de/kino-weimar

**Lichthaus**, Am Kirschberg 4, Tel. 4788993. Unkonventionelles Programmkino im ehemaligen Weimarer Straßenbahndepot neben dem e-Werk, im Sommer Open-Air-Aufführungen.
www.lichthaus.info

**Kino im mon ami**, Goetheplatz 11, Tel. 847745. Kommunales Kino mit 69 Plätzen im Kellergeschoss des Jugend- und Kulturzentrums, das sowohl anspruchsvolle als auch Unterhaltungsfilme bereithält.
www.monami-weimar.de

## Bars und Kneipen

**Bar und Weinkost**, im Hotel Elephant, Markt 19, Tel. 8020; tgl. ab 10 Uhr. Tagsüber trifft man sich nach einem Stadtrundgang zu Thüringer Street Foot, im Sommer gern auf der Terrasse, abends auf einen Wein oder klassischen Cocktail.
www.hotelelephantweimar.de

**Havana-Club**, Schlossgasse 2, Tel. 805588; Mo–Sa ab 18 Uhr. Karibische Bar mit umfangreichem Angebot an Cocktails und Longdrinks sowie lateinamerikanischer Musik.
www.havanaclub-weimar.de

**Zum Falken**, Trierer Str. 7, Tel. 505566; tgl. ab 19 Uhr. Die Studierenden sorgen für ausgelassene Stimmung und sind offen für jeden Gast. Hin und wieder Live-Musik.

**Planbar**, Jakobsplan 6, Tel. 502785; tgl. ab 18 Uhr. Eine Institution in Weimar, gute Musik, manchmal auch live, und gute Getränke. das Publikum ist eine Mischung aus Studenten und Einheimischen.

**Salon Konetzny**, Humboldtstr. 18; Di–So ab 19 Uhr. Im einstigen Friseursalon werden keine Haare mehr geschnitten, dafür gibt es trendige Cocktails und frisch gezapftes Kellerbier.

**Smuggler's Irish Pub,** Friedrich-Ebert-Str. 2, Tel. 0176/70276309; tgl. ab 19 Uhr. Bei Guinness und Whisky kann man interessante Menschen treffen und das irische Flair genießen.
http://smugglers-pub.de

**Reservebank**, Geschwister-Scholl-Str. 1; tgl. ab 19 Uhr. Charmante Studentenkneipe in der Nähe der Bauhaus-Universität.

### Live-Musik

**Mon ami**, Goetheplatz 11, Tel. 847711. Live-Konzerte, Tanz, Disco und Party für Junge und Junggebliebene.
www.monami-weimar.de

**Studentenclub Kasseturm**, Goetheplatz 10, Tel. 851670. Studentisches Flair im runden Turm der Stadtbefestigung. Von Live-Musik bis Spielenachmittag.
www.kasseturm.de

**Uhrenwerk**, Am Alten Speicher 11, Tel. 929993. Moderne Event-Location. Live-Musik und Partys.
www.uhren-werk.de

**Beatcorner**, Carl-von-Ossietzky-Str. 42, Tel. 0171/6422729. Musikkneipe im authentischen Ambiente der 1970/80er Jahre. Live-Konzerte, Discos und andere Veranstaltungen.
www.beatcorner.de

**C.Keller**, Markt 21, Tel. 502755. Beliebter Treffpunkt für junge Leute und Künstler. Viele Veranstaltungen mit DJs, Bands und Jazz.
www.c-keller.de



## Veranstaltungen

Der Veranstaltungskalender von Weimar ist prall gefüllt, die genannten Veranstaltungen und Feste finden jedes Jahr statt. Tagesaktuelle Veranstaltungsinformationen sind auf www.weimar.de abrufbar, Tickets entweder im Internet oder in der Tourist-Information buchbar.

*Veranstaltung des Weimarer Sommers am Römischen Haus*

### März/April

**Weimarer Reden**: Persönlichkeiten aus Politik, Kultur und Gesellschaft halten vielbeachtete Reden im Deutschen Nationaltheater.
www.nationaltheater-weimar.de

**Thüringer Bachwochen**: In ganz Thüringen erklingt über mehrere Wochen die Musik Johann Sebastian Bachs.
www.thueringer-bachwochen.de

### Mai

**Köstritzer Spiegelzelt Festival**: Kleinkunstfestival mit hochkarätigen Künstlern in einem Spiegelzeit auf dem Platz der Demokratie.
www.koestritzer-spiegelzelt.de

**Lange Nacht der Museen**: Mitte des Monats, 18 bis 24 Uhr. Die Museen öffnen zu abendlicher Stunde und bieten neben Führungen auch Konzerte, Lesungen und Gespräche an.
www.nachtdermuseen.com

**Weimarer Blumenmarkt**: Farbenfrohes Markttreiben rund um Blumen und Pflanzen.

*Besucherinnen auf dem Zwiebelmarkt*

**Pfingst.Festival Schloss Ettersburg**: Theater, Jazz, klassische Musik und Literatur auf Schloss Ettersburg.
www.schloss-ettersburg.de

**Thüringer Schlössertage**: Die Thüringer und Weimarer Schlösser laden über die Pfingsttage zu Konzerten, Führungen und allerlei Aktivitäten.
www.schatzkammer-thueringen.de

**Weimarer Eisenbahnfest**: Großes Fest rund um die Eisenbahn, mit Lok-Ausstellung und -Parade, Führerstandsmitfahrten, Kindereisenbahn und Modellbahnbörse.
www.eisenbahnmuseum-weimar.de

## Juni–September

**Weimarer Sommer**: Ein buntes Potpourri an Veranstaltungen unterschiedlicher Genres in den Sommermonaten. Open-Air-Sommertheater am e-Werk, Open-Air-Konzert im Weimarhallenpark, Fête de la Musique in der Innenstadt, summaery Jahresschau der Bauhaus-Universität (www.uni-weimar.de), Blaues Fest, Weimarer Meisterkurse (www.hfm-weimar.de), Tiefurter Kultursommer (www.kultur-in-tiefurt.de), Yiddish Summer Weimar (www.yiddishsummer.eu), Kunstfest Weimar (www.kunstfest-weimar.de), Weinfest zum Goethe-Geburtstag (www.klassik-stiftung.de), Töpfermarkt (www.weimar.de). www.weimarer-sommer.de

## September

**Achava Festspiele Thüringen**: Ausstellungen, Führungen, Konzerte, Gespräche zum jüdischen Leben in Thüringen und in Weimar.
www.achava-festspiele.de

## Oktober

**Zwiebelmarkt Weimar**: Am zweiten Oktoberwochenende steht die Stadt ganz im Zeichen der Zwiebel. Das traditionelle, erstmals 1653 durchgeführte Volksfest lockt jedes Jahr mehrere hunderttausend Besucher an. www.weimar.de

**Weimarer Liszt-Tage**: Konzerte, Führungen, Vorträge zu Ehren des Komponisten.
www.deutsche-liszt-gesellschaft.de

## November/Dezember

**Weimarer Weihnacht**: Lichterketten und Glühweinduft, heimelige Stimmung zwischen Markt und Theaterplatz zur Einstimmung auf das Weihnachtsfest.
www.weimar.de

## Einkaufen

Ausschließlich zum Shoppen wird keiner nach Weimar fahren, denn vor Ort sind keine der großen Warenhaus- oder Markenketten vorhanden. Die Weimarer selbst zieht es dafür eher in die Landeshauptstadt Erfurt oder die Universitätsstadt Jena, beide jeweils rund 25 km von Weimar entfernt. Dennoch lassen sich in der Stadt einige schöne Geschäfte entdecken, die Lust machen, nach einem ausgiebigen Stadtbummel ein wenig zu stöbern. Und so findet sich mit Sicherheit das eine oder andere nette Mitbringsel.

Die meisten Geschäfte befinden sich in der **Fußgängerzone um die Schillerstraße**, in der **Marktstraße**, der **Kaufstraße** und am **Herderplatz**. Das kleine **Shopping-Center Atrium** mit auf drei Etagen verteilten Boutiquen und Shops liegt am Rand der Altstadt. Die Läden öffnen in der Regel zwischen 9 und 10 Uhr und schließen zwischen 18 und 20 Uhr, samstags zwischen 14 und 20 Uhr. Verkaufsoffene Sonntage gibt es zum Ostermarkt, Töpfermarkt, Zwiebelmarkt sowie im Advent.

Ein typisches Weimar-Souvenir ist der **Ginkgo**. Zu haben sind Pflänzchen in unterschiedlicher Größe, Samen zum Selbstziehen für Hobbygärtner und Tee. Juweliergeschäfte bieten Ginkgoblätter als Ohrschmuck, Kettenanhänger, Brosche oder Ring in Gold und Silber an.

*Ein Ginkgo-Bäumchen ist ein beliebtes Mitbringsel*

Die Werke der Klassiker und jede Menge **Literatur** über die Stadt sind in jedem Buchladen zu finden. Dazu gibt es **originelle Produkte** wie Goethe und Schiller als Salzstreuer, Handpuppen oder Playmobil-Figuren. Die sollen inzwischen gefragter sein als Repliken, Gipsabdrücke, Goethe und Schiller aus Alabaster oder Produkte im Bauhaus-Design, die man in den Shops der Klassik Stiftung kaufen kann. Auch regionale Erzeugnisse sind als Mitbringsel gefragt: **Bürgeler Keramik**, **Thüringer Wurstwaren** und **Saale-Unstrut-Wein**.

### Markt

**Wochenmarkt auf dem Marktplatz**; Mo–Fr 8–17, Sa 8–14 Uhr. Obst- und Gemüse, Blumen, Keramik und natürlich im Herbst die berühmten Zwiebelzöpfe.

### Kunsthandwerk und Souvenirs

**Bauhaus Store**, Frauentorstr. 4, Tel. 545880; Mo–Sa 12–17 Uhr. Alles dreht sich um das Bauhaus: Repliken von Design-Klassikern, Literatur und aktuelle Entwürfe von Studierenden der Bauhaus-Universität. Ein weiterer Store befindet sich im Erdgeschoss des Bauhaus-Museums. www.klassik-stiftung.de

**Ginkgo-Laden**, Windischenstr. 1, Tel. 805452; Mo–Fr 10–18 Uhr, Sa/So 10–16 Uhr. Ginkgo-Pflanzen, Tee, Kosmetik, Ginkgo-Design, Papeterie und Geschenkideen. www.ginkgoland.eu

**DesignWe.Love**, Schützengasse 6, Tel. 495512; Di–Sa 11–18 Uhr. Alles rund ums Wohnen: Möbel, Wohnaccessoires, nachhaltige Designprodukte und eigene Produktion. www.designwe.love

**Einrichtungshaus Kneisz**, Wielandplatz 3, Tel. 901678; Mo–Fr 10–18.30, Sa 10–14 Uhr. Originelle Geschenkideen und Wohnaccessoires, Souvenirs und Repliken aus der Bauhaus-zeit. www.kneisz.de www.bauhausshop.eu

**Moccarot Keramikatelier**, Marktstr. 15, Tel. 0160/96454313; Di–Fr 11–18, Sa 11–14 Uhr. Handgefertigte Keramik in klarem, schlichtem Design für den täglichen Gebrauch.
www.moccarot.de

## Mode

**Cara Apfelkern**, Marktstr. 9, Tel. 814896. Individuelle Mode und tragbares Design sowie die dazugehörenden Accessoires.
www.cara-apfelkern.com

**SchauSchau**, Teichgasse 4, Tel. 906468; Mo–Fr 12–18, Sa 10–16 Uhr. Nachhaltige Mode und Accessoires aus kleinen Manufakturen und Designwerkstätten aus der Region.
www.schauschau.com

**Lieblingsstücke**, Windischenstr. 31, Tel. 415072; Mo–Fr 10–18, Sa 10–16 Uhr. Besondere Mode und Accessoires von ausgesuchten Designern, eben Lieblingsstücke.
www.lieblingsstuecke-weimar.de

**Die Zwillingsnadeln**, Windischenstr. 29, Tel. 458020, Mi–Fr 12–18 Uhr und nach Vereinbarung. Hüte von extravagant bis schlicht, alle handgefertigt aus der eigenen Hutmanufaktur.
www.die-zwillingsnadeln.de

**Goa Goa**, Brauhausgasse 14, Tel. 254248; Mo–Fr 12–18, Sa 11–14 Uhr. Orientalische Fundgrube: Stoffe, Tücher und außergewöhnliche Kleidung, feines Kunsthandwerk und Silberschmuck.
www.goagoa.de

## Kulinarisches

**Bioladen Rosmarin**, Herderplatz 3, Tel. 804477; Mo–Fr 9–19, Sa 9.30–16 Uhr. Vielfältiges Bio-Lebensmittelsortiment, frisches regionales Obst und Gemüse, nebenan befindet sich die Suppenbar Estragon.
www.bioweimar.de

**Thüringer Spezialitätenmarkt**, Frauentorstr. 13, 4684540; Mo–Sa 10–18, Sa 11–17 Uhr. Regionale Spezialitäten wie Wurst, Käse, Wein und Spirituosen von Thüringer Herstellern. Beliebt sind die Präsentkisten mit allerlei Leckereien.
www.thueringer-spezialitaetenmarkt.de

**Vom Fass**, Theaterplatz 2a (Goethekaufhaus), Tel. 4439993; Mo–Fr 10–19, Sa 10–17 Uhr. Hochwertige Speisöle, Balsamessig, Liköre, Spirituosen, Whiskys aus Holzfässern, Glasballons und Tonkrügen.
www.weimar.vomfass.de

**Viba Sweets**, Geleitstr. 25, Tel. 808360; Mo–Fr 9.30–18, Sa 10–15 Uhr. Werksverkauf der Thüringer Firma, seit über 100 Jahren bekannt ist für seine zartschmelzenden Nougat- und soften Marzipanprodukte.
www.viba-sweets.de

**Caféladen**, Karlstr. 8, Tel. 777777; tgl. 9–19 Uhr. Kleine Kaffee-Oase mit Stil, 50 Sorten Kaffee mit der Haussorte Weimarkaffee, Zubehör.
www.cafeladen.de

**Weimarer Kaffeerösterei**, Herderplatz 16, Tel. 877530, Mi–Fr 10–17, Sa 9.30–14.30 Uhr. Rösterei und Café vis-à-vis der Herderkirche.
www.w-k-r.de

**Teeboutique am Schillermuseum**, Windischenstraße 23, Tel. 905177; Mo–Fr 10–18, Sa 10–14 Uhr. Eine Fundgrube für Teeliebhaber.
www.teeboutique.de

*Kinderveranstaltung im Park Tiefurt*

## Mit Kindern unterwegs

Wer meint, Weimar sei langweilig und nur etwas für erwachsene Goethe- und Schillerfans, wird schnell eines Besseren belehrt. Insbesondere die Klassik Stiftung Weimar hält zahlreiche Angebote für Kinder und Jugendliche bereit, um ihnen das klassische Erbe in spielerischer Art und Weise nahezubringen. Auf der Website **www.weimarpedia-kids.de** kann man sich schon vor der Reise über die Stadt informieren. Fritz macht mit den Sehenswürdigkeiten und Persönlichkeiten Weimars bekannt und führt durch die Stadt. Einige der klassischen **Museen** bieten **Mitmachtouren** für Kinder an, die Termine werden veröffentlicht. Bei solch einer geführten Tour lernen die Kids Geschichten und Persönlichkeiten kennen. Der Eintritt in die Museen der Stiftung Weimarer Klassik, zu denen die meisten in Weimar gehören, ist übrigens für Kinder und Jugendliche bis 16 Jahre kostenfrei, ebenso wie für zahlreiche andere Veranstaltungen.

Wer lieber allein mit seinen Eltern und den Geschwistern auf Entdeckungsreise gehen möchte, leiht sich einen **Audioguide für Kinder** aus. Im Goethe-Nationalmuseum (→ S. 76) erzählt Goethes Sohn August Spannendes von seinen berühmten Vater und in Schillers Wohnhaus (→ S. 83) zeigt Schillers Tochter Caroline, wo und wie sie mit ihren Eltern und Geschwistern gelebt und in welches Zimmer sich ihr Vater Friedrich Schiller zum Arbeiten zurückzog. Im Park an der Ilm (→ S. 138) können pfiffige Kinder in der App kleine Rätsel lösen, das Spiel »Rette den Park!« ist für Kinder ab zehn Jahren geeignet. Kindgerechte Audioguides gibt es auch in der Herzogin-Anna-Amalia-Bibliothek, im Bauhaus-Museum sowie im Museum Neues Weimar.

Ein besonderes und gern genutztes Angebot der Klassik Stiftung sind die **Rucksacktouren** (April–Okt.), die Kinder und Eltern gleichermaßen fesseln. In der Tourist-Information (→ S. 170), im Bauhaus-Museum (→ S. 117), in Goethes Gartenhaus (→ S. 142), im Wittumspalais (→ S. 86) und im Schloss Belvedere (→ S. 162) können Rucksäcke mit spannenden Materialien für zweistündige thematische Touren ausgeliehen werden. Der Rucksack ist bestückt mit verschiedenen Dingen wie Stiften, Sammelboxen, kleinen Spielen, Aufgaben und Geschichten. Immer dabei: ein Begleitheft für die Tour. Der Renner ist die Tour *Unterwegs mit Fritz von Stein durch den Park an der Ilm* für Kinder zwischen 6 und 12 Jahren. Fritz nimmt die kleinen Entdecker mit zu seinen Lieblingsplätzen im Ilmpark. Mit Fernglas und Lupe bewaffnet gehen sie auf eine Reise durch die Natur, lernen Bäume zu unterscheiden, beobachten Vögel, sammeln Blätter, Blüten und Stöckchen, können aber auch mit Murmeln spielen oder mit dem Springseil hopsen. Die Sammelbox, das Heft und der Bastelbogen dürfen nach der Tour als Erinnerung mitgenommen werden.

Interessant sind auch die Touren **Abenteuer Garten** für Kinder von drei bis sieben Jahren, bei der Goethes Sohn August mit Vorlesetexten durch Goethes Garten am Stern begleitet oder **Unterwegs mit der bauhaus bag** für ältere Kinder mit Spurensuche, Rätseln, Spielen und Experimenten rund um das Bauhaus.

Die **Mach Mit!-Werkstätten** laden, wie der Name schon sagt, dazu ein, selbst kreativ zu werden, eben einfach mitzumachen: mit verschiedenen Materialien experimentieren, Produkte kreieren oder ein altes Handwerk ausprobieren. Im Studiolo, der Werkstatt im Schillerhaus (→ S. 83), kann man wie einst Goethe und Schiller mit Federkiel und Tinte schreiben, ein Schattenbild gestalten oder einen Fächer basteln. Die einzelnen Schritte des Buchbindens sind im Buchwerk des Museums Neues Weimar (→ S. 118) zu erleben, sodass am Ende jeder sein eigenes Heft im Buchautomaten erstellen lassen kann. Im Werkcafé stehen verschiedene Handwerkstechniken der Holz-, Metall- und Lederbearbeitung im Mittelpunkt, mit denen jeder sein eigenes kleines Kunstwerk herstellen kann. Und im **Werklabor des Bauhaus-Museums** (→ S. 117) kann sich jeder als sein eigener Bauhauskünstler fühlen, es bietet mit unterschiedlichsten Materialien und modernen Techniken beste Voraussetzungen zur kreativen Beschäftigung.

Neben den Museen der Klassik Stiftung Weimar und seinen speziellen Kinderangeboten gibt es weitere Museen, die Kinder faszinieren. Auf der Schillerstraße lädt das **Weimar Haus** (→ S. 84) zu einem multimedialen Spaziergang durch 5000 Jahre Weimarer Geschichte ein. Wachsfiguren, 3-D-Effekte und Kulissen- und Theaterbauten, Videoprojektionen und Musik lassen die Historie lebendig werden.

Im **Museum für Ur- und Frühgeschichte** (→ S. 152) erfährt man, wie unsere Vorfahren vor rund 400 000 Jahren gelebt haben, wie sie aussahen, was sie gegessen haben und ob sie Haustiere hielten. Neben originalen Fundstücken, lebensgroßen Modellen und Rekonstruktionen führen multimediale Installationen und Objekte zum Anfassen in die Alltagswelt der Steinzeit. Zudem gibt es Bastelbögen und Aktionshefte. Auf der Online-Kinderplattform beantwortet Maulwurf Archie alle Fragen der Kinder und gibt Tipps für archäologische Ausflüge.

Ein besonderes Museum am Rand des Ilmparks, das für Kinder viel Wissenswertes bereithält, ist das **Bienenmuseum** (→ S. 161). Es zeigt rund 1500 Objekte rund um die Bienen und die Imkerei, historische Figurenbeuten, Imkergerätschaften und Bienenprodukte. Im Bienenweidegarten sind ein Wanderwagen und ein Bienenhaus zu bewundern. Im hinteren Teil ist emsiges Summen zu hören, dort sind mehrere Bienenvölker zu Hause.

Das **Deutsche Nationaltheater** (→ S. 87) hat regelmäßig Kinderaufführungen im Programm. Im **Kindertheater Tiefurt** kommen Grimm'sche Märchen, Petterson und Findus, Puppentheater und Kinderkonzerte auf die Bühne. www.kindertheater-tiefurt.de

Nach so viel Bildung und Kultur brauchen die Kids ein bissen Action und sportliche Betätigung. Die sind im Aktivpark im nahe gelegenen **Hohenfelden** (→ S. 215) in kompakter Form vorhanden: Klettern, Mini-Golfen, Trampolinspringen oder Baden im Stausee, und bei schlechtem Wetter geht es in der **Avenida-Therme** (→ S. 197). Wer von Museen noch nicht genug hat, schaut ins **Freilichtmuseum Hohenfelden** (→ S. 214) und erfährt, wie die Menschen auf dem Lande in Thüringen früher gelebt haben.

Von Hohenfelden ist es nicht weit bis nach **Kranichfeld** (→ S. 213), wo auf der Niederburg der Falkner Adler, Bussard, Uhu und Falke fliegen lässt.

## Sport und Aktivitäten

### Radfahren

In der Weimarer Innenstadt braucht man nicht unbedingt ein Fahrrad, alle Sehenswürdigkeiten liegen eng beieinander. Nützlich ist es allerdings, wenn man die Parks am Stadtrand besuchen will. Nach Tiefurt mit seinem Schloss und Park radelt man ganz entspannt vom Park an der Ilm entlang, zu Schloss und Park Belvedere in südlicher Richtung. Vom Weimarer Park an der Ilm führt der Ilmtal-Radweg in südliche Richtung flussaufwärts bis zur Quelle der Ilm, in nördliche Richtung flussabwärts bis zur Mündung in die Saale.

Am Rand der Weimarer Innenstadt, in der Schwanseestraße im Durchgang zur Weimarhalle, stehen neun Schließfächer für Fahrradtaschen gegen eine geringe Gebühr zur Verfügung. Gäste können so ohne schweres Gepäck mit ihrem Fahrrad die Innenstadt erkunden, Museen und Restaurants besuchen. Jedes Fach ist mit einem kostenfreien Anschluss zum Aufladen von E-Bike-Akkus ausgestattet.

**Ilmtal-Radweg** → S. 208 und S. 214
**Feininger-Radweg** → S. 146

**Radfernweg Thüringer Städtekette**: Der 240 km lange Fernradweg führt von Eisenach im Westen Thüringens über Erfurt, Weimar und Jena bis nach Altenburg im Osten des Bundeslandes. Der größte Teil der Strecke ist asphaltiert und hat einen leichten bis mittleren Schwierigkeitsgrad. www.thueringer-staedtekette.de

## Wandern

Vor allem die Gegend südlich von Weimar, das Mittlere Ilmtal, ist ein Paradies für Wanderfreunde. In der geschützten Natur entstanden zahlreiche gekennzeichnete Wanderwege.

**Goethe-Wanderweg**, 28 km (→ S. 218)
**Drei-Türme-Wanderweg**, 26 km (→ S. 211)
**Maria-Pawlowna-Promenadenweg**, 2 km (→ S. 129)

## Klettern

**EnergieWände Kletterhalle**, Kromsdorfer Str. 11, Tel. 4684600. Kletterspaß auf rund 130 Kletterrouten im Boulder- und Kletterbereich mit Wandhöhen bis 12 m im Innenbereich und bis zu 15 m im Außenbereich. www.kletterhalle-weimar.de

**Block'n Roll Boulderhalle**, Am Alten Speicher 7; Mo–Fr, So ab 16–22 Uhr. Für Anfänger und Fortgeschrittene: Bouldern in geringer Höhe. http://blockandroll.de

**Kletterwald Hohenfelden**, Am Stausee 6, Kranichfeld OT Hohenfelden (17 km von Weimar), Tel. 0174/6722629, Hauptsaison 9.30–20, Nebensaison 10–19 Uhr, Zeiten auf der Website. 7 Parcours mit 118 Kletterelementen in einer Höhe von 2 bis 15 m. www.aktivpark-hohenfelden.de

## Golf

**Golf Resort Weimarer Land**, Gut Krakau, Weimarer Str. 60, Blankenhain, Tel. 036459/61641000. Zwei traumhaft in die Natur eingebettete 18-Loch-Anlagen sowie ein 9-Loch-Übungsplatz. 20 km südlich von Weimar. www.golfresort-weimarerland.de

**Golfclub Erfurt**, Im Schaderoder Grund, Erfurt, Tel. 036208/80712. 28 Hektar große 9-Lochanlage, 10 km von Erfurt und 35 km von Weimar entfernt. www.golfclub-erfurt.de

**Golfclub Jena**, Müncheroda 31, Jena, Tel. 03641/3822277. 9-Loch-Anlage vor den Toren Jenas. Mit Putting Green, Driving Range und Übungsbunker. 20 km westlich von Weimar. www.golf-jena.de

## Baden

**Schwanseebad-Schwimmhalle**, Hermann-Brill-Platz 2, Tel. 77020; tgl. geöffnet. 25-m-Becken, Finnische Sauna und Dampfsauna.

**Schwanseebad-Freibad**, Hermann-Brill-Platz 2, Tel. 77020; Mitte Mai–Mitte Sept.

## Wellness

Nach Weimar fährt man nicht zum Wellness-Urlaub, dennoch bieten einige Studios und Hotels angenehme Wellness-Bereiche, in denen nach anstrengendem Sightseeing entspannt werden kann.

**Konsumhotel Dorotheenhof**, Zum Dorotheenhof 1, Tel. 4590; tgl. 11–22 Uhr. Eine Wohltat für Körper und Seele: großzügige Saunalandschaft, Kosmetik- und Massageangebote. Völlig abschalten kann man im Raum der Stille. www.wellnesshotel-weimar.de

**Saunabad Weimar**, In der Buttergrube 11, Tel. 953003, Mi–Fr 14–22.30, Sa/So 12–20.30 Uhr. Erdsauna, Kräutersauna, Bauernsauna, Zirben-Biosauna sowie Dampfbad. www.saunabad-weimar.de

**Toskana-Therme**, Bad Sulza (→ S. 207)
**Avenida-Therme**, Hohenfelden (→ S. 197)

*Radausflug an und durch die Ilm*

Die herrlich grüne Umgebung um die Kulturstadt lädt zu Ausflügen aus. Fast überall, wo Touristen hinkommen, war schon einer früher da: Dichterfürst Goethe. Zu Fuß, zu Pferde oder mit der Kutsche, 37765 Kilometer soll er in seinem Leben zurückgelegt haben. Andere nach ihm radelten in Weimars Umgebung wie der Bauhauskünstler Lyonel Feininger. Der äußerte: »Die Dörfer, wohl über Hundert, in der Umgebung sind prachtvoll!«

# AUSFLÜGE IN DIE UMGEBUNG

*Goethepavillon in Bad Berka*

# Die Toskana des Ostens

Die Gegend nordöstlich von Weimar erinnert in ihrer Weite und Struktur an die italienische Toskana. Findige Marketingexperten kamen deshalb auf die Idee, sie »Toskana des Ostens« zu taufen. Zugegeben ein hübscher Gag, der aber durchaus passend erscheint, denn die weitläufige, von dem Flüsschen Ilm durchflossene Landschaft mit seinen sanften aufstrebenden, von Wein bewachsenen Kalkhängen erinnert mit etwas Phantasie tatsächlich ein wenig an die Toskana. Industrie, Kultur und Wein gehen eine harmonische Symbiose ein.

## Apolda

Das in sanfte Hügel eingebettete Apolda (23 000 Einwohner), 18 Kilometer nördlich von Weimar entfernt, war einst eine reiche Industriestadt, in der das Glockergießer-, Textil- und Strickerhandwerk betrieben wurde.

Von den 118 größten Glocken, die zwischen 1734 und 1902 gegossen wurden, kamen allein 40 aus Apolda. Mehr als 50 000 Glocken haben die Glockengießer Apoldas bis 1988 gegossen und in die ganze Welt geliefert, darunter im Jahr 1923 die St. Petersglocke für den Kölner Dom. Der »dicke Pitter« hat eine Höhe von 3,35 Meter, einen Durchmesser von 3,25 Meter sowie ein Gewicht von 24 bis 25 Tonnen. Eine 1:1 Nachbildung ist im **Hof des Stadthauses** zu sehen. Dort erklingt täglich ein Glockenspiel aus 18 Glocken, mehr als hundert verschiedene Melodien sind gespeichert. Das Glockengießer-Handwerk wird in der Stadt schon lange nicht mehr ausgeübt, im **Glocken-Stadt-Museum** kann man sich auf Entdeckungsreise begeben.

Erhalten oder neu angesiedelt haben sich dagegen einige kleinere Textilunternehmen, die sich auf dem Markt zu behaupten versuchen. Das Stadtbild prägen schmuck restaurierte **Gründerzeitbauten**, die vom einstigen Wohlstand der Bürger künden. Die einstigen Industriebauten stehen leer, wurden abgerissen oder neuen Bestimmungen zugeführt. So residiert in der Zimmermannschen Textilfabrik das Landratsamt. Das bronzene **Dobermann-Denkmal** auf dem Martinsplatz erinnert an Karl Friedrich Louis Dobermann, der seit 1860 die nach ihm benannten Jagdhunde züchtete.

*Ausstellungsstücke im Glockenmuseum*

▸ Karte S. 201

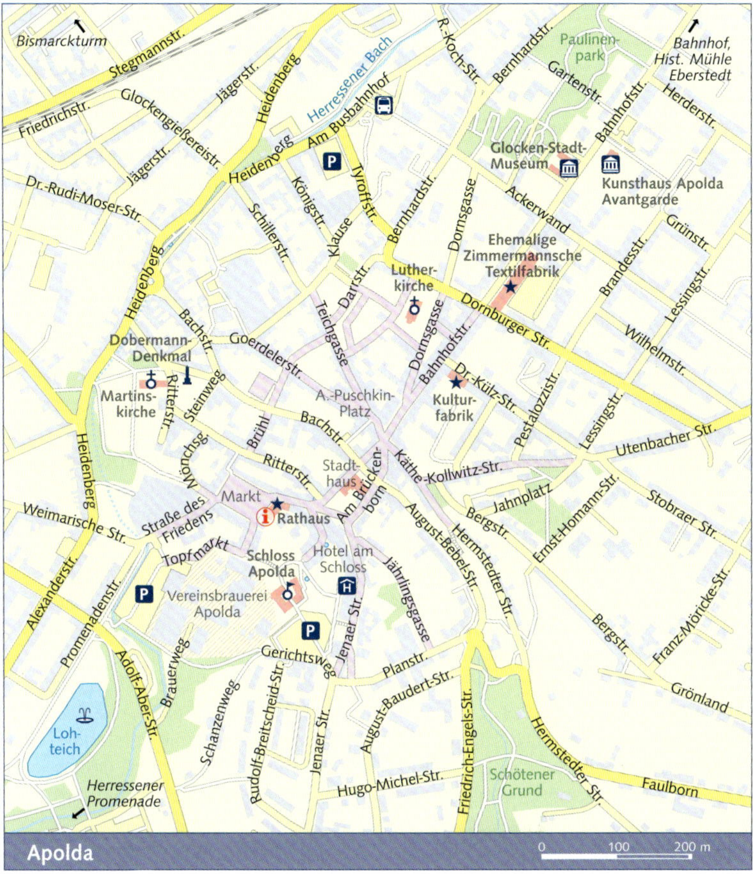


Die neogotische **Lutherkirche** (1890–1894) mit ihrem 80 Meter hohen Turm, von dem Glocken der einheimischen Firmen Rose, Ulrich und Schilling erklingen, entstand im Stil der Backsteingotik. Diesen für Thüringen eher untypischen Baustil findet man sonst meist nur im Norden Deutschlands.

Einen Spaziergang lohnen der **Paulinenpark** nordöstlich des Stadtzentrums und entlang der **Herressener Promenade**. Die grüne Landschaftsoase am südlichen Stadtrand war 2021 Außenstandort der BUGA in Erfurt.

## Glocken-Stadt-Museum

Bei so viel Glockentradition gibt es natürlich ein **Glockenmuseum**, das sich unter einem Dach mit dem Stadtmuseum befindet. Zu erfahren ist Wissenswertes über die Geschichte der Glocken und der Technologie des Gießens sowie Tonaufnahmen von Läutearten und -ordnungen. Die meisten der frei stehenden Glocken dürfen angeschlagen werden.

Im **Stadtmuseum** steht die 400-jährige Tradition der Apoldaer Textilindustrie im Mittelpunkt. Gezeigt werden Wirk- und Strickmaschinen sowie Wollwaren aus unterschiedlichen Epochen. Im Museumsgarten sind die größten Glocken des Museums zu sehen. Der alte gusseiserne Pavillon an der Mauer ist Spielstätte für das »Theater im Pavillon«, das im Sommer mit Theateraufführungen, Kabarett und szenischen Lesungen aufwartet.

### Kunsthaus Apolda

Das Kunsthaus hat mit seinen hochkarätigen Kunstausstellungen der Moderne schon manches Mal für überregionale Aufmerksamkeit und tausende von Besuchern gesorgt. Der engagierte Kunstverein organisiert seit 1994 jedes Jahr mehrere Wechselausstellungen zu unterschiedlichen Themen und mit unterschiedlichen Künstlern. Zu sehen waren beispielsweise Arbeiten von Salvatore Dalí, Henri Toulouse-Lautrec, Henri Matisse, Pablo Picasso, Kimberly Austin, Wolfgang Joop, Marc Chagall, Andy Warhol oder Friedensreich Hundertwasser.

## Dornburger Schlösser

▸ Karte S. 201/hintere Umschlagklappe

Hoch über dem Saaletal erheben sich auf einer Muschelkalkfelsenterrasse drei Schlösser, die eng mit dem berühmten Dichter Johann Wolfgang von Goethe verbunden sind. Der weilte oft und gern in Dornburg, mehr als zwanzigmal soll er dort gewesen sein. Die Schlösser gehen auf eine Burganlage aus dem 12. Jahrhundert zurück, im 16. Jahrhundert trat an ihre Stelle das Alte Schloss, wenig später kam das Renaissanceschloss dazu. Zwischen beide wurde im 18. Jahrhundert das Rokokoschloss gesetzt und die Terrassengärten wurden angelegt. Das Renaissance- und das Rokokoschloss sowie die Gärten, die bei der Bundesgartenschau 2021 in Erfurt Außenstandorte waren, stehen zur Besichtigung offen, das Alte Schloss dient heute als Tagungszentrum der Jenaer Universität.

### Renaissanceschloss

Das Renaissanceschloss entstand Mitte des 16. Jahrhunderts als schlichtes Herrenhaus eines Rittergutes. Zum Schloss wurde es erst, als Großherzog Carl August es 1824 kaufte, es umbaute und zu seinem Sommerquartier machte. Im oberen Geschoss entstanden die privaten Räume des Großherzogs. Im Inneren erinnert viel an Goethe, der, wenn er in Dornburg weilte, hier übernachtete. Der Dichter liebte die Gegend, erfreute sich an den Gärten und der wunderbaren Aussicht und holte sich hier Inspiration für sein Schaffen. So schrieb er 1828 an seinen Freund Carl Friedrich Zelter: »Ich weiß nicht, ob Dornburg dir bekannt ist; es ist ein Städtchen auf der Höhe im Saaltale unter Jena ... anmutige Gärten ziehen sich an Lusthäusern her; ich bewohne das alte neuaufgeputzte Schlößchen am südlichsten Ende. Die Aussicht ist herrlich und fröhlich ... « Viele Gedichte, Briefe und naturwissenschaftliche Aufzeichnungen zu verschiedenen Themen wie Geologie, Meteorologie, Botanik entstanden hier. Goethe empfing Gäste zu Diskussionsrunden. Sein längster Aufenthalt dauerte mehrere Wochen. Im Schmerz um seinen verstorbenen Freund und Gönner Großherzog Carl August hatte sich Goethe von Juli bis September 1828 nach Dornburg zurückgezogen und lebte in der Bergstube.

### Rokokoschloss

Um 1740 ließ Herzog Ernst August I. das Lustschloss errichten, es sollte Teil einer Gesamtanlage werden, die aber nie verwirklicht wurde. Die Inneneinrichtung erinnert an die drei bedeutendsten Nutzungszeiten, so das **Vestibül** in der Beletage an die Erbauungszeit unter Herzog Ernst August, das **Speisezimmer** mit weiß-blauen Möbeln und wertvollen

Das Dornburger Renaissanceschloss

chinesischen und niederländischen Porzellanen an Großherzog Carl Alexander und im oberen Stockwerk das **Wohnzimmer** mit originalem Mobiliar an die Zeit von Herzog Carl August. Die Geschosse sind direkt von den Gartenterrassen zugänglich, das Obergeschoss über eine geschwungene Freitreppe.

Im **Marstall** gegenüber dem Rokokoschloss zeigt das **Bauhaus-Werkstatt-Museum** am authentischen Ort historische Werkstatträume und Keramiken aus der Zeit des Bauhauses. In den 1920er Jahren hatte sich hier die Keramikwerkstatt des Weimarer Bauhauses befunden.

### Gartenanlagen

Umgeben sind die Schlösser von rund vier Hektar großen, liebevoll gepflegten Gartenanlagen, dabei hat jedes Schloss seinen eigenen Gartenstil. Am Alten Schloss gibt es Obst- und Gräsergärten von Mitte des 19. Jahrhunderts, beim Rokokoschloss wurde ein Garten im französischem Stil angelegt, und westlich vom Renaissanceschloss entstand von 1826 bis 1828 ein Park mit verschlungenen Wegen nach englischem Vorbild. Die am Steilhang angelegten Terrassenwege eröffnen weite Blicke ins Saaletal. Die Weinberge von 1736 hat man re-

*Lustschloss des Herzogs im Rokokostil*

*Turm der Wasserburg Kapellendorf*

konstruiert und das Weinberghäuschen am Hang unterhalb des Renaissanceschlosses wiedererrichtet. Berühmt sind die Gärten auch für ihre zahllosen Rosen, deren Farbenpracht und betörender Duft die Besucher zur Blütezeit erfreuen.

## Wasserburg Kapellendorf

Kapellendorf, zehn Kilometer östlich von Weimar gelegen, besitzt mit der Wasserburg ein Kleinod mittelalterlicher Burgenbaukunst. Sie zählt zu den größten und besterhaltenen Burgen Thüringens, im **Burgenmuseum** in der Kemenate kann man der wechselvollen und spannenden Geschichte nachspüren. Bereits im 12. Jahrhundert errichteten hier die Burggrafen von Kirchberg eine fünfeckige Anlage als ihren Stammsitz. Vor allem nach dem Verkauf an die Stadt Erfurt 1348, der die Burg seit dem 20. Jahrhundert wieder gehört, erfolgten umfangreiche bauliche Veränderungen. Es entstanden die Kemenate und die Kaminküche mit

▲ Karte: hintere Umschlagklappe

freistehendem Rauchfang, in die äußere Ringmauer baute man den sogenannten **Katzenaugenturm**, den heutigen Eingangsturm. Der **Burgbrunnen** hat eine Tiefe von 13,2 Metern. Im 16. Jahrhundert gelangte das Bauwerk für längere Zeit zum Herzogtum Sachsen-Weimar und wurde zum Verwaltungssitz.

1806 diente die Burg als Hauptquartier eines Teils der preußischen Armee, der unter der Leitung von Fürst Hohenlohe-Ingelfingen stand. Die Schlacht bei Jena am 14. Oktober 1806 endete mit einer vernichtenden Niederlage der preußischen Truppen gegen die Armee Napoleons, das Rückzugsgefecht bei Kapellendorf bildete den vorletzten Akt der Schlacht. Auch darüber wird in der Ausstellung in der Kemenate informiert, einem Wohnturm von fünf Geschossen mit einer interessanten Holzkonstruktion aus dem 16. Jahrhundert.

Heutzutage wird in das mittelalterliche Ambiente auch zu Sonderausstellungen, Handwerker- und Töpfermärkten sowie zahlreichen kulturellen Veranstaltungen geladen.

Einen Blick sollte man auch in die **Dorfkirche** werfen, die aus einem 1235 gegründeten Zisterziensernonnenkloster hervorging. Daran erinnern aber lediglich die hohen gotischen Fenster, von der Klosteranlage hat sich nichts erhalten. In der Kirche sind die Grabplatte für Albrecht III. von Kirchberg (gest. 1427) und seiner Gemahlin Margarete von Kranichfeld (gest. 1426) sowie ein Taufstein von 1505 beachtenswert.

### i Apolda, Dornburg, Kapellendorf

**Tourist-Information Apolda**, Markt 1, 99510 Apolda, Tel. 03644/650100. www.apolda.de

**Dornburg-Tourist**, Friedrich-Ludwig-Jahn-Str. 7, 07778 Dornburg, Tel. 036427/20934. www.dornburg-saale.eu

**Hotel am Schloss**, Jenaer Str. 2, Apolda, Tel. 03644/5800; 113 Zimmer, DZ/F ab 99 Euro. Das beste Hotel der Stadt bietet zeitgemäßen Komfort sowie im Restaurant regionale und internationale Küche. www.hotel-apolda.de

**Café im Burghof**, Am Burgplatz 1, Kapellendorf, Tel. 0162/3114811; Mai–Sept. Fr 15–20, Sa/So 11–20, April/Okt, Sa/So 11–18 Uhr. Hausgebackener Kuchen, Imbissangebot, regionaler Wein im Innenhof der Wasserburg. www.wasserburgcafe.de

**Glocken-Stadt-Museum**, Bahnhofstr. 41, Apolda, Tel. 03644/5152570; Di–So 10–17 Uhr. www.glockenmuseum-apolda.de

**Kunsthaus Apolda Avantgarde**, Bahnhofstr. 42, Apolda, Tel. 03644/515364; Di–So 10–17 Uhr. www.kunsthausapolda.de

**Dornburger Schlösser**, Max-Krehan-Str. 2, Dornburg, Tel. 036427/215130; Rokokoschloss und Renaissanceschloss April–Okt. Mo/Di, Do–So 10–17 Uhr, Gartenanlagen tgl. ab 9 Uhr bis Einbruch der Dunkelheit zugänglich. www.thueringerschloesser.de

**Wasserburg Kapellendorf**, Am Burgplatz 1, Kapellendorf, tel. 036425/22485; Di–So 10–12. 13–17 Uhr, Burghof tgl. 9–17 Uhr zugänglich. www.thueringerschloesser.de

**Zwiebelmarkt Apolda**, letztes Wochenende im Sept. Die kleine Schwester des traditionellen Weimarer Zwiebelmarktes ist nicht minder beliebt. Zünftig geht es beim Bockbieranstich zu.

**Rosenfest Dornburg**, letztes Wochenende im Juni. Mit der Wahl der Rosenkönigin erlebt das bunte Volksfest im Zeichen der Rose seinen Höhepunkt. www.dornburger-rosenfest.de

## Bad Sulza

Noch etwas weiter nach Norden fahrend erreicht man Bad Sulza (3000 Einwohner), bekannt als alte Salzsiederstadt. Die Wurzeln der Salzgewinnung reichen bis ins 15./16. Jahrhundert zurück, erst 1967 endete die Salzgewinnung. Seit 1907 darf sich der Ort »Bad« nennen, heute ist er ein staatlich anerkanntes Sole-Heilbad. Erhalten haben sich die **historischen Saline- und Kuranlagen**.

Bad Sulza und Umgebung sind das **Zentrum des Weinanbaus** in Thüringen, der hier nachweislich eine mehr als 800-jährige Tradition besitzt. Die Region gehört zum Weinanbaugebiet Saale-Unstrut, einem der nördlichsten Deutschlands. Das milde Klima und die geschützte Lage durch die sich sanft erhebenden Kalkhügel bieten gute Bedingungen für das Wachsen und Reifen der Reben auf den rund 40 Hektar Fläche.

Einen Abstecher lohnt **Auerstedt** (drei Kilometer von Bad Sulza). Dort zeigt die Klassik Stiftung Weimar die Kutschensammlung der Weimarer Herzöge. Der »Auerworldpalast«, ein aus lebenden Weiden geflochtener, kuppelförmiger Bau mit 25 Meter Durchmesser, lädt zu Veranstaltungen ein.

### ■ Goethes Gartenhaus 2

Mancher reibt sich verwundert die Augen, wenn unterhalb der Toskana-Therme plötzlich Goethes Gartenhaus aus dem Weimarer Park an der Ilm auftaucht. Es ist natürlich nicht das Original, das hier steht, sondern eine Eins-zu-eins-Kopie. Das Double hatte im Kulturstadtjahr 1999 als Kunstprojekt in Weimar für Furore gesorgt, als es auf der Wiese neben Goethes Refugium aufgebaut wurde. Es hatte im Kulturstadtjahr mehr Besucher als das Original. Später wurde das Haus für die Stadt zum Ballast, und sie verkaufte es schließlich an Bad Sulza, das mit

*Das Inhalatorium, heute Sitz der Tourist-Information*

dieser Attraktion seitdem das Städtchen aufwertet. Das »geklonte« Gartenhaus kann besichtigt werden, im Gegensatz zum Original darf hier alles angefasst werden. Es wird für Ausstellungen und Veranstaltungen genutzt, auch Trauungen finden statt.

### ■ Gradierwerk Louise und Salineanlagen

Das **Gradierwerk Louise**, ein 142 Meter langes Holzbauwerk von 1754 mit Wandelgang und Zerstäuberanlage erinnert als technisches Denkmal an die einstige Salzgewinnung. Es ist eins von vormals drei Gradierwerken, die den Ort prägten. Nach wie vor rieselt Sole über eine vier Meter hohe Schwarzdornwand und verdunstet. Die mit feinen Salzpartikeln geschwängerte Luft lindert Erkrankungen der Atemwege. Zu den historischen Salinenanlagen gehört das 1903 im sogenannten Wunderwald eröffnete **Inhalatorium**. In dem standen jahrzehntelang stets die modernsten medizinischen Apparate. Die befinden sich heute in den Reha-Kliniken, das sanierte Inhalatorium beherbergt die Tourist-Information und die Kurbibliothek. Die wunderschöne, 2009 restaurierte **Jugendstil-Trinkhalle**

▲ Karte: hintere Umschlagklappe

im Kurpark stammt von 1910. Dort steht die heimische Trinksole aus der Carl-Alexander-Sophienquelle täglich von 10 bis 16 Uhr allen Gesundheitsbewussten kostenlos zur Verfügung.

### Saline- und Heimatmuseum

Wer Näheres zur Entwicklungsgeschichte der Saline und der Salzgewinnung sowie des Kurortes erfahren möchte, besucht das Museum in der ehemaligen Salinenschenke (1848–1853). Neben historischen Bildern und Dokumenten des Badevereins und der Salineverwaltung sowie Salz- und Soleprodukten zieht auch eine historische Apotheke von 1893 das Interesse auf sich.

### Toskana Therme

Die Thermenlandschaft auf 3000 Quadratmeter Fläche bietet mehrere Kaskadenbecken, einen Außenpool und eine Saunawelt mit Innen- und Außenbereich. Hauptattraktion ist der **Liquid Sound**, flüssiger Klang, Schweben in Licht, Farbe und Klang. In dem Badetempel lauscht man mit den Ohren unter Wasser klassischer oder elektronischer Musik. Zu besonderen Anlässen gibt es auch Live-Musik, die unter Wasser übertragen wird. Die durch das Wasser veränderten Schallwellen garantieren ein einmaliges Musikerlebnis. Im Rhythmus der Musik erscheinen Farbenspiele an den Wänden, Blumen und Formen, die den Körper umschmeicheln. Man lässt sich einfach treiben, genießt und entspannt. Das 35 Grad warme, solehaltige Wasser macht es möglich, scheinbar schwerelos an der Wasseroberfläche zu schweben.

*Außenanlagen der Toskana Therme*

*Staatswagen des Herzogs Carl August im Kutschenmuseum*

### Kutschenmuseum Auerstedt

Die Hochzeitskutsche von Maria Pawlowna und Carl Friedrich, der Staatswagen von Herzog Carl August von Sachsen-Gotha-Altenburg oder die Laufmaschine von Erbprinz Carl Friedrich von 1818, die bei Karl Freiherr Drais von Sauerbronn, dem Erfinder des Zweirades, in Auftrag gegeben worden war – diese Exponate gehören zur umfangreichen Kutschensammlung aus dem Fuhrpark der Herzöge und Großherzöge von Sachsen-Weimar-Eisenach, die in den umgebauten Stallungen von Schloss Auerstedt zu sehen sind. Die Staats-, Hochzeits-, Stadt-, Reise- und Jagdkutschen wurden in den Jahren zwischen 1775 und 1890 in Thüringen, Wien, Amsterdam und St. Petersburg hergestellt und bilden heute ein interessantes geschichtliches Zeugnis der technischen Entwicklung der Reisewagen.

## Ilmtal-Radweg von Weimar nach Bad Sulza

**Route**: Weimar, Park an der Ilm–Oßmannstedt–Apolda–Bad Sulza
**Länge**: 27 km (Gesamtlänge 123 km), ausgeschildert mit einem stilisierten Radfahrer auf blau-grüner Welle
www.ilmtal-radweg.de
Eine schöne und nicht zu schwere Radtour, die dem Lauf der Ilm flussabwärts folgt und durch leicht hügelige Landschaft vom Original-Gartenhaus im Weimarer Park an der Ilm bis zu dessen Kopie in Bad Sulza führt. Der Radweg ist gut ausgebaut und ausgeschildert, nur wenige Nebenstraßen müssen benutzt werden.
Gestartet wird im **Park an der Ilm** (→ S. 138), entlang der Karolinenpromenade geht es nach **Tiefurt** (→ S. 126), dem Sommersitz der Herzogin Anna Amalia. Beim Spaziergang durch den reizvollen Park mit altem Baumbestand und dem Besuch des Schlosses spürt man das Flair des Musenortes der Weimarer Hofgesellschaft. Auf dem Maria-Pawlowna-Promenadenweg fährt man bis nach **Kromsdorf** (→ S. 129). Den Ort dominiert das Renaissanceschloss, im Park schauen 64 steinerne Büsten historischer und exotischer Persönlichkeiten aus der Schlossmauer. Der nächste Ort ist **Denstedt** (→ S. 130, in dessen Kirche Franz Liszt mehrfach auf der 1859/60 erbauten Peternell-Orgel gespielt hat.
Weiter geht es nach **Oßmannstedt** (→ S. 131), hier kann das Wielandgut besichtigt werden. Der Dichter Christoph Martin Wieland lebte einige Jahre in ländlicher Idylle, seine Grabstätte befindet sich rund 200 Meter vom Wieland-Museum entfernt direkt an der Ilm. Im Sommer ist auch eine Pause im **Freibad Oßmannstedt** möglich. Nächster Halt ist **Niederroßla** mit seiner trutzigen Wasserburg aus dem 11. Jahrhundert. Sehenswert ist ganz in der Nähe die barocke Pfarrkirche mit prachtvollem Kanzelaltar. Verwunderung löst sicherlich das Elefantendenkmal auf dem Dorfplatz aus. Gewidmet ist es der Elefantenkuh »Miss Baba«, die 1857 beim Durchzug eines Wanderzirkus' hier verstarb. Über Zottelstedt, Mattstedt und Wickerstedt wird der Ort **Eberstedt** erreicht. Am dortigen Rastplatz kühlt der Laufbrunnen müde Füße, bei der begehbaren Sonnenuhr muss man selbst der Zeiger sein. Die Attraktion des Ortes ist aber die historische Mühle, eine Ölmühle von 1906, in deren Mühlenladen es hochwertige Öle, Natur- und Mühlenprodukte sowie Spezialitäten aus der Region zu kaufen gibt. In der Mühlenschänke wird frischer Fisch aus eigenen Gewässern aufgetischt, und nicht zuletzt sind mit den schwimmenden Hütten originelle Übernachtungsmöglichkeiten vorhanden. Nicht mehr weit ist es von hier bis Bad Sulza (→ S. 206). Mit der Kopie von Goethes Gartenhaus nahe der Toskana Therme ist der Endpunkt der Radtour erreicht.

### Bad Sulza, Auerstedt, Eberstedt

**Tourist-Information**, Kurpark 2, 99518 Bad Sulza, Tel. 036461/82110.
www.bad-sulza.de

**Hotel an der Therme**, Rudolf-Gröschner-Str. 11, Bad Sulza, Tel. 036461/92000; 295 Zimmer, DZ/F ab 112 Euro. Angenehmes Wellness-Hotel am Kurpark mit Bademantelgang zur Toskana Therme, deren Nutzung für Hotelgäste im Übernachtungspreis enthalten ist.
www.toskanaworld.net
**Hotel Resort Schloss Auerstedt**, Schlosshof, Auerstedt, Tel. 036461/92000; 15 Zimmer, DZ/F ab 89 Euro. Moderne Maisonette- und Appartementwohnungen. Mit Restaurant »Reinhardts im Schloss«.
www.auerstedt.org
**Ölmühle Eberstedt**, Dorfstr. 28–29, 99518 Eberstedt, Tel. 036461/877744;

Karte: hintere Umschlagklappe

12 Zimmer, DZ/F ab 78 Euro, 6 Hütten ab 34 Euro/Pers. Hübsche Landhauszimmer in der historischen Ölmühle. Für Romantiker: Mitten in der Natur schwimmen an einem Steg vertäute einfache Hütten - ohne Fernseher und Telefon. Im Leiter- und Schäferwagen können jeweils 3 Personen übernachten. Die Mühlenschänke verwöhnt mit regionaler Küche.
www.oelmuehle-eberstedt.com

**Thüringer Weingut Bad Sulza**, Sonnendorf 17, 99518 Bad Sulza, Tel. 036461/20600; Mo–Fr 10–18, Sa 10–16, So 10–13 Uhr. Weinproben mit Weinen aus der Saale-Unstrut-Region sowie Weinverkauf im Gutshof.
www.thueringer-wein.de

**Goethes Gartenhaus 2**, im Kurpark unterhalb der Toskana Therme, Bad Sulza, Tel. 036461/9200; Mai–Sept. Fr–So 13–16 Uhr.

**Gradierwerk Louise**, Am Gradierwerk 1, Bad Sulza, Tel. 036461/20254; April–Nov. Mo/Di 13–16, Mi/Do, Sa/So 10–12 und 13–16 Uhr, Dez.–März Mi, Sa/So 10–12 und 13–16 Uhr.

**Saline- und Heimatmuseum**, Naumburger Str. 2, Bad Sulza, Tel. 036461/82110; Mi und Sa 10–15 Uhr.

**Kutschenmuseum**, Schlosshof 6, Auerstedt, Tel. 036461/87762, Museumsrundgang auf Anfrage.

**Thüringer Weinfest**; 3. Wochenende im Aug., Bad Sulza. Bei dem bunten Volkfest werden ausschließlich Saale-Unstrut-Weine und -Sekte ausgeschenkt, Höhepunkt ist die Krönung der Thüringer Weinprinzessin.

**Toskana Therme**, Wunderwaldstr. 2a, Bad Sulza, Tel. 036461/92000; tgl. 10–22 Uhr, zum Liquid Sound bis 23 Uhr.
www.toskanaworld.net
www.liquidsound.com

*Rast an der Ilm*

# Durch das Mittlere Ilmtal

Südlich von Weimar erstreckt sich das Landschaftsschutzgebiet Mittleres Ilmtal, eine sanfte Hügellandschaft, die das Flüsschen Ilm in ihrem Mittellauf durchfließt. Täler und Berge mit bis zu 400 Meter Höhe wechseln sich mit Waldgebieten und ausgedehnten Wiesenflächen ab. Die Region eignet sich hervorragend für Wander- oder Radtouren, zu entdecken sind kleine charmante Städte und Dörfer, zahlreiche Burgen, Türme und das Kurzentrum in Bad Berka.

## Bad Berka

Bewaldete Berge umrahmen die in einen Talkessel eingebettete Kurstadt mit seinem herausgeputzten Zentrum. Die Lage, das Reizklima und das heilende Wasser machten Bad Berka zur Kurstadt. Herzog Carl August eröffnete 1813 die erste Badesaison, seit 1911 darf sich das Städtchen mit dem Titel »Bad« schmücken. Auch Goethe kurte mit seiner Frau Christiane in dem Ort, 1814 verbrachte er einen sechswöchigen Badeaufenthalt im »Edelhof« genannten barocken Gebäude, heute Sitz der Forstverwaltung. Weil Goethe sich höchstpersönlich für die Entwicklung des Badewesens einsetzte, wird das zwölf Kilometer von Weimar entfernte Bad Berka (7500 Einwohner) auch gern als »Goethebad im Grünen« bezeichnet. Heutzutage werden in den Reha-Kliniken vor allem Herz- und Lungenkrankheiten behandelt. Moderne Kneippanlagen und der VitalParcours im Kurpark ergänzen das medizinische Angebot.

*Am Mühlgraben in Bad Berka*

▲ Karte: hintere Umschlagklappe

Das Stadtbild rund um den **Markt** prägen klassizistische Bauten. Nach dem großen Stadtbrand von 1816 übernahm der Weimarer Hofbaumeister Coudray den Wiederaufbau. Bereits 1817 konnte das **Rathaus** wieder eingeweiht werden. Als besonderen Schmuck bekam es eine Monduhr, die auf einer blauen und einer goldenen Halbkugel die jeweiligen Mondphasen anzeigt.

### Der Kurbereich

Den Mittelpunkt des Kurbereichs bildet der **Goethebrunnen**, erkennbar an dem weißen Pavillon, der 1909 errichtet wurde. Die Brunnenfigur stammt von 1950. Sanft sprudelt die Stahlquelle, sulfathaltiges Heilwasser. Mit dem Goethebrunnen ehrt die Stadt den großen Dichter, der so viel für die Entwicklung des Kurwesens getan hat. In einer Mauernische kann man eine Büste Goethes entdecken. Auch der **Kurpark** geht auf Pläne Goethes zurück. Das weitläufige, rund elf Hektar große Gelände dominiert die 400 Meter lange, von Linden gesäumte Goethe-Allee. Naturbelassene Flächen wechseln sich mit gestalteten Bereichen ab. Aktivangebote wie Wassertreten, Nordic Walking und Fitnessgeräte gehören ebenso zum Angebot wie die sommerlichen Konzerte in der Musikmuschel.

## Coudray-Haus

Am Ende des Kurparks fällt an einem Berghang das 1825 eingeweihte Kur- und Gesellschaftshaus auf. Im Auftrag von Großherzog Carl August lieferte der Weimarer Baumeister Clemens Wenzeslaus Coudray den Entwurf für das klassizistische Bauwerk mit dem großen halbrunden Fenster unter dem Giebel. Heute heißt es offiziell Coudray-Haus und beherbergt im Erdgeschoss die Ausstellung **Berkaer Badegeschichten**, die eine Reise durch 200 Jahre Entwicklung des Kur- und Gesundheitswesens ermöglicht. Im Obergeschoss finden Konzerte, Lesungen und andere kulturelle Veranstaltungen statt.

*Der Goethebrunnen*

## Paulinenturm

Östlich des Kurparks erhebt sich der 416 Meter hohe Adelsberg, hier erbaute man 1884 den Paulinenturm, benannt nach der Erbgroßherzogin Pauline von Sachsen-Weimar-Eisenach (1852–1904). Wer die 143 Stufen des 26 Meter hohen Turms nach oben steigt, wird mit einem herrlichen Blick ins Mittlere Ilmtal und – bei guter Sicht – bis zum Glockenturm auf dem Ettersberg bei Weimar belohnt. Wenn die Fahne auf dem Turm im Wind flattert, ist die Gaststätte **Zum Paulinenturm** geöffnet.

Ausflüge in die Umgebung

### Der Thüringer Drei-Türme-Weg

**Route**: Hainturm–Carolinenturm–Paulinenturm
**Länge**: 26 km, mittlere Schwierigkeit, ausgeschildert mit drei stilisierten Türmen
www.drei-tuerme-weg.de

Der Qualitätsrundwanderweg durch das Landschaftsschutzgebiet Mittleres Ilmtal südlich von Weimar gehört zu den beliebtesten Wanderrouten in der Region, er verbindet drei Türme miteinander, den Hainturm nahe Weimar, den Carolinenturm bei Blankenhain und den Paulinenturm bei Bad Berka. Auf das Schönste sind Naturerlebnisse mit Geschichte miteinander verwoben, weite Ausblicke gibt es gratis dazu, denn alle Türme können bestiegen werden. Ausgangspunkt der Wanderung ist der **Parkplatz am Coudray-Haus** in Bad Berka. Von dort geht es bergan bis zu einer markanten Buche, wenig später eröffnet sich ein freier Blick auf das Ilmtal und den Ort Hetschburg. Ein **Gedenkstein** erinnert an den großherzoglichen Leibjäger Anton Möslein und die ur- und frühgeschichtliche Wallburg »Martinskirche«. Wenn der Weg den Wald verlässt, biegt man links nach **Buchfart** ab, passiert die historische überdachte Holzbrücke und wendet sich gleich hinter der Mühle nach links steil bergan zur Felsenburg. Weiter durch Wald laufend erreicht man **Vollersroda**, quert rechts die Autobahnunterführung und läuft parallel zur Autobahn durch den Belvederer Forst. Über den Possenbach geht es nun bergan zur Forststraße, die bergab Richtung **Hainturm** führt. Der 13 Meter hohe Turm wurde von 1828 bis 30 auf Veranlassung der Großherzogin Maria Pawlowna auf dem damals noch unbewaldeten, 300 Meter hohen Hainberg errichtet. Etwas mehr als acht Kilometer lang ist die Strecke bis zum nächsten Turm, dem Carolinenturm. Der Weg führt dahin durch abwechslungsreiche Landschaft, vorbei an alten Obstbäumen und einem Fischteich in **Köttendorf**. Nach dem Dorf geht es nach links hinunter nach **Oettern**, rechts über die denkmalgeschützte Steinbrücke und weiter in Richtung **Casparibank**. Von dort ist es nicht mehr weit bis zum **Carolinenturm** auf dem 497 Meter hohen Berg **Kötsch**. 106 Stufen führen auf den 26 Meter hohen Turm, der 1909 zu Ehren von Caroline von Sachsen-Weimar-Eisenach errichtet wurde. Der dritte Turm, der **Paulinenturm** (→ S. 211), kommt nach weiteren vier Kilometern in Sicht. Steil bergab durch den Wald erreicht man kurz vor dem Waldrand rechts eine schöne **Waldpromenade**, auf der man zurück zum Ausgangspunkt an der Paulinenhütte oberhalb Bad Berkas wandert.

## Blankenhain

Malerisch erstreckt sich die kleine Stadt (6500 Einwohner) im Talkessel der Ilm-Saale-Platte des Thüringer Beckens. Umgeben von bunten Sandsteinhügeln bietet es durch seine Lage und das viele Grün ein angenehmes Klima. Besonders viele Linden – mehr als 250 sollen es sein – prägen das Ortsbild, deshalb wird die Stadt auch gern als »Lindenstadt« bezeichnet.

Das **Schloss Blankenhain** ist ein eher schlichter, ovaler Zweckbau, der aus einer fränkischen Rundburg aus dem 7. Jahrhundert hervorgegangen ist. Als gesellschaftliches und kulturelles Zentrum der Stadt dient es heute als Veranstaltungsort für verschiedene Veranstaltungen.

Auf dem ehemaligen **Gut Krakau** lädt das malerisch in die Landschaft eingebettete **Golfresort Weimarer Land** nicht nur zu sportlicher Betätigung, sondern auch zu Entspannung im SpaResort sowie Genuss in einem der mehreren Restaurants. Die waldreiche Gegend rund um die Stadt ist ein Paradies für Wanderer, 125 Kilometer Wanderwege mit Bänken und Schutzhütten sind ausgewiesen. Auch Radler finden gute Bedingungen, allerdings fordert die leicht hügelige Landschaft ein wenig Kondition. Eine Anbindung führt zum Ilmtal-Radweg (→ S. 214).

Ein beliebtes Ausflugsziel ist der **Carolinenturm**, vier Kilometer nördlich von Blankenhain. Der steht auf dem Kötsch, mit 497 Meter Höhe eine der höchsten Erhebungen des Landkreises. Gewidmet ist der 26 Meter hohe, 1909 aus Mechelrodaer Kalkstein errichtete Turm der jung verstorbenen Großherzogin Caroline von Weimar-Sachsen-Eisenach. 106 Stufen führen nach oben, von dort bietet sich ein schöner Panoramablick ins Mittlere Ilmtal und bei guter Sicht sogar bis zum 120 Kilometer entfernten Brocken im Harz.

*Oberschloss in Kranichfeld*

▲ Karte: hintere Umschlagklappe

# Kranichfeld

Gleich zwei noch erhaltene **Burgen** von einst fünf Befestigungen hat das Städtchen (3400 Einwohner) im Mittleren Ilmtal vorzuweisen, das deshalb auch »Zwei-Burgen-Stadt« genannt wird. Die Sehenswürdigkeiten liegen links und rechts hoch über der Ilm, beide gehen auf das 12. Jahrhundert zurück. Über Jahrhunderte war der Ort in eine Nieder- und eine Oberherrschaft geteilt, der südliche Teil war meiningisch, der nördliche Teil gehörte zum Großherzogtum Sachsen- Weimar-Eisenach. Die Grenze verlief mitten durch den Ort.

Rund um den **Stausee Hohenfelden**, vier Kilometer von Kranichfeld entfernt, hat sich eine touristische Erlebnisregion etabliert. Im Kranichfelder Ortsteil Hohenfelden zeigt das **Thüringer Freilichtmuseum** auf einem idyllisch gelegenen Museumsgelände historische Häuser und Höfe aus ländlichen Regionen Thüringens.

## Oberschloss

Nach dem Vorbild einer Thüringer Landgrafenburg wurde das Oberschloss errichtet, die Renaissancefassade stammt aus dem 16. Jahrhundert. Weitere Umbauten veränderten das mittelalterliche Aussehen des Schlosses, dessen Wahrzeichen, der sogenannte »Leckarsch«, sich am Südwesterker befindet. Solche »anstößigen« Schlussfiguren waren in der damaligen Zeit durchaus üblich. 1934 brannte das Schloss ab, sein Wiederaufbau und Sanierungsarbeiten ziehen sich bis in unsere Zeit. Zu besichtigen sind das **Burgmuseum** im Hauptgebäude der Kernburg, die **Kapelle** und der für Trauungen genutzte **Palas**.

Nicht versäumen sollte man es, auf den **Aussichtsturm** zu steigen, der Blick von oben auf Kranichfeld und das reizvolle Ilmtal entschädigt für die kleine Anstrengung des Treppenaufstiegs.

*Vorführung im Adler- und Falkenhof*

## Niederburg

Die Niederburg auf der rechten Ilmseite wechselte häufig den Besitzer, zum Leben erweckt wurde sie mit dem Bau der **Freilichtbühne** 1953, seit 1961 steht sie unter Denkmalschutz. Seitdem finden hier zahlreiche Festivals und Veranstaltungen statt, so das traditionelle **Rosenfest**. Seit 2004 hat sich im Planhof des Burggeländes der **Adler- und Falkenhof** etabliert, der ganzjährig mit Flugvorführungen aufwartet.

## Baumbachhaus

In einem der ältesten Häuser Kranichfelds, dem Baumbachhaus, wurde am 28. September 1840 Rudolf Baumbach geboren. Der in Vergessenheit geratene Thüringer Heimatdichter verfasste Lyrik- und Prosatexte, eines seiner bekanntesten Gedichte ist das als Lied vertonte »Hoch auf dem gelben Wagen ...«. Im Erdgeschoss des historischen Gebäudes aus dem 16. Jahrhundert beleuchtet ein **Museum** das Leben und Wirken des Dichters und gibt Informationen zur Stadtgeschichte. Weiterhin beherbergt das Gebäude die Tourist-Information sowie ein Kino mit 30 Plätzen, es finden Ausstellungen und kulturelle Veranstaltungen statt.

## Auf dem Ilmtal-Radweg von Weimar nach Kranichfeld

**Route**: Weimar, Park an der Ilm–Mellingen–Buchfart–Bad Berka–Tannroda–Kranichfeld
**Länge**: 30 km (Gesamtlänge 123 km)
www.ilmtal-radweg.de
Der Ilmtal-Radweg ist der beliebteste Radweg in Thüringen, er folgt dem Lauf des Flüsschens Ilm von der Quelle bei Allzunah bis zur Mündung in die Saale bei Großheringen und bietet einen schönen Mix aus Natur, Kultur und Geschichte. Die gut ausgebaute Etappe von Weimar nach Kranichfeld führt in südliche Richtung durch das Ilmtal. Gestartet wird im **Park an der Ilm** (→ S. 138), über Taubach erreicht man **Mellingen**. Dort zieht der Feininger-Turm, eine Kunstinstallation des Schweizer Architekten Marcel Kalberer zum Kulturstadtjahr 1999, die Blicke auf sich (→ Feininger-Radweg, S. 146). Über **Oettern** kommt man nach **Buchfart**, das mit einer überdachten hölzernen Brücke von 1818 aufwartet. In der historischen Mühle wird immer noch Korn geschrotet, die Mühlenprodukte und frisch gebackenes Brot werden im Mühlenladen verkauft. Weiter geht es in das Kurstädtchen **Bad Berka** (→ S. 210) und von dort über das **Rittergut München** mit Streichelzoo und Gastronomie nach **Tannroda**, wo das Korbmacherhandwerk eine große Tradition hat. Das Thüringer Korbmachermuseum im Laubenganggebäude der Burg Tannroda zeigt Originalwerkzeuge, Korbwaren von 1850 bis 1990 sowie eine Korbmacherwohnung mit Werkstatt von 1920. Samstags lässt sich der Korbmacher beim Flechten gern über die Schulter schauen. Nicht mehr weit ist es bis **Kranichfeld** (→ S. 213), der Zwei-Burgen-Stadt. Beidseitig der Ilm erheben sich die Niederburg mit dem Falknerhof und das aus dem 12. Jahrhundert stammende Oberschloss mit Museumsräumen und dem »Dicken Turm«, von dem sich ein weiter Blick über die Stadt und das Landschaftsschutzgebiet Mittleres Ilmtal eröffnet.

## Thüringer Freilichtmuseum Hohenfelden

Hier ist Geschichtsunterricht zum Erleben und Anfassen möglich. Aus verschiedenen Regionen Thüringens sind mehr als 35 historische Gebäude aus fünf Jahrhunderten in Thüringens größtes Freilichtmuseum gewandert. Alte Bauernhöfe, eine Schmiede, Bienenhäuser, ein seltenes Umgebindehaus und Thüringens älteste Bockwindmühle wurden am alten Ort abgebaut und auf dem Museumsgelände »Am Eichenberg«, etwa einen Kilometer außerhalb des Ortes, originalgetreu wieder errichtet. Sie zeigen in authentischer Ausstattung, wie unsere Vorfahren auf dem Lande gebaut, gelebt und gearbeitet haben. Das Museum wird in den nächsten Jahren weiter wachsen, künftig werden weitere historische Gebäude aus ganz Thüringen zu sehen sein.

*Taubenturm aus dem 18. Jahrhundert im Freilichtmuseum*

▲ Karte: hintere Umschlagklappe

*Am Stausee Hohenfelden*

Der zweite Teil des Freilichtmuseums befindet sich im 750 Jahre alten Ort Hohenfelden. Der **Alte Pfarrhof** als zentrales Museumsgebäude zeigt wechselnde Sonderausstellungen, und in der alten Dorfschule können Jung und Alt noch einmal die Schulbank drücken. Im Obergeschoss der Schule ist die Lehrerwohnung erhalten. Weiterhin sind das historische **Brauhaus**, wo mehrmals im Jahr dunkles Bier nach alter Tradition gebraut wird, sowie ein Bauernhof mit Schusterwerkstatt zu besichtigen.

## Stausee Hohenfelden

Rund um den Stausee Hohenfelden ist eine Erlebnisregion mit einem großen Freizeitangebot entstanden. Dazu gehört der **Aktivpark** mitten im Wald, der zu zahlreichen Aktivitäten einlädt. So kann der Umgang mit Pfeil und Bogen erlernt werden, auf 18 Bahnen wird Adventure-Golf gespielt, nach Herzenslust kann auf der Bungee-Trampolinanlage gehüpft werden, und im Streichelzoo warten Zwergziegen und Minischweine auf liebevolle Zuwendung. Action ist im **Kletterwald** angesagt, sieben Parcours mit 118 Kletterelementen in 2 bis 15 Metern Höhe sowie die 135 Meter lange Seilbahn sorgen für Adrenalinschübe.

Im Stausee kann man bei warmem Wetter natürlich auch baden, mit dem Paddelboot über den See gleiten oder sich im **Spiel- und Sonnenpark** am Ufer vergnügen. Bei eher ungemütlichem Wetter empfiehlt sich ein Besuch der **Avenida-Therme** mit Saunenwelt und Wellnessbereich, das 32 Grad warme Wasser umschmeichelt Körper und Seele. Rund um den See gibt es einen 5,1 Kilometer langen Wanderweg, auch der Wald eignet sich für Wander- oder Walkingtouren.

### Fischerei Stedtener Mühle

Ein Ausflug lohnt in den kleinen Ort Stedten zur **Stedtener Mühle** (drei Kilometer von Kranichfeld), die eine 400-jährige Geschichte vorweisen kann. Die Mühle stellte 1953 ihren Betrieb als Ölmühle ein, heute wird hier Fischerei betrieben. Nach wie vor wird aber die Wasserkraft genutzt. Über das einzige oberschlächtige Wasserrad an der Ilm treibt ein Getriebe einen Generator an, der umweltfreundlich Strom erzeugt. 66 Tonnen Kohlendioxid können dadurch pro Jahr eingespart werden. Sehenswert ist die **Fischaufstiegsanlage**, eine sogenannte Fischwendeltreppe, über die die Fische Höhenunterschiede bewältigen können. In der Ausstellung *Leben am Fluss* erfährt man Wissenswertes zur Mühlengeschichte, zum Flüsschen Ilm, zur Seen- und Flussfischerei, Teichwirtschaft und Forellenzucht sowie zur Nutzung alternativer Energiequellen. Zu bestaunen ist die 16 Meter lange **Aquarienanlage**, die in die Mühlgrabenmauer integriert ist. Die wird von frischem Ilmwasser im freien Gefälle durchflossen und zeigt einheimische Fische wie Forellen, Äschen, Barben und Blei. Da sich die Anlage im Freien befindet, ist sie im Winter geschlossen, und die Fische beziehen ein Ausweichbecken. Im **Hofladen** wird frischer und geräucherter Fisch verkauft.

EXTRA

# Die Häuslesammler von Hohenfelden

Freilichtmuseen sammeln Häuser, so wie andere beispielsweise Gemälde und Porzellan. Nach Hohenfelden sind mittlerweile rund 30 Häuser auf Wanderschaft gegangen, sie wurden aus anderen Dörfern Thüringens hierhergebracht, um sie der Nachwelt zu erhalten. Sie werden am alten Standort auseinandergenommen, jedes Teil bekommt eine Nummer, und im Freilichtmuseum fügt man alles wieder zusammen. Manchmal werden auch größere Teile wie Wände als Ganzes transportiert. Das Zerlegen ist meist rasch erledigt, aber das Zusammenfügen kompliziert und zeitaufwändig. Dass ein ganzes Haus auf die Reise geschickt wird, kommt äußerst selten vor. Beim Hirtenhaus aus Gügleben war das machbar. Denn der einstöckige Fachwerkbau besitzt nur eine Grundfläche von 9,60 mal 7,50 Metern. Erbaut wurde das kleine Haus 1824, es ist das letzte erhaltene seiner Art in Thüringen. Auch die 1850 errichtete Schmiede in Gügleben wurde als Ganzes in das Freilichtmuseum transportiert. Wie damals in Thüringen bei vielen Handwerkern üblich, befanden sich Werkstatt und Wohnräume unter einem Dach. Aus dem Nachbardorf stammt die Töpferei Rauch, die mit der gesamten Einrichtung nach Hohenfelden kam. Fünf Generationen einer Töpferfamilie haben in der um 1760 erbauten Werkstatt bis 1972 Gebrauchskeramik gefertigt. Das Wohnstallhaus des Utzberger Hofes stammt aus dem Jahr 1683 und der Eichelborner Hof von 1772. Beide Orte liegen zwischen Weimar und Erfurt. Der Hof in Eichelborn stand rund 80 Jahre leer, bevor ihn das Museum übernahm. Typisch für diese Dorfhäuser sind bis um die Mitte des 19. Jahrhunderts die Schwarzen Küchen. Die werden in jedem Fall von den Museologen mitgenommen und am neuen Standort fachgerecht wieder ins Haus eingesetzt. Ihren Namen bekamen die offenen Feuerstellen, weil der Rauch durch die Küche zog und die Wände schwarz färbte. Etwas Positives hatte der Rauch aber auch: Er räuchert die unter der Decke aufgehängten Schinken, den Speck und die Würste. Das 1685 errichtete Umgebindehaus stammt aus der Nähe des Ortes Lange-buch in Ostthüringen. Die Bockwindmühle, deren Flügel sich 223 Jahre lang drehten, wurde 1729 in Großmehlra bei Schlotheim erbaut. Beide Bauwerke waren alters- und witterungsbedingt dem Verfall preisgegeben und konnten nur durch die Umsetzung gerettet werden. Jüngste Museumszuwächse sind eine Scheune aus Alkersleben, auf deren steinernem Keller sich Fachwerkwände erheben und die eine Ausstellung zu Bienen aufnehmen wird, sowie eines der ältesten ländlichen Wohnhäuser Thüringens, um 1550 erbaut. Es kam aus Abtsbessingen ins Freilichtmuseum, wo es sein Strohdach wiederbekommen hat. Eine Rarität stellt ebenfalls das Frankenwaldhaus aus Heinersdorf dar, denn von diesen Blockbauhäusern blieben nur wenige erhalten.

*Das Haus Hoyer aus Gügleben stammt aus dem frühen 17. Jahrhundert*

## Kunst- und Senfmühle Kleinhettstedt

Eine alte Roggenmühle aus dem 16. Jahrhundert, die in der 9. Familiengeneration bewirtschaftet wird, ist zum Erlebniszentrum rund um den Senf ausgebaut worden.

Die Senfmüllerei war bereits um 1830 betrieben worden, die Eigentümer haben sie in den 1990er Jahren wiederbelebt. Die noch vorhandene alte Technik und feine Rezepte aus alten Akten machten das möglich. Die imposante Fachwerkanlage, neun Kilometer von Kranichfeld entfernt, beherbergt neben den Produktionsräumen für den Senf ein **Museum zur Mühlengeschichte**, die Gaststätte Zum Mühlenwirt sowie zwei Ferienwohnungen. In der Senfmühlentenne laden der Hofladen zum Stöbern und Kaufen ein sowie das Café zu Kaffee, Tee und selbstgebackenem Kuchen. Weiterhin gibt es regelmäßig kulturelle Veranstaltungen.

## Schloss und Park Kochberg

Am 6. Dezember 1775 ritt der 26-jährige Goethe das erste Mal von Weimar nach Kochberg, um die Schlossherrin Charlotte von Stein (1742–1827) zu besuchen. Wie oft der Dichter die sieben Jahre ältere, verheiratete Charlotte zwischen 1775 und 1788 auf dem Familienlandsitz besuchte, ist nicht überliefert. Beide verband eine geistvolle, vertraute Freundschaft.

Das Schloss ging aus einer Wasserburg hervor, die Um- und Ausbauten erfolgten nach 1733, als die Familie von Stein das Schloss erworben hatte. Die heute noch vorhandenen Möbel, Gemälde, Zeichnungen und Kunstgegenstände gehörten vorwiegend den Schlossbesitzern. Als besonders wertvoll gilt ein zierliches **Zylinderbüro**, das Goethe 1779 für die Stadtwohnung Charlottes entworfen hatte und vom Weimarer Hoftischler Preller fertigen ließ. Eine Kostbarkeit stellt auch die ornamental und figürlich handgemalte **Wandbespannung im Saal des Ostflügels** dar.

Den sich an das Schloss anschließenden **Landschaftspark**, der mit seinem alten Baumbestand beeindruckt, ließ Carl von Stein zwischen 1800 und 1840 anlegen. Weitere Höhepunkte sind die Turmruine, die Grotte mit Begräbnisplatz, ein Badesee sowie der Blumengarten mit dem sogenannten Blumentheater und dem Leinwandhäuschen.

*Schloss Kochberg*

### Liebhabertheater

Ein Kleinod ist das Liebhabertheater. Um 1800 ließ Charlottes ältester Sohn, Carl von Stein, das barocke Gartenhaus am Parkeingang zum Theater umbauen und erweitern. Damit schuf er sich seinen eigenen kleinen Musenhof nach Weimarer Vorbild.

Zur Aufführung gelangten selbstgeschriebene Stücke, die der Schlossherr für Verwandte und Freunde aufführte, aber auch Ballette, Festgedichte und Konzerte. Nach umfangreichen Restaurierungsarbeiten begann 1975 ein regelmäßiger Spielbetrieb.

Heute kümmert sich ein rühriger Verein um die Bespielung des 75 Plätze zählenden Mini-Theaters. Von Ostern bis September und im Advent wird zu Konzerten, Theateraufführungen sowie literarisch-musikalischen Programmen geladen.

## Goethe-Wanderweg

**Route**: Weimar/Wielandplatz–Buchfart–Saalborn–Hochdorf–Neckeroda–Großkochberg/Schloss Kochberg

**Länge**: 28 km, markiert mit einem großen weißen »G« auf grünem Grund, 6–8 Stunden Wanderzeit, mittlere Schwierigkeit

www.weimarer-land.travel

Sehr oft wanderte oder ritt Johann Wolfgang Goethe zwischen 1775 und 1788 von Weimar nach Schloss Kochberg, um seine Vertraute Charlotte von Stein auf deren Familienlandsitz zu besuchen. Nach eigenen Angaben benötigte er für die Strecke zu Fuß rund vier Stunden und zu Pferd etwa 2,5 Stunden. Damit hat der Dichter sicher ein wenig übertrieben. Heutzutage sollte man sich mehr Zeit lassen, um die reizvolle Landschaft im Ilmtal und die Schönheiten am Wegesrand zu entdecken und zu genießen.

Von Weimars Wielandplatz führt die Wanderung zunächst in südliche Richtung stadtauswärts nach **Vollersroda** mit einer historisch interessanten Dorfkirche und weiter zur **Ausflugsgaststätte Balsamine**. Nach einer kleinen Rast geht es weiter bergab in das idyllisch gelegene **Buchfart**. Sehenswert ist die überdachte Holzbrücke aus dem Jahr 1818, daneben klappert die historische Mühle, im Mühlenladen werden typische Produkte verkauft. Einen kleinen Abstecher lohnt die mittelalterliche **Felsenburg** mit 15 in den Stein gehauenen Kammern.

Hinter Buchfart passiert man bergauf durch den Wald laufend die **Tafelbuche**, die den höchsten Punkt der Wanderung mit 456 Metern markiert und läuft, nun wieder bergab, vorbei an den Golfplätzen des Gutes Krakau bis **Saalborn**. Durch den Dammbachsgrund, vorbei an den »Rasenbänken«, führen Feldwege nach Schwarza und Hochdorf und weiter bis nach **Neckeroda**. Das denkmalgeschützte Rundangerdorf ist umgeben von einer doppelten Wallanlage, es wird heute auch als »Thüringer Färbedorf« bezeichnet. Im Hofladen und Färbegarten kann man sich über die alte Tradition des Färbens mit Pflanzen informieren.

Wieder durch ein Waldgebiet laufend, erreicht man kurz vor Großkochberg den höchsten Punkt des Goethe-Wanderweges, den 515 Meter hohen **Hummelsberg**. Auf dem steht der **Luisenturm**, der 1864 im Andenken an Luise von Stein, der Enkeltochter von Charlotte von Stein, errichtet wurde. Die Stelle, die der Bauherr, Luises Ehemann James Patrick von Parry, aussuchte, soll ihr Lieblingsplatz gewesen sein. Den Aufstieg über 78 Stufen auf den 18 Meter hohen Turm belohnt ein schöner Panoramablick ins Saaletal und bis zu den Hügeln des Thüringer Schiefergebirges. Nach einem weiteren Kilometer ist das Ziel Großkochberg mit Schloss, Liebhabertheater und Landschaftspark erreicht.

Karte: hintere Umschlagklappe

## Mittleres Ilmtal

**Tourist-Information der Stadt Bad Berka**, Goetheallee 3, 99438 Bad Berka, Tel. 036458/5790. www.bad-berka.de

**Stadt Blankenhain/Tourismus**, Marktstr. 4, 99444 Blankenhain, Tel. 036459/4400. www.blankenhain.de

**Tourist-Information Kranichfeld**, Baumbachplatz 1, 99448 Kranichfeld, Tel. 036450/42021. www.kranichfeld.de

**Hohenfelden**: www.erlebnisregion-hohenfelden.de

**Zum Paulinenturm**, Am Adelsberg, Bad Berka, Tel. 036458/483894; Mi–So 11–18 Uhr. Ausflugsgaststätte mit regionalem Angebot, Kaffee und Kuchen. www.gaststaettezumpaulinenturm.eatbu.com

**Rittergut München**, Tonndorfer Str. 3–4, Bad Berka OT München, Tel. 036458/633559; Brasserie Do/Fr ab 17.30, Sa/So ab 11.30 Uhr, Hofladen Mi–So 11–17 Uhr. Thüringer Gastlichkeit und regionale Küche, Streichelzoo und großer Spielplatz. www.rittergutmuenchen.com

**Gaststätte Zum Mühlenwirt**, Kleinhettstedt 44, Stadtilm, Tel. 03629/801062; Di–So ab 11.30 Uhr. Zur Senfmühle gehörendes Restaurant mit frischer regionaler Küche, für viele Gerichte wird natürlich der hier hergestellte Senf verwendet. www.zummuehlenwirt.de

**Campingplatz Hohenfelden**, Am Stausee 9, Hohenfelden, Tel. 036450/42081. Camping- und Ferienhausareal direkt am Stausee, drei Zeltwiesen für Zelte sowie 110 Wohnmobil- und Wohnwagenstellplätze unterschiedlicher Kategorie. Modern ausgestattete Ferienhäuser in Holzbauweise für 2–6 Personen und Tiny Houses für 2 Personen. www.campingplatz-hohenfelden.de

**Fischerei Stedtener Mühle**, In der Mühle 2, Kranichfeld OT Stedten an der Ilm, Tel. 036450/42002; Mi und Fr 17–19 Uhr, im Sommer Fr 15–16 Uhr am Stausee Hohenfelden sowie nach Absprache. Verkauf von frischem und geräuchertem Fisch. www.stedtener-muehle.de

**Kunst- und Senfmühle Kleinhettstedt**, Kleinhettstedt 44, Stadtilm OT Kleinhettstedt, Tel. 03629/801037; April–Nov. Di–Sa 10–18, So 10–17 Uhr, Dez.–März Di–So 10–16.30 Uhr. www.premiumsenf.de

**Coudray-Haus**, Parkstr. 16, Bad Berka, Tel. 036458/55155; Mo–Fr 9–12, 13–17, Sa/So 14–17 Uhr. www.bad-berka.de

**Hainturm**, im Belvederer Forst bei Weimar, geöffnet zu besonderen Anlässen und Terminen. www.hainturm-weimar.de

**Carolinenturm**, nahe Blankenhain; April–Okt. Sa/So 13–18 Uhr. www.carolinenturm.de

**Paulinenturm**, bei Bad Berka; März–Okt. Mi–So 11–18, Nov.–Jan. Fr–So 12–17 Uhr. Außerhalb der Öffnungszeiten Schlüssel in der Tourist-Information. www.bad-berka.de

**Schloss Kochberg**, Im Schlosshof 3, Großkochberg, Tel. 03643/545400, Sommer Mo, Mi–So 10–18 Uhr. www.klassik-stiftung.de

**Färbezentrum Neckeroda**, Ortsstraße 46, Blankenhain OT Neckeroda, Tel. 036743/20917; Di 11–18, Sa 10–13 Uhr. www.faerbedorf-neckeroda.de

**Luisenturm**, Kleinkochberg; Ostern–Okt. Sa/So 10–18 Uhr. www.luisenturm.de

**Thüringer Freilichtmuseum Hohenfelden**, Am Eichenberg 1 und Im Dorfe 16, Hohenfelden, Tel. 036450/30285; April–Okt. tgl. 10–18 Uhr, Nov. –Dez., März Sa/So 11–17 Uhr. www.freilichtmuseum-hohenfelden.de

**Korbmachermuseum Kranichfeld**, Lindenberg 9, Tel. 036450/43936; April–Okt. Sa/So 14–16 Uhr.
http://thüringer-korbmachermuseum.de

**Oberschloss Kranichfeld**, Am Oberschloss 1a, Tel. 036450/39699; Di–So April 10–16; Mai–Okt. 11–17 Uhr.
www.thueringerschloesser.de

**Adler- und Falkenhof Schütz**, Schlossgasse 18, Niederburg, Kranichfeld, Tel. 036450/44191; Flugvorführungen April–Okt. Di–So 15–16 Uhr.
www.falkenhof-kranichfeld.de

**Baumbachhaus**, Baumbachplatz 1, Kranichfeld, Tel. 036450/39669; Mi–So 14–17 Uhr.
www.baumbachhaus-kranichfeld.de

**Museum in der Kunst- und Senfmühle**, Kleinhettstedt 44, Stadtilm OT Kleinhettstedt, Tel. 03629/801037; April–Nov. Di–Sa 10–18, So 10–17 Uhr, Dez.–März Di–So 10–16.30 Uhr. Buchbar sind auch Führungen mit Verkostung.
www.premiumsenf.de

**Liebhabertheater Schloss Kochberg**, im Schlosshof 3, Tel. Sommer 036743/22532, Winter 03647/518915.
www.liebhabertheater.com

**Brunnenfest Bad Berka**; 2. Juni -Wochenende. Der Beginn des Badewesens wird seit mehr als 100 Jahren in historischen Kostümen und mit einem Festumzug gefeiert.

**Aktivpark Hohenfelden**, Am Stausee 6, Hohenfelden, Tel. 036450/28666; Anf. Mai–Anf. Sept. tgl. 9.30–20, Sept.–Anf. Nov., April–Anf. Mai Di–So 10–19 Uhr.
www.aktivpark-hohenfelden.de

**Vitalparcours Bad Berka**, 250 km ausgeschilderte Wander- und Nordic-Walking-Routen durch das Wandergebiet rund um die Kurstadt Bad Berka, 4 zertifizierte Nordic-Walking Routen von 4 bis 21,5 km Länge. Tourist-Information bietet auch geführte Wanderungen und Nordic-Walking-Treffs an.
www.bad-berka.de

**Avenida-Therme**, Am Stausee 1, Hohenfelden, Tel. 036450/4490; tgl. 10–23 Uhr. Freizeit- und Familienbad mit 32 Grad warmem Wasser und zahlreichen Wasserattraktionen. Innen- und Außenbereich, Strömungskanal, Erlebnisrutsche, terrassenförmige Liegewiesen. Saunenwelt mit sechs verschiedenen Saunen sowie Wellnessanwendungen.
www.avenida-therme.de

**Golfresort Weimarer Land**, Weimarer Str. 60, Blankenhain, Tel. 036459/61640. 45-Loch-Golfanlage eingebettet in die malerische Landschaft rund um Blankenhain.
www.golfresort-weimarerland.de

*Senf aus Kleinhettstedt*

▲ Karte: hintere Umschlagklappe

# Literatur- und Filmtipps

## Sachbücher

**Damm, Sigrid**: Christiane und Goethe. Eine Recherche, Suhrkamp 2010. Im Mittelpunkt steht die Frau an Goethes Seite, viele Jahre Geliebte, später Ehefrau. Anhand von Originalquellen vermittelt die Autorin Erstaunliches über das Alltagsleben der Familie.

**Damm, Sigrid**: Das Leben des Friedrich Schiller, Suhrkamp 2006. Eine Entdeckungsreise zu Schiller, die den Leser teilhaben lässt an der Entstehung seiner Werke und am alltäglichen Familienleben.

**Damm, Sigrid**: Goethes letzte Reise, Suhrkamp 2007. Im Wissen um den nahenden Tod und der Auseinandersetzung damit unternimmt Goethe eine letzte Reise mit seinen Enkeln in sein geliebtes Ilmenau und lässt sein Leben und Werk Revue passieren.

**Damm, Sigrid**: Sommerregen der Liebe. Goethe und Frau von Stein, Suhrkamp 2015. Weit mehr als 1000 Briefe hat die Autorin gelesen, recherchiert und neu bewertet. Entstanden ist ein feinsinniges Porträt des jungen Goethe in seiner bis heute rätselhaften Beziehung zu Charlotte von Stein.

**Damm, Sigrid**: Goethe und Carl August, Suhrkamp 2020. Höhen und Tiefen einer lebenslangen Freundschaft zweier so unterschiedlicher Menschen, der Freundschaft zwischen dem Dichter und dem Weimarer Herzog Carl August.

**Eliot, George**: Zu Gast in Weimar, Bertuch Verlag 2019. Drei Monate hielt sich 1854 die englische Schriftstellerin mit ihrem Lebensgefährten in Weimar auf, um auf den Spuren Goethes zu wandeln. Dort lernt sie auch Franz Liszt kennen.

**Goethe, August von** (herausgegeben von Gabriele Radecke): Wir waren sehr heiter, Aufbau Verlag 2007. Die Tagebuchnotizen von Goethes Sohn, die während einer Reise mit seiner Frau nach Preußen und Sachsen entstanden, vermitteln das Bild einer schwierigen Vater-Sohn-Beziehung.

**Goethe, Johann Wolfgang von**, Werke, Hamburger Ausgabe 1982–2012. Das gesamte Werk des Dichters 14 Bänden.

**Gülke, Peter**: Mein Weimar, Insel Verlag 2019. Der Dirigent und Schriftsteller erinnert sich an die prägenden Momente seiner Kindheit in Weimar und seine Beziehungen zur Musik.

**Merseburger, Peter**: Mythos Weimar – Zwischen Geist und Macht, DVA 1998. Eine Reise durch die Geschichte Weimars, die deutsche Geschichte wie wohl kaum eine andere Stadt widerspiegelt.

**Nalewski, Horst**: Goethe hat ihn bewundert, Bertuch Verlag 2011. In fünf Episoden erzählt der Autor vom ersten Aufeinandertreffen und weiterem fruchtbaren Zusammenwirken der beiden Künstlerpersönlichkeiten Johann Wolfgang von Goethe und Felix Mendelssohn Bartholdy.

**Safranski, Rüdiger**: Goethe – Kunstwerk des Lebens, Hanser Verlag 2013. Wie Goethe zu Goethe wurde: Der Autor wertete Briefe, Werke, Tagebücher und Gespräche mit Zeitgenossen aus und schafft ein lebendiges Bild des Dichterfürsten.

**Safranski, Rüdiger**: Goethe und Schiller. Geschichte einer Freundschaft, Hanser Verlag 2009. Eine spannend erzählte Biographie über die Freundschaft der charakterlich so gegensätzlichen Dichtergrößen.

**Scholz, Rüdiger**, Goethe und die Hinrichtung von Johanna Höhn, Königshausen & Neumann 2020. Der Autor begibt sich auf Spurensuche zu Kindesmorden und Kindesmörderinnen im Weimar Carl Augusts.

## Belletristik

**Apitz, Bruno**: Nackt unter Wölfen, Aufbau Taschenbuch 2014. Die Rettung eines ins KZ Buchenwald eingeschmuggelten Kindes durch die Häftlinge hat ganze Generationen bewegt. Der nach Motiven einer wahren Begebenheit 1958 erschienene Roman beschreibt die Solidarität und den Überlebenswillen der Häftlinge.

**Buhl, Marc**: Der rote Domino, Frankfurter Verlagsgesellschaft 2002. Unterhaltsamer Krimi um eine verschwundene Germanistin und die von ihr entdeckten Briefe zwischen Goethe und dem Dichter Jakob Michael Reinhold Lenz.

**Dieckmann, Guido**: Das Geheimnis des Poeten, Der Fluch der Kartenlegerin, Aufbau Taschenbuch 2017. Zwei Krimis, die vor dem historischen Hintergrund des klassischen Weimars spielen. Der Bruder von Christiane Vulpius, die mit Herrn Goethe liiert ist, ist plötzlich mittendrin im mysteriösen Geschehen.

**Dreher, Helga**: Das Torhaus. Eine mysteriöse Erbschaft mit Folgen, Tredition 2019. Eine junge Frau kommt erstmals in die Klassikerstadt Weimar, in der sie unverhofft ein Haus geerbt hat. Wie es damit weitergeht und ob Alma sich in der neuen Heimat behaupten kann, erzählt die Autorin, die auf eigene Erfahrungen zurückgreift, in amüsanter Weise.

**Dreher, Helga**: Frauenplan. Denk nicht, du kommst davon, Tredition 2018. Zwei Schwestern verbringen ein Wochenende in Weimar, da geschieht ein Verbrechen. Keine Polizei, so entscheiden sie schnell und beginnen selbst zu ermitteln.

**Horowitz, Dominique**: Tod in Weimar, Penguin Verlag 2017. Der erste Krimi des bekannten Schauspielers. In einer Weimarer Residenz für pensionierte Künstler häufen sich rätselhafte Todesfälle. Der ehemalige Schauspieler Kaminski, jetzt Kutscher und Stadtführer, geht der Sache auf den Grund.

**Falk, Susanne,** Schöne Tage in Weimar, Kindler 2003. Wie entstand das Goethe- und Schiller-Denkmal in Weimar? Nach der Lektüre rund um den Bildhauer Ernst Rietschel wissen die Leser mehr darüber.

**Köstering, Bernd**: Goethespur, Gmeiner Verlag 2019. Nach *Goetheglut*, *Goetheruh* und *Goethesturm* legt der Autor nunmehr den vierten Fall des Literaturdozenten und Hobby-Ermittlers Hendrik Wilmut vor. Diesmal geht es um Goethes Italienreise und die Frage: Hat Goethe die eigentlich jemals gemacht?

**Kronenberg, Susanne**: Tod am Bauhaus, Gmeiner Verlag 2019. Norma Tanns achter Fall. Weimar rüstet zum 100-jährigen Bauhaus-Jubiläum, da wird ein Politiker auf dem Weimarer Theaterplatz erschossen. Die Ermittlungen von Privatdetektivin Tann führen zurück in die Zeit der Weimarer Republik.

**Lehnberg, Stefan**: Durch Nacht und Wind, Tropen Verlag 2017. Goethe und Schiller ermitteln ... Liebenswerte Persiflage auf das Leben am Hofe zu Klassikerzeiten, in alter Schreibweise, mit viel Humor und Satire.

**Leibrock, Felix**: Todesblau, Droemer Knaur 2015. Sascha Woltmann lässt sich von Berlin nach Weimar versetzen. Als er die Leiche einer Frau findet, ermittelt der Streifenpolizist auf eigene Faust.

**Leibrock, Felix**: Eisesgrün, Droemer Knaur 2016. Der zweite Fall des Weimarer Polizisten Sascha Woltmann: Was hat es mit den drei mysteriösen Gräbern auf sich, die in einem Park gefunden wurden?

**Leibrock, Felix**: Schattenrot, Droemer Knaur 2017. Der Weimar-Krimi spielt zwischen Nachkriegszeit und Gegenwart, die Spur führt nach Buchenwald, ins ehemalige Speziallager 2.

**Mann, Thomas**: Lotte in Weimar, Fischer 1939/2012. Die reife Charlotte Kestner, Vorbild für Goethes »Werther«, reist mit ihrer Tochter nach Weimar und trifft auf ihre unglückliche Jugendliebe, den ebenfalls gealterten Goethe. Wie das Wiedersehen verläuft, erfährt der Leser in Manns weltbekanntem und später verfilmtem Buch.

**Walser, Martin**: Ein liebender Mann, Rowohlt 2008. Feinfühlig beleuchtet der Autor die letzte große Liebe des 70-jährigen Goethe zur 17-jährigen Ulrike von Levetzow.

## Filme

**Nackt unter Wölfen**, Regie Frank Beyer, 1963. Die DEFA-Verfilmung nach dem Roman von Bruno Apitz in hochkarätiger Besetzung – u.a. Armin Müller-Stahl, Erwin Geschonneck, Fred Delmare und Gerry Wolf – wurde zum Welterfolg und ist auch heute noch absolut sehenswert. Bewegende Neuverfilmung von 2015 für den MDR in der Regie von Philipp Kadelbach mit Florian Stettner, Sylvester Groth, Sabin Tambrea.

**Lotte in Weimar**, Regie Egon Günther, 1975. Die Literaturverfilmung der DEFA mit Lilli Palmer als Charlotte Kestner beruht auf der gleichnamigen Vorlage von Thomas Mann. Teile des Films wurden im Hotel Elephant in Weimar gedreht.

**Die geliebten Schwestern**, Regie Dominik Graf, 2014. Der Film thematisiert die Dreiecksbeziehung Friedrich Schillers zu den Schwestern von Lengefeld, von denen Charlotte seine spätere Frau wird. Sensibel inszeniert, mit Florian Stetter, Hannah Herzsprung und Henriette Confurius in den Titelrollen.

**Goethe!**, Regie Philipp Stölzl, 2010. Der junge Goethe verliebt sich in Charlotte Buff, die nach kurzer Romanze aus Vernunftgründen den Juristen Albert Kestner heiratet. Goethe ist am Boden zerstört und es entsteht sein Briefroman *Die Leiden des jungen Werther*, in dem Lotte als Vorlage dient. Erfrischend und charmant die jungen Darsteller: als Goethe Alexander Fehling und als Lotte Buff Miriam Stein.

**Lotte am Bauhaus**, Regie Gregor Schnitzler, 2018. Die junge Lotte Brendel studiert Anfang der 1920er-Jahre als eine der ersten Frauen am Bauhaus in Weimar und muss sich gegen viele Widerstände durchsetzen. Die Hauptrolle spielt Alicia von Rittberg.

**Die neue Zeit**, Regie Lars Kraume, 2019. Zum Bauhausjahr 2019 erzählte die ZDF/Arte-Produktion in sechs Folgen über die Gründerjahre des Bauhauses 1919 bis 1925. In den Hauptrollen August Diehl als Walter Gropius und Anna Maria Mühe als Kunststudentin Dörte Helm.

**Tatort**: Kira Dorn (Nora Tschirner) und Lessing (Christian Ulmen) ermitteln auf unkonventionelle Art seit 2013 in Weimar.

## Weimar im Internet

**www.weimar.de**
Die offizielle Stadtseite mit umfangreichen Infos über die Stadt sowie touristischen Angeboten.

**www.klassik-stiftung.de**
Infos über die Museen, Schlösser und Parks der Stiftung Weimarer Klassik sowie der Klassikergedenkstätten in Thüringen.

**www.bauhaus.de**
Allgemeine Seite zur Bedeutung des Bauhauses.

**www.uni-weimar.de**
Informationsportal der Bauhaus-Universität.

**www.hfm-weimar.de**
Vorstellung der Hochschule für Musik »Franz Liszt« mit umfangreichem Veranstaltungskalender der zahlreichen, teils kostenlosen Konzerte von Studierenden.

**www.nationaltheater-weimar.de**
Informationen zur Geschichte des Nationaltheaters und tagesaktueller Spielplan mit Online-Buchungsmöglichkeit.

**www.buchenwald.de**
Informationen über die Gedenkstätte Buchenwald.

**www.weimarpedia-kids.de**
Kindgerechte Mitmach-Website zum Kennenlernen der Weimarer Persönlichkeiten.

**www.weimar-tourist.de**
Wissenswertes zur Kulturstadt Weimar.

**www.weimar-lese.de**
Geschichte und Geschichten, Infos und Tipps rund um Weimar.

www.goethezeitportal.de
Informationen über Goethe und die klassische Zeit.

**www.goethe.de**
Website des Goetheinstituts.

**www.kunstfest-weimar.de**
Überregionales Kulturfest mit vielfältigem, innovativem Programm.

**www.thueringer-allgemeine.de**
Die auflagenstärkste Tageszeitung *Thüringer Allgemeine* mit Weimarer Lokalteil.

**www.tlz.de**
Tageszeitung *Thüringische Landeszeitung* mit Weimarer Lokalteil.

**www.radiolotte.de**
Privater Stadtsender, dessen Programm sich vor allem der Belange Weimars widmet.

**www.antennethueringen.de**
Thüringens erster Privatsender.
**www.weimar-land.travel**
Touristische Information über die Region um Weimar.
**www.thueringen-entdecken.de**
Das Portal des Thüringen-Tourismus.
**www.thueringerschloesser.de**
Schlösser, Schlossparks und Burgen in Thüringen.

## Weimar-Apps

Für iPhone und Android zum Herunterladen aus dem App-Store (iOS) oder Playstore (Android).
**itour Weimar**
Goethe und Schiller begleiten durch die Stadt.
**Weimar+ App**
Begleiter in den Häusern der Moderne und den historischen Parkanlagen mit Beschreibung der Spaziergänge, mit Videos, Interviews und Hintergrundinformationen.
**Weimar.App**
Mobile Seite über Handel, Gastronomie und Dienstleistungen in Weimar.
**Topographie der Moderne**
Bauhaus, Weimarer Republik und Nationalsozialismus – authentische Orte in Weimar entdecken.
**Zeitfenster Weimar**
Das Weimar von 1900 im Vergleich zum Heute anhand historischer Fotos sowie Informationen zu den historischen Geschehnissen.
**Thuringia.MyCulture**
Persönlicher Reiseführer mit Informationen zur reichhaltigen Kultur in Thüringen.

## Über die Autoren

**Kerstin Sucher** und **Bernd Wurlitzer** (https://tourismus-journalisten.de) sind eng mit Weimar verbunden, denn hier haben sie sich kennengelernt.
Die in Meißen aufgewachsene Kerstin Sucher schloss das Studium an der Universität Leipzig als Diplom-Sprachmittler ab. Nach mehrjährigen Auslandsaufenthalten war sie rund ein Dutzend Jahre in der Kulturstadt Weimar für das touristische Auslandsmarketing zuständig und bereiste die Welt von Paris bis Tokio. Bernd Wurlitzer, gelernter Großhandelskaufmann und studierter Journalist sowie Diplom-Fotodesigner, ist Autor von kunstgeschichtlichen und länderkundlichen Bild- und Textbüchern. Beide leben als freischaffende Journalisten in Berlin und sind Autoren Dutzender Reiseführerausgaben und -auflagen über Städte und Regionen im Osten Deutschlands. Im Trescher Verlag sind von ihnen die Reiseführer *Sachsen*, *Mecklenburgische Seenplatte* und *Ostseeküste Mecklenburg-Vorpommern* erschienen.

# Register

## Kartenregister

Buslinienplan S. 172 mit freundlicher Genehmigung der Stadtwirtschaft Weimar GmbH

## Bildnachweis

Alle Bilder von Kerstin Sucher und Bernd Wurlitzer, außer:

Alemannia Judaica: S. 125
Archiv Wurlitzer: S. 38, 49 (2), 104u.
Claus Bach, Weimar: S. 39
Bauhaus-Universität/Nathalie Mohadjer: S. 33
Blitzdings.com/Michael Paech : S. 109
BUGA 2021: S. 11u., 164, 204u.
Bundesarchiv: S. 89
Bernd Chill: Titelbild
Deutsche Bahn/Wolfgang Klee: S. 171
Familienhotel Weimar/Hamish Appelby: S. 178
fotos.mediadee.de/Sabrina Nürnberger: S. 161u.
Thomas Grubert, Weimar: S. 152
Monique Hecker, Kranichfeld: S. 213
Hochschule für Musik/Alexander Burzik: S. 147
Hochschule für Musik/Ina Schwansee: S. 72
Hochschule für Musik/Rasmus Schübel: S. 40
Hotel Russischer Hof: S. 108, 175
Klassik Stiftung/Jens Hauspurg: S. 160, 207o.
Kurgesellschaft Bad Sulza: S. 206
Bernd Lindig, Weimar: S. 124
Gesine Malisius, Weimar: S. 99, 186u.
Michael Miltzow, Weimar: S. 145
Astrid Schneider, Herne: S. 111
Stefan Sperling, Weimar: S. 159
Stadtmuseum Weimar/Louis Held: S. 29
Stadtmuseum Weimar/Maik Schuck: S. 110
Hartmut Steckert, Weimar/Kranichfeld: S. 212, 215
Thüringer Eisenbahnverein e. V.: S. 123
Thüringisches Landesamt für Denkmalpflege und Archäologie
TLDA Weimar/H. Arnold: S. 153
Toskanaworld: S. 207u.
TTG (Thüringer Tourismus GmbH): S. 10u., 19, 86, 155, 179
TGG/Christiane Würtenberger: S. 191
TGG/Mick Palarczyk: S. 162u.
TTG/Alexander Michel: S. 90
TTG/Andreas Weise: S. 197
TTG/CMR Udo Bernhart: S. 94
TTG/Florian Trykowski: S. 32, 64/65, 76, 101
TTG/Gregor Lengler: S. 79
TTG/Jens Haentzschel: S. 41
TTG/Jens Hauspurg: S. 73
TTG/Joachim Newger: S. 17, 21, 209, 210
TTG/Maik Schuck: S. 37, 59, 60, 188, 189, 192, 194
TTG/Mario Fischer: S. 142
TTG/Paul Hentschel: S. 43
TTG/Roland Wehking: S. 141, 185
TTG/Samuel Zuder: S. 182u.
TTG/Thomas Müller: S. 118
Weimar GMbH/Luca Klingele: S. 74, 81, 100
Weimar-Lese/Florian Russi: S. 182o.
Yidish Summer/Shendl Copitman: S. 58

### Creative Commons

CTHOE/CC BY-SA 4.0: S. 161o.
Dguendel/CC BY-SA 4.0: S. 150
Bernd Gross/CC BY-SA 3.0: S. 126
Hajotthu/CC BY-SA 3.0: S. 80, 95
Lina.foe/CC BY-SA 4.0: S. 85
R. Möhler/CC BY-SA 3.0: S. 165
Most Curious//CC BY-SA 3.0: S. 71
Nikater7CC BY-SA 4.0: S. 157
SchiDD/CC BY-SA 4.0: S. 13, 22, 122, 158
Steffen Schmitz (Carschten)/CC BY-SA 4.0: S. 120
Z thomas/CC BY-SA 4.0: S. 54

gemeinfrei: S. 25, 48, 50, 53l.

Hochschule
für Musik
**FRANZ LISZT Weimar**

# Konzerte

# Opern

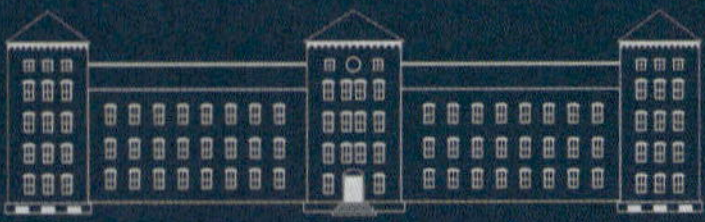

## Kartenlegende

Aquarium
Autofähre
Bahnhof
Bar
Brunnen
Burg/Festung
Burgruine
Busbahnhof
Café
Campingplatz
Fahrradweg, -verleih
Fährhafen
Flughafen
Freibad
Geschäft
Hafen
Hallenbad
Höhle
Hotel
Jüdischer Friedhof
Jugendherberge
Kino
Kloster
Klosterruine
Krankenhaus
Leuchtturm
Markt
Museum

Naturschutzgebiet
Oper, Konzerthaus
Parken
Pension
Post
Restaurant
Ruine/Ausgrabungen
Segeln
Seilbahn
Strand
Synagoge
Theater
Tor
Weinbar, Weinladen
Windsurfen
Wildgehege
Wohnmobilstellplatz
Zoo

Aussichtspunkt
Berggipfel
Burg
Denkmal
Friedhof
Kirche
Kirchenruine
Kloster
Sehenswürdigkeit
Seilbahn
Touristeninformation
Turm
Zeltplatz
Personenfähre

Hauptstadt
Stadt/Ortschaft
Grenzübergang
E 65 Europastraße
A 65 Autobahn
243 Bundesstraße
Autobahn
Schnellstraße
Bundesstraße
Hauptstraße
sonstige Straßen
Eisenbahn
Staatsgrenze

## Zeichenlegende

Tourist-Informationen
Hotels, Pensionen
Campingplätze
Restaurants
Cafés
Weinproben, Weinverkauf
Einkaufsmöglichkeiten

Museen, Ausstellungen
Theater, Feste, Veranstaltungen
Wanderungen, Sport
Fahrradtouren
Therme
Golfplatz